公司合规

CORPORATE COMPLIANCE

创始人避免败局的法商之道

36个实战经典案例 · 100个实用合规攻略

企业家的法律必修课
管理者的行为合规指南

战飞扬◎著

人民日报出版社

图书在版编目（CIP）数据

公司合规：创始人避免败局的法商之道 / 战飞扬著.
-- 北京：人民日报出版社, 2019.5
ISBN 978-7-5115-6018-6

Ⅰ.①公… Ⅱ.①战… Ⅲ.①企业管理—研究—中国
②企业法—研究—中国 Ⅳ.①F279.23②D922.291.914

中国版本图书馆CIP数据核字(2019)第078810号

书　　名：公司合规：创始人避免败局的法商之道
作　　者：战飞扬

出 版 人：董　伟
责任编辑：程文静　吴立平
装帧设计：阮全勇

出版发行：人民日报出版社
社　　址：北京金台西路2号
邮政编码：100733
发行热线：（010）65369527　65369512　65369509　65369510
邮购热线：（010）65369530
编辑热线：（010）65363530
网　　址：www.peopledailypress.com
经　　销：新华书店
印　　刷：涞水建良印刷有限公司

开　　本：787×1092mm　1/16
字　　数：365千字
印　　张：23.75
印　　次：2019年7月第1版　2019年7月第1次印刷
书　　号：ISBN 978-7-5115-6018-6
定　　价：58.00元

推荐序

公司合规风险的控制及化解之道

薛 军

任何类型的企业，无论是处于初创期的企业还是已经处于成熟期的企业，无论是规模庞大的跨国公司还是小作坊式的企业，无论企业的类型是有限责任公司、股份有限公司抑或是个人独资企业，都会遇到各种类型的法律风险，都需要处理与合规相关的问题。对这些问题忽视或者处置不当，都会对企业的发展产生巨大影响。有些时候，这种影响对于企业而言，甚至是致命的。中兴的遭遇就是一个典型例子。不仅中国的公司，外国公司也同样如此。雄踞民航飞机制造业霸主地位很多年的波音公司因为几起空难所揭示出来的系统设计缺陷，而遭遇高额索赔以及大面积取消订单，行业形象一落千丈。在互联网领域独领风骚的谷歌公司，已经不止一次收到欧盟的罚单。这些罚单的数额经常达到数十亿欧元。可以说，合规问题是与企业运营如影相随的重要问题。

中国的很多企业由于业务快速扩张，各方面高歌猛进，导致管理方面往往比较粗放，"萝卜快了不洗泥"，很多法律合规方面的隐患就此埋下。其实在大多数情况下，相关风险并非不能予以有效管控，只是由于这些企业家往往把重心放在业务上，在资源配置上往往很难自觉自愿地建立合规、风控以及法务条线。企业往往在遭遇重大法律风险，被迫交了巨额"学费"之后，才意识到合规经营的重要性，才会配置相应的风控人员。但很多企业很难挺过这种打击，往往因此一蹶不振，甚至面临败局的风险。

如何避免这种风险？强调企业的创始人从一开始就建立非常完备的合规团队，这听上去虽然非常稳妥，但却有些脱离初创型企业的现实。在这种情况下，一本简明扼要地归纳企业可能遇到的法律风险，以及指导创始人如何防范相关风险的"攻略"性质的著作，毫无疑问是一个合适的选择。这一著作首先应该全面地归纳企业在经营中可能涉及的法律问题，然后非常清晰准确地说明面对这些可能的问题，企业的创始人应该如何做，就可以避免相应的法律风险，确保远离败局。

在这方面战飞扬律师历时多年，基于自己丰富的律师实务以及担任企业法律顾问的经验，精心撰写的《公司合规——创始人避免败局的法商之道》一书堪称企业家合规经营的良师益友。

该书从公司主体资格、商业模式及政府监管、公司治理、对外融资、财税管理、劳动人事、知识产权、刑事风险等多个角度，全面论述了企业在合规方面需要注意的主要问题。相关的论述简明扼要，而且非常清晰明白。即使非法律专业人士在阅读了相关内容之后，也能够准确地理解相关法律规定的内涵。此外，针对公司合规治理中常常会遇到的典型问题，该书还提供了100个具体的攻略。这些攻略涵盖了创始人在企业经营中都会遇到的最重要的法律上的疑难问题，并给出了极富实操价值的答案。更加值得一提的是，本书还整理了36个涉及法律合规问题的实战经典案例，通过对案例的梳理和分析，揭示企业应该如何处理和化解合规问题。系统的知识＋操作性的攻略＋启发性的案例，使得本书具有很强的实用性价值。从某种意义上来说，本书在手，时常查阅，就相当于企业家为自己聘请了一个出色的、24小时随时可供咨询的法律顾问！

如果仅仅从被动、消极的意义上来理解合规，把合规单纯地理解为遵守国家颁布的一系列法律规定，这显然是不够的。本书的另外一个特色在于强调"法"与"商"的融合，也就是"法商"的理念。这就使得本书在很大程度上超越了一般性的法律知识读本，而对创业者有了更多的指导意义。"法"与"商"的融合，使合规在不少情况下意味着积极主动地作为。例如很多企业一方面花费很大的精力打造企业的知名度和影响力，但是对于企业的名称、核心的标识、研发出来的重要技术和商业方法，却不重视借助于商标、专利制度所能够提供的保护。现实生活中不少企业做大做强之后，忽然发现自己的品牌被别人注册了商标，被迫花费巨资购买，相当于为他人做了嫁衣。也有企业在设计企业架构的时候，不注意借助于国家法律为企业形态提供的多重可能性，设计合理的方案来实现合理的税收筹划；有企业在安排劳动用工关系的时候，不注意充分利用灵活的用工模式，科学管理企业人力资源，导致用工模式过于单一，失去灵活性，一旦需要调整的时候，引发一堆劳动争议纠纷。这些问题就不是消极的合规理念所能够解决的，而是需要"法""商"的完美融合，基于企业的具体情况和现实需要，参考国家标准《合规管理体系指南》来设计妥当的法律架构和合规管理体系。本书在这方面，提供了大量的攻略和实践案例，充分地阐释了如何在"法"的架构上体现"商"的需要；在"商"的层面上，借助于"法"的力量来赢得市场竞争中的优势地位。

寓法于商，以法助商，作为一根红线，贯穿于本书的始终，这使得本书具有了额外的参考价值，不仅值得职场人士参考，对于希望了解商业模式如何融合到合规管理中的法律从业者而言，也具有重要的价值。

战飞扬律师多年前从北京大学法学院获得法律硕士学位，我是他的硕士导师。他作为一名出色的执业律师，不仅处理大量的实务案件，而且为多家著名企业担任法律顾问。在丰富的实务经验积累的基础之上，他还勤于思考，笔耕不辍，把自己的宝贵经验归纳总结，提炼深化，写成著作，公开出版，服务社会。这种公益精神值得赞赏，体现了年轻一代法律人的价值追求。知识与经验因为分享而更具价值。我相信这本书会在企业界获得广泛的认同，为中国企业健康发展保驾护航，为企业家提升法商思维发挥应有的作用。

薛军

北京大学法学院教授、博士生导师、法学院副院长

北京大学电子商务法研究中心主任

第十二届全国人大财经委立法专家顾问

自　序

这是个激烈变革的时代，这是个创富英雄辈出的时代。

中国经济四十年高速增长，造就了无数创业神话，也激励着无数创业者奋不顾身地投入其中。在这个创业创新浪潮奔涌的时代，创始人作为创业活动的主要参与者，无疑是最具冒险和创新精神的。公司经营不仅考验创始人的管理水平，还考验着风险控制和应对能力。如果没有良好的风险管控能力和合规意识，企业遭遇败局便在所难免。创始人因为不懂法律规则，疏于法律审查、逃避法律监管所造成的经济纠纷和被处罚的案例越来越多。合规风险成为悬在企业家头上的达摩克利斯之剑，轻则陷入纠纷泥潭，重则倾家荡产，甚至还有可能招致牢狱之灾。

企业合规经营是指企业行为符合法律法规及其内部规章制度和商业道德的要求。合规成为企业管理的理念源于美国，最早可以追溯到20世纪60年代，企业为了避免反垄断处罚而采取防范措施，后来在美国金融业全面铺开。20世纪90年代，美国颁布了适用于所有行业的《针对组织机构的联邦量刑指南》，规定企业在设立有效的合规体系的情况下可以被减轻处罚，这激励了企业积极采取合规措施以满足指南的要求。2014年12月，国际标准组织公布了《ISO19600：2014合规管理体系——指南》为企业建立、实施、监督和改善有效的合规管理体系提供了指引。该指南适用于所有规模和类型的企业。

近年来，强化合规管理、防范合规风险是全球企业发展的一个新趋势。早在2008年12月，西门子公司因违反美国《反海外腐败法》被处罚金16亿美元，此案例成为全球企业合规发展的一个里程碑事件。建立和完善合规管理体系，防范合规风险已成为越来越多全球型企业管理创新的重要内容，合规经营上升为全球企业竞争的新规则。

中兴通讯案例在促进中国企业关注合规风险并强化合规管理中具有重要意义。中兴通讯曾经因违反美国出口管制法案于2017年3月向美方认罪并签署和解协议。但中兴通讯并没有完全执行和解时的承诺并实施整改措施，故美国商务部于2018年4月16日宣布立即重启制裁禁令，中兴通讯将被禁止以任何形式从美国进口商品，对于严重依赖从美国进口芯片等元器件的中兴通讯来说，被美封杀将导致公司生存危机。后在中美外交斡旋之下，中兴通讯与美方达成新和解协议，中兴的代价是在30天内更换董事会和管理层，新增罚款10亿美元，另缴4亿美元保证金，美国政府向中兴派驻合规监督团队，为期10年。这次事件让中兴通讯成为违反美国出口管制规定而被罚款金额最大的中国海外公司，也是中国企业收到的来自管理国政府处罚金额最高的一张罚单。

中兴通讯案例在国内引发极大震动。人们开始认识到，我国公司必须强化合规管理才能适应全球的竞争。同时，人们更加关注到，中国本土公司面临着更加严峻的合规形势。2018年，惨烈的P2P爆雷，长租公寓爆仓，权健传销门，云联惠"经济邪教"破灭，乐视网债务生死劫，一系列合规败局给创业者们上了生动一课。强化合规管理，远离合规败局，是中国本土公司正在面临的艰巨挑战。

值得期待的是，GB/T 35770-2017《合规管理体系 指南》已于2018年7月1日起实施。该标准为我国各类企业建立并运行合规管理体系，识别、分析和评价合规风险，进而改进合规管理流程，应对和管控合规风险提供了指导和建议。该标准的实施与应用，不仅能够帮助各类组织降低不合规事件发生的风险、强化社会责任、实现可持续发展，而且还对营造公平竞争的市场环境、推进法治国家建设具有重要作用。

2018年11月2日，国务院国资委发布了《中央企业合规管理指引（试行）》，为中央企业加快建立健全合规管理体系确立了原则，明确了不同层级主体责任、合规管理的实施重点。12月29日，国家发改委等七部委联合发布了《企业境外经营合规管理指引》。这些规定和措施对于中国企业加强合规意识、建立合规文化、提高合规经营管理水平具有重要意义，对于广大民营企业的合规经营也具有示范和引领价值。

企业创始人笼罩着财富、权势和地位的光环，也背负着沉甸甸的企业社会责任。面对名利场上的浮华诱惑，一个闪念间也许就从云端跌落谷底。鲜衣怒马的企业精英，眨眼间可能就变得一无所有。从外部发展环境来说，企业不仅要面对市场的风险、政府的监管、社会公众的监督，还有可能会涉及外部诉讼、行政处罚、单位犯罪、反不正当竞争和反垄断的执法。战略规划和决策尤为重要，合规与风险控制体系的建设必不可少。

创业者的光荣与梦想需要法律的理性来加持。企业经营活动并不是在真空中展开的，而是要在各种法律规则构筑的环境中"戴着镣铐跳舞"。设立公司、招聘员工、购买原材料、签订合同、财务筹划、对外融资、债务处理，每个部门、每项工作均与法律合规密切相关。创业之路曲折坎坷，荆棘丛生，陷阱遍布，公司经营中的法律大坑更是不计其数。合规经营是企业发展的底线，当然也是绝大多数企业家的愿望。然而，我国法律规定浩如烟海，法律条文晦涩难懂，司法解释时时更新，法律事件千变万化，大多数企业家一年到头又都是苦苦忙于经营，根本无暇去了解现在已经浩如烟海的法律规则。帮助企业创始人快速解决公司经营中遭遇的合规管理困惑，这便是笔者写作本书的初衷。

本书试图为企业提供一个简便可行的合规经营解决方案，帮助创始人提高合规意识，建立合规管理体系、降低运营中的合规风险，以此来加强企业合规经营的原动力，激励企业向合规经营靠拢。同时，本书也尽量避免使用晦涩的法律术语和引用深奥的法律文献，而是结合笔者近二十年企业法律服务的实践经验和心得，总结出了 100 个合规攻略，针对企业各管理流程中的重要合规风险提出了具体的应对措施，让企业有的放矢、未雨绸缪。

创始人作为企业掌舵者，需要具有保护自己、保护自己企业的法商智慧和合规风险管控方略。商海波谲云诡，企业家如果能够践行法商之道，形成重大决策前先进行合规性评估的习惯，那么在公司前行路上也会少一点坎坷，躲过一些纠纷或者处罚风险。本书可以作为企业家合规经营决策的助手，亦可作为指导管理层乃至全体员工行为合规的指南，从而帮助创始人筑牢企业合规藩篱。

唯有合规，才能立身。只有安全，才能远行。

公司成长之路艰险多舛，请让此书陪同创始人走向更高的巅峰。

目 录

攻略索引

第一章

公司主体资格合规

　　无论是一人打江山还是合伙创事业，当创始人有了创业想法之后的第一件事就是注册公司。很多创业者在创业之前踌躇满志，激情澎湃，但在真正开始创业的时候，却对"什么是公司""如何注册一家公司""该注册一家什么样的公司"等问题知之甚少，走过很多弯路。甚至投资人马上要投第一笔投资款了，创业者才发现自己还没有注册公司。还有创业项目在公司注册出资环节留下bug，给企业未来走上资本市场制造了障碍。

　　公司作为一个法律实体，在设立前需要有良好的制度设计和法律准备，如初始股权的设置、注册资本的缴付、公司字号的选择、公司章程的制定、公司组织机构和议事规则的设计，在公司清算乃至注销流程中亦应做到合法合规，避免留下硬伤。

　　公司合规，首先从规范公司主体资格开始。

第一节　公司设立前的"七定"

正如人的出生需要母亲怀胎十月，公司的成立也需要一个筹备过程。注册一家公司，需要先定公司类型、定公司名称、定注册资本、定股东及出资金额、定注册地址、定经营范围、定公司高管，然后再去市场监督管理部门（工商局）完成注册登记。

一、定公司类型

现代企业是沿着从单一股东的私营企业到多人股东的公众股份公司的轨道发展起来的。随着市场经济的不断深化，企业法律形态也在不断丰富。如何在纷繁复杂的企业法律形态中选择适合自己企业发展的形态，是创始人首先面临的重要课题，这直接影响企业的长期发展。比较常见的企业形态有如下几种：

1. 有限责任公司

由 50 个以下的股东出资设立，每个股东以其所认缴的出资额为限对公司承担责任，公司以其全部资产对公司债务承担责任。

对于初创企业来说，"有限责任公司"是目前最适合的企业类型。有限责任公司的股东只需要承担其出资额度的"有限责任"，在法律层面上就把公司和个人分开了，可以避免创业者承担不必要的债务风险。而且，有限责任公司运营成本低，机构设置少，结构简单，适合企业的初步发展阶段。正是基于这些优势，哥伦比亚大学校长尼古拉斯·巴特勒赞叹说："现代社会最伟大的发明就是有限责任公司。"

2. 股份有限公司

由 2 人以上 200 人以下的发起人组成，公司全部资本为等额股份，股东以其认购的股份为限对公司承担责任。

股份有限公司适用于成熟、大规模类型公司，不太适用于初创、中小微企业。公司规模做大后，可以由有限责任公司改制为股份有限公司，并挂牌上市。

3. 合伙企业

合伙企业可以分为普通的合伙企业和有限合伙企业两种类型。普通合伙企业内所有合伙人对所有企业债务承担无限连带责任。对于有限合伙企业，合伙人被划分为两种类型，一种是普通合伙人（即 GP），另一种是有限合伙人（即 LP），普通合伙人对合伙企业债务承担无限连带责任，有限合伙人以其认缴的出资额为限对合伙企业债务承担责任，普通合伙人拥有绝对控制权。常见于员工持股平台、私募投资基金公司。

4. 个人独资企业

个人出资经营、归个人所有和控制、由个人承担经营风险和享有全部经营收益的企业。创办人以其个人财产对企业债务承担无限责任。

个人独资企业一般适用个人小规模的小商户、小饭店等。名称一般为××中心、××社、××部等。

企业类型除上述几种之外，还有以个人或家庭出资承担无限责任的个体工商户、由外商出资的外商企业等多种组织形式。创业主体组织形式的选择决定创业主体未来的发展。结合不同的创业项目、资金数量、创业人数、责任承担等因素选择不同的组织形式，是创业初期需要解决的首要问题。

选择企业设立形态时，应当综合考虑实际情况，并分析优劣势进行抉择：

一是考虑个人投资还是与他人合作投资：个人投资的，可以选择个体工商户、个人独资企业、一人有限责任公司；合作投资的，可以选择合伙企业、公司。

二是要考虑公司的规模大小：规模小的，可以考虑个体工商户、个人独资企业、合伙企业；规模大的，应当考虑有限责任公司甚至股份有限责任公司。

三是要考虑企业经营风险的大小以及投资人承担风险的能力或预期：风险大或投资人承担风险的能力较差的，宜选用公司或有限合伙企业；风险小，可以选择个体工商户、个人独资企业、普通合伙企业。

四是要考虑企业管理与控制能力的差异：对企业的管理与控制能力强的，可以选择风险较大的个体工商户、个人独资企业、合伙企业等。否则，应当选择有限责任公司。

合规攻略

攻略1：谨慎选择"无限责任"的企业形态

创始人在创设企业时，第一要务就是选择正确的企业法律形态。不同的企业形态有着不同的法律优势，也存在着不同的法律风险。投资主体承担有限责任还是无限责任，是企业法律形态分类的重要标准。

个体工商户、个人独资企业、普通合伙企业均是"无限责任"的企业形态，即创办人对企业的债务承担无限责任，企业的债权人可以追索创办人的个人全部资产甚至家庭资产。选择这种形态，创办人有可能获得少纳税、灵活管理和宽松监管的便利，但面临的风险也可能会导致创办人陷入重大债务陷阱。因此，在选择这些无限责任的企业形态之前，创办人应当有充分的思想准备与风险意识，并在企业经营中时刻注意防范各种风险，对企业有充分的控制和管理能力。随着企业规模扩大，企业风险也随之加大，应及时将"无限责任"形态变更为"有限责任"企业形态，以控制企业经营做大之后的风险。

攻略2：一人公司须设"连带责任的防火墙"

《公司法》修订后，取消了有限责任公司最少为两人的限制，一人公司成为现实，而且取消了最低注册资本的要求，设立一人有限公司相对容易。一人公司设立的初衷，是通过有限责任制，将公司法人财产和股东个人财产相分离，股东仅以有限的资产承担债务责任。这与设立个人独资企业和个体工商户相比，大大降低了投资风险。但是由于一人公司缺少很多公司内部机制的制约与监控，为了避免一人公司的股东滥用公司独立地位，我国法律也对一人公司提出了更为严苛的独立性证明要求。《公司法》第六十三规定："一人有限责任公司的股东不能证明公司财产独立于股东自己的财产的，应当对公司债务承担连带责任。"在我国的司法实践中，一人公司的股东作为公司债务连带责任人的判决屡见不鲜，这给一人公司股东带来了巨大的经营风险，反过来也就凸显出一人公司股东设置"连带责任防火墙"的重要性。

一人公司如何设置"连带责任的防火墙"呢？

选择一：改变公司性质

一人公司可以通过增资扩股、股权转让或通过股权代持等方式设置一个小比例的股东（诸如1%），改变自身的公司性质，由一人公司变更为普通的有限责任公司，从根本上规避一人公司股东责任过重的问题。

选择二：提前做好公司财产独立的举证准备

若一人公司不准备变更自己的公司性质，为了避免一人公司股东承担公司债务的连带责任，就需要一人公司股东从法律条文本身出发，做好全方位的准备。

一人公司的股东对公司债务承担连带责任的核心要件在于"股东不能证明公司财产独立于自己的财产"，也就是说这个举证责任在股东。当债权人向法院主张一人公司股东对公司债务承担连带责任时，并不需要提供证据材料，相反，一人公司的股东需要提供证据证明其个人财产独立于一人公司财产。因此，股东如何事先做好"财产独立性"的举证准备就显得非常重要了。一人公司股东若想要最大限度降低自己承担连带责任的风险，就必须事先做好公司财产独立的规划。

（1）经营场所独立。在实际经营过程中，避免出现一人公司与法人股东注册地址、实际经营地址相同或是共用一块牌匾的情况。

（2）保持人员独立。避免自然人股东及股东亲属出任一人公司监事、财务负责人等公司职位，避免法人股东的董监高与一人公司的董监高存在交叉与重叠。

（3）保持财产独立。可拟定合法合规的财务制度，并进行严格的财务管理，在每一个会计年度终了时进行财务审计；避免股东与公司之间出现频繁的资金往来。若确实有必要资金往来，也应当留存银行流水、记录凭证、协议等证据材料，清晰地反映出资金往来的数目及原因。

攻略3：企业扩张：设立子公司还是分公司

企业对外扩张，异地开展业务或者有新的业务项目，子公司与分公司，到底哪个才是公司设立分支机构的上上之选呢？这个问题常常困扰着很多创业者。

分公司是指在业务、资金、人事等方面受总公司管辖，并且不具有法人资格的分支机构，它在经济上没有独立性，亦不独立承担民事责任。虽然名称中有"公司"二字，但其并非真正意义上的公司，一旦分公司无力清偿对外债务，其相关民事责任将由总公司承担。

子公司是独立的法人，具有法人资格，拥有独立的公司名称、公司章程以及组织机构，并且对外以自己的名义从事生产经营活动。子公司具有独立承担民事责任的能力。母公司是子公司的股东，通过股权的占有或者控制协议实现对子公司的支配。

选择子公司还是分公司，要根据公司业务的具体需要来进行决策：

在分支机构开办初期，下属企业往往发生亏损，宜设立分公司，因与总公司"合并报表"冲减总公司的利润后，可以减少应税所得，少缴所得税。若下属企业开设不久就可以盈利，则设立子公司比较适宜，可以得到作为独立法人经营便利之处，还可以享受未分配利润递延纳税的好处。

子公司作为独立的法人，能够以自己的财产独立承担民事责任，股东即母公司仅承担有限责任，所以设立子公司可以起到隔离风险的作用。分公司的财产不独立，与总公司在财务上是统一核算。因此，其经营债务通常由总公司负责清偿，即总公司以其全部财产为限而对分公司所在经营活动中的债务承担全部责任。从风险控制角度来讲，如果公司的人力资源、财务管控都比较完善的情况下，可建立分公司，以便直接管理；反之，则最好设立子公司，以规避债务风险。

二、定公司名称

公司名称，是一个企业区别于其他企业的文字符号。企业名称一般由行政区划、字号、行业经营特征、组织形式四个部分组成。公司名称有两种结构，一种是"地域＋字号＋行业类别＋公司形式"，如北京联想电脑科技有限公司、杭州蚂蚁金服信息技术有限公司；另一种是"字号＋行业类别＋（地域）＋公司形式"，如蚂蚁金服（杭州）网络技术有限公司。

还有一种是特殊公司名称，如名称中带"中国、国际、集团"等，一般需要国家市场监督管理总局（原为工商局，2018年工商行政管理局、质量技术监督局、食品药品监督管理局合并为市场监督管理局）审批核名，如阿里巴巴（中国）有限公司。

字号是企业名称的核心，具有显著的识别和区分作用，在同一登记主管机关辖区内，字号具有独占性。在起名时，可将字号在企业信用信息网（网址：http://gsxt.saic.gov.cn）上查询下是否已经被注册，尽量保证没有重名，这样通过率会高一些。

典型案例：上海星巴克因商标侵权改字号

星源公司创立于1971年，经过30多年的发展，已经成为全球著名的咖啡连锁民营企业，"STARBUCKS"已经是全球闻名的咖啡品牌。上海星巴克咖啡馆有限公司及其下属南京路分公司擅自在企业名称和服务标识上使用"星巴克"及"STARBUCKS"等文字图形商标，被美国星源公司和上海统一咖啡星巴克有限公司告上法庭。此案由上海市二中院审理并于 2005 年 12 月底做出一审判决，上海星巴克咖啡馆公司及南京路分公司被判令停止侵犯"星巴克"商标权、变更企业名称，在指定的报刊上刊登致歉声明，并赔偿原告经济损失 50 万元人民币。

（据《最高人民法院公报》2007 年第 6 期整理）

合规攻略

攻略 4：公司字号选择的禁忌

公司字号首先要注意规避与他人在先权利相冲突的法律风险。公司在设立之初，针对字号的外部在先权利的法律调查至关重要。这些在先权利包括但不限于字号权、商标权、姓名权、地理来源标志和其他工业产权。如无视他人的在先权利，就有可能替他人开发了市场，构成了侵权甚至被迫更名。

需要注意公司字号与商标保护手段的差异。字号即商号权属于企业的名称权，主要是用来区别经营者的。商标权主要是用来区别商品或服务的，代表着商品的信誉。企业商标按照《商标法》的规定进行注册和使用，具有专用权，且其专用权在全国范围内有效，并有法定的时效性；商号按照《公司法》或《企业登记管理条例》登记注册，同样具有专用权。其专用权在所登记的市场监督管理机关管辖的地域范围内有效，并与企业同生同灭。

根据我国《商标法》及相关司法解释的规定，将与他人注册商标相同或相近似的文字作为企业字号在相同或类似商品（服务）上使用，容易使大众误认的，将构成商标专用权侵权。另根据《反不正当竞争法》规定，擅自使用他人有一定影响的企业名称（包括简称、字号等），引人误认为是他人商品或与他人存在特定联系的，属于不正当竞争行为，须承担停止使用、赔偿损失等民事责任。

公司注册时，要先进行查询检索，申请登记的企业名称，其商号不要与他人的驰名商标、著名商标的文字相同或者近似；同时，商号也不宜与同行业知名度较高的企业商号相同或过于近似。

三、定注册地址

注册地址就是在公司营业执照上登记的"住址"。不同的城市乃至不同区县的市场监督管理局对注册地址的要求差别也非常大，具体以当地市场监督管理局要求为准。创业初期如果资金紧张，可以入驻创业孵化器（集中办公区），使用它们的注册地址。

注册公司时需要提供以下材料：个人房产的或者房东签字的房产证复印件（公司房产的，需要加盖公章）；产权方营业执照复印件或身份证复印件；双方签字盖章的租赁合同（公司名称核名成功后，可以新注册的公司名字签署租赁合同，后期再补盖公章）；租金发票。

随着公司的业务发展，新租一个更大的办公室，在人员搬过去之后，也应该将公司营业执照上的注册地址对应进行变更。

🔨 合规攻略

攻略5：避免公司"地址异常"的方法

公司注册地址不合规，可能会被市场监督管理局认定为"地址异常"，进入企业"经营异常"黑名单，公司办理其他工商登记事项、参加政府采购、企业贷款融资等都将受到影响。因此，公司注册时应确保注册地址合规。

（1）公司注册地址必须是商业地址，民用住宅作为注册地址各地市场监督管理局会有各种限制。

（2）营业执照注册地址与实际运营地址须一致，一旦被市场监督管理机关查出地址发生变更却逾期未登记，将面临 1 万元以上 10 万元以下的罚款处罚。为防范此风险，可考虑：变更工商登记，将公司注册地址变更为经营所在地；设立分公司，即将经营所在地业务设立分公司；若涉及税收优惠，流转税可以在经营地缴纳，也可以由总公司汇算清缴，所得税由总公司汇算清缴；注册地址应有文书信函收发联络人，签收的文书信函能及时转发至公司经营所在地。

（3）外地派遣员工办公构成业务经营的情况，需要在当地设立分公司，否则可能构成无照经营，面临一定的法律风险。

（4）公司租赁时应与出租方签署正规租赁合同，查看其房产证原件，非业主应出示同意转租文件，防范租赁合同被认定为不构成租赁法律关系的风险。

若公司已经被列入"经营异常名录"，则需要先租赁一个合规的办公地址，再到工商局办理变更，之后再申请地址异常移除。

四、定注册资本

注册资本是全体股东出于公司经营需要，提供或承诺的资金总数，也可以理解为企业在交易过程中对第三方的一种保障承诺。

2014 年 3 月 1 日后，《公司法》将注册资本从"实缴制"修改为"认缴制"。注册资本的实缴已经没有期限承诺要求，可以分期实缴，不超过公司经营期限就可以；注册资本已经没有认缴最低限额，"一元公司"也可以存在，最高也没有限制；实际缴存的注册资本不再是工商登记事项，也不再需要《验资报告》。

股东实缴出资，可以用货币出资，也可以用实物、知识产权、土地使用权等可以用货币估价并可以依法转让的非货币财产作价出资；但是，法律、行政法规规定不得作为出资的财产除外。换句话说，凡是符合"可以用货币估价并可以依法转让"条件的非货币财产都可以用来出资。因此，股东出资形式是非常多样的。

股东以货币出资的，应当将货币出资足额存入有限责任公司在银行开设的账户；以非货币财产出资的，应当依法办理其财产权的转移手续。

典型案例：认缴出资加速到期案

浙江优选公司 2012 年 10 月 16 日成立，注册资本为 5000 万元，其中许某某认缴 500 万元，持股比例为 10%，实缴出资额 200 万元于 2012 年 10 月 15 日到位，余额交付期限为 2014 年 10 月 15 日。

2013 年 12 月，金谷信托公司与浙江优选公司发生营业信托纠纷，后经北京二中院生效判决：浙江优选公司向金谷信托公司支付 5033 万元款项。

2014 年 6 月 15 日，浙江优选公司各股东做出延迟缴纳注册资金的股东会决议，并通过了公司章程修正案，约定除首期出资外，其余资金于 2032 年 10 月 15 日前缴纳。

此后，金谷信托公司向北京二中院申请强制执行，但经执行浙江优选公司并无财产可供执行。执行过程中，金谷信托公司申请追加许某某为被执行人在未出资的 300 万元范围内承担补充赔偿责任，但法院以许某某出资期限未到期为由，裁定驳回。此后，金谷信托公司向北京高院申请执行复议，经审查裁定：追加许某某为被执行人，在出资不实的 300 万元范围内承担赔偿责任。

北京高级法院认为，在金谷信托公司与浙江优选公司发生营业信托纠纷后，浙江优选公司股东做出关于申请延迟缴纳注册资金的股东会决议，并通过了公司章程修正案，将除剩余的 3000 万元的出资期限从 2014 年 10 月 15 日延迟至 2032 年 10 月 15 日，这其中包括许某某未实缴的 300 万元出资。这在客观上对浙江优选公司资本充实造成了妨害，并损害了金谷信托公司基于许某某公示的承诺和浙江优选公司的注册资金数额而产生的信赖利益，有违诚实信用原则，构成出资不实。在浙江优选公司已经法院生效裁定认定无财产可供执行的情况下，金谷信托公司以许某某出资不实，应在设立公司时的未实缴出资额范围内承担责任的主张，符合相关司法解释的规定，法院予以支持。

（根据北京市高级人民法院（2016）京执复 106 号执行裁定书整理）

合规攻略

攻略 6：股东认缴出资不可任性

新《公司法》取消了实缴出资的期限规定，允许股东自行约定实缴出资的期限（不得约定为无期限或超出公司营业期限），各股东按照章程约定的期限缴付出资即可。《公司法》实行认缴制后，有些自作聪明的股东认缴高额出资并在章程中承诺数十年后出资，既实现了公司高额注册资本提升公司形象，又可将出资期限无限制推后。这种设计看似两全其美，其实却潜藏着高额债务风险。

认缴制下，股东出资缴付期限可以通过章程约定的方式延后，但如股东利用认缴期限延后恶意规避债务的意图明显，或在产生债务后通过股东会决议恶意延长认缴期限的，有违诚实信用原则，将可能会构成出资不实损害债权人利益，在公司对外产生债务无财产可供执行的情形下，债权人有权要求股东的认缴期限加速到期，对公司债务承担补充赔偿责任。北京、上海法院均已经有多例债权人要求股东认缴期加速到期并对公司债务承担赔偿责任的判例。

另外，我国《公司法》规定，公司解散时，股东尚未缴纳的出资均应作为清算财产。当公司要申请注销时，如果根据公司章程，存在应缴纳出资但未缴纳的，应按照章程规定，足额缴纳出资。如果公司章程约定的注册资本未到期，也可不用补缴，不过剩下没缴的注册资本则要当作公司注销时的清算财产；如果公司在注销清算时，发现已有资本仍旧不够抵债的，则股东就要以未缴出资部分为限对外承担连带清偿的责任。如公司注册资本较高，办理注销时股东将面临较高债务风险。

由上可见，注册资本并非越多越好，应量力而行。既要考虑自身经营需要，又要考虑可能的债务风险。否则，注册资本有可能成为创业者创业路上遇到的第一个坑。

五、定股东及出资金额

注册公司可以是一人公司，也可以是多人合伙的公司。股东是公司的主人，由股东组成的股东会是公司的最高权力机构。出资金额，即在工商注册登记时股东要认缴的资金，它是和股权比例挂钩的。通常我们会把一个股东出资金额占总注册资本的比例，当成这个股东所占的股权比例。

创业公司在公司设立前应进行合理的股权结构设计。公司股权比例一般需要考虑如下几个方面的因素：创始人身份、合伙人身份、各股东出资额、团队岗位贡献、资源贡献。好的股权结构要有利于维护创始人的控制权，凝聚合伙人团队，同时兼顾早期发起人资本投入情况，有利于公司整体的快速发展，而不是个别股东利益最大化。

股权结构决定了企业的类型和组织结构，是公司治理的基础，好的股权结构有助于维护公司和创业团队稳定，引导企业的经营管理走向一个良性发展的道路，并为企业后续融资和进入资本市场打下良好基础。

合规攻略

攻略 7：选择创业股东：注意股东身份的合规性

股东是公司的所有者，选择好股东是创业的头等大事。选择股东时，首先要注意审查股东身份的合规性。

一些法律法规和政策性规范文件对某些自然人或者组织成为公司股东做出了禁止或限制，自然人股东如国家工作人员、党政机关干部及其配偶子女、现役军人、国有企业领导、学校党政班子成员及教师等，法人股东如党政机关、事业单位、高校、民办非企业单位与社会团体、分公司、商业银行等，均不满足股东资格条件。确保这些方面的合规是相关股东的责任，股东之间可以通过协议约定某一股东被确认不合规应当承担的责任和后果，尤其是相关股权的处理方式。

另外，还需要关注自然人股东是否有劳动权利限制。创业最为重要的是人才，很多创业团队集合前基本上是在任职的时候，就相互约上一起创业，瞒着用人单位偷偷干活，但如有成员与用人单位有签署劳动竞业限制协议的，则必须妥当解除与用人单位的竞业限制协议，否则，一旦离职创业后，被用人单位盯上，会遭遇诉讼，对该团队成员及创业项目都是非常不利的。

六、定经营范围

经营范围是指国家允许企业生产和经营的商品类别、品种以及服务项目，它反映的是企业业务活动的内容和生产经营方向，是企业业务活动范围的法律界限。

确定经营范围时，可以直接参考行业内同类公司。大部分的经营范围变更很简单，需要的时候直接变更就好。

公司经营范围分为一般经营项目和许可经营项目。

一般经营项目是指不需批准，企业可以自主申请的项目。许可经营项目是指企业在申请登记前依据法律、行政法规，国务院决定应当报有关部门批准的项目，即是需要办理前、后置许可证的项目。比如从事食品生产经营业务，需要先申请食品经营许可证，然后再变更工商营业执照上面的经营范围。

公司经营范围应由公司章程规定，并进行依法登记，企业的经营范围以登记注册机关核准的为准。企业应当在登记机关核准的经营范围内从事经营活动。

合规攻略

攻略8：公司"超范围经营"的风险

经营范围是法律通过业务范围设定而对公司权利能力加以限制。总体上法律对经营范围的限制采取越来越宽容的态度。但依照《公司法》的规定，公司经营范围的变更应当办理变更登记。超范围经营是指经营主体超出登记机关核准的经营范围从事经营活动的行为。超范围经营可能会面临处罚风险：

（1）对于公司超范围经营一般经营项目的行为，市场监督管理部门可依《公司法》规定责令限期登记，逾期不登记的可予以罚款；

（2）对于公司超范围经营许可经营项目的行为，法律、行政法规、国务院决定授予市场监督管理部门管辖权的，市场监督管理部门可依法直接查处；

（3）对于违法经营的项目，依照我国《刑法》关于非法经营罪或者虚假广告罪的规定，依法追究刑事责任；尚不够刑事处罚的，由市场监督行政管理机关依照有关法律、法规的规定给予处罚；

（4）对于公司超范围经营许可经营项目，法律、行政法规、国务院决定规定其他部门管辖的，应依法移交；

（5）对于企业未经批准、登记，或者违反规定，从事许可经营项目经营的，市场监督管理部门应当依据《无照经营查处取缔办法》予以查处。

当然，公司设立时也没有必要在经营范围上过于纠结。经营范围只是包括了公司的日常业务，只要公司没有从事特许经营、限制经营的业务，一般不影响公司业务的合法性、对外签署合同的有效性，也不影响公司对外开具发票和依法缴税。另外，只要经营需要，企业在经营存续期内也可以对经营范围随时申请变更登记。

七、定公司高管

公司高管主要是指登记在工商登记中的公司管理人员，是公司的核心人员，包括董事、监事、法定代表人等。

董事、董事长共同组成董事会，负责公司和业务经营活动的指挥与管理，对公司股东会负责并报告工作。通常公司的日常经营决策事项，主要由公司董事会来决定。如果控制了董事会，也就控制了公司的日常经营管理。

董事长是公司或机构的最高管理者，由董事会选举产生，为公司利益的最高代表，领导董事会，有董事会的召集权和主持权。董事长的权力在董事会职责范围之内，不管理公司的具体业务，一般也不进行个人决策，只是在董事会开会或董事会专门委员会开会的时候才享有投票权。

公司在前期比较简单时，可不设立董事会，只设立一名执行董事即可。执行董事代行董事会职责。

法定代表人有权在法律规定的职权范围内，直接代表公司对外行使职权，他的行为属于职务行为，视为公司行为，其法律后果由公司承担。因此，法定代表人在合同上的签字，就和盖公司公章一样有法律效力。一般而言，核心创始人都要掌握公司的法定代表人职位。

监事代表股东大会行使监督职能，包括检查公司财务；监督董事、高级管理人员履职情况及提出罢免建议；要求董事、高级管理人员纠正其损害公司利益的行为；依法对董事、高级管理人员提起诉讼等。监事必须是单独的人选，不能由董事、经理来兼任。

合规攻略

攻略9：担任法定代表人应避开的法律雷区

法定代表人是指依照法律或者法人组织的章程的规定，代表法人行使职权的负责人。法定代表人，作为公司的"一把手"，掌握着企业的核心权力，同时也背负着沉重的法律责任。创始人本人若担任法定代表人，可采取如下措施来避开雷区。

（1）应避免违反公司章程导致的法律责任

公司章程对包括法定代表人在内的公司高管均有约束力，违反章程约定也会承担一定的法律责任。对于容易产生责任问题的重大事项，如对外担保、投资等行为，法定代表人在行使权力时，要看下是否在章程规定的权限范围内，如章程中没有规定，则可提交股东会决定，这样就可以避免将来其他股东提出的滥用职权的指控。

另外可考虑在股东协议、合资合同和章程中增加相关法定代表人的免责条款，防范风险。如约定："公司的董事、董事长、法定代表人不需对在董事会和公司章程规定的其职责范围内的任何行为或不作为承担个人法律责任，除非其行为构成营私舞弊、严重玩忽职守、肆意渎职或故意损害公司利益。"

（2）应避免违反公司法规定的忠实、勤勉义务而导致的赔偿责任

法定代表人应该尽职尽责地维护公司的利益，避免《公司法》规定的如下禁止性行为：包括挪用资金、擅自担保、借贷、泄密、账外账、关联交易等。如涉及担保、借贷、投资、重要合同可以通过股东会、董事会表决，通过集体决策以分担风险。涉及国资部门审批事项，应报国资部门批准。

（3）法定代表人应避免可能承担的刑事责任

在我国《刑法》规定的某些罪名中，除了对单位进行处罚外，还可能追究"直接负责的主管人员和其他直接责任人"的刑事责任。而对于上述"直接负责的主管人员"的具体范围，虽然法律未明确规定，但是司法实践通常均将法定代表人认定属于单位"直接负责的主管人员"，并据此判定法定代表人对公司的行为亦应承担刑事责任。

公司超出登记的经营范围从事非法经营的；向登记机关、税务机关隐瞒真实情况、弄虚作假的；抽逃资金、隐匿财产的；解散被撤销、被宣告破产后，擅自处理财产的；不按《安全生产法》规定保证安全生产必需的资金投入，致使发生安全事故的；公司从事法律禁止的其他活动的等情形下，情节严重的，法定代表人均有可能会承担刑事责任。

公司法定代表人应该掌握最基本的法律常识，明白哪些问题可能涉及违法甚至犯罪，哪些行为存在着法律风险，哪些决策需要咨询法律专业人士，避免可能发生的法律风险。

第二节　公司设立登记

公司设立是指出资人依照法定的条件和程序为组建以盈利为目的的企业法人进行的一系列法律行为。公司设立时，必须对设立流程中的制度、文件进行合理设计，才能规避公司设立过程中出现的各类法律风险。

一、公司设立程序

设立一家公司，一般需要经过如下程序：

1. 签署发起人协议

发起人协议是发起人之间就设立公司事项所达成的明确彼此之间权利义务关系的书面协议。在公司设立程序中，组建公司方案、股权分散或集中程度、发起人之间的职责分工等，均由发起人协议形成最初的格局。因此，签署发起人协议不仅对公司的组建工作至关重要，而且对公司的未来发展也有着重要的影响。

2. 订立公司章程

订立章程是公司设立的一个必要程序，订立公司章程的目的是为了确定公司的宗旨、设立方式、经营范围、注册资本、组织机构以及利润分配等重大事项，为公司设立创造条件，并为公司成立后的活动提供一个基本的行为规范。

3. 前置审批

根据《公司法》第6条规定，我国实行核准主义的公司设立制度。因此，报经批准并不是公司设立公司的必经程序，只有法律、行政法规规定设立公司必须报经批准的，方须在公司登记前依法办理批准手续。比如，设立金融资产管理公司、信托投资公司、财务公司、金融租赁公司等均需提前报经金融监管机构批准。

4. 申请工商登记

设立有限责任公司，应当由全体股东指定的代表或共同委托的代理人向公司登记机关申请登记。申请设立有限责任公司应当向公司登记机关报送公司登记申请书、公司章程等文件。法律、行政法规规定设立时必须经过审批的公司还应提交有关审批文件。公司登记机关对于申请设立登记的公司进行认真审查，凡符合《公司法》规定条件的，应予以登记。经公司登记机关核准并发给营业执照，公司即告成立。

5. 缴纳出资

股东出资既是公司设立的必要条件，也是公司设立过程中最核心的事项。2013 年《公司法》修订后，公司注册资本完全实行认缴制，对公司注册资本额、股东实缴额和出资期限不做任何限制，均可由股东在公司章程中约定，并按照公司章程的约定分期实缴出资。

合规攻略

攻略 10：创业伙伴定要签好的发起人协议

公司发起人协议是股东之间具有法律约束力的内部协议，也是创业伙伴之间进行合作的框架性协议，内容一般包括合资方、出资份额和出资方式、项目规划、项目进程等重大问题。

很多创业公司不重视公司发起人协议的签订，或根本不签订，或协议内容过于简单，这导致创业伙伴之间缺少协议的约束，权利和义务的边界模糊。当公司发展未达到创业伙伴的预期时，发生纠纷和诉讼的可能性将大大增加。而且，由于创业伙伴未能事先划分好权利义务，将存在很多潜在的不确定性法律风险。

创业伙伴在设计公司发起人协议时，要重点约定好如下问题：

（1）应当对拟设公司的基本事项做好安排

公司的名称、注册资金、利润分配以及经营范围都是关乎公司发展的重要因素，如果不对此做出明确的规定，那么公司注册时将有可能难以形成统一意见。另外，发起人协议也应当明确各个发起人的出资数额、出资方式以及利润分配等问题，否则创业股东之间可能就出资问题和利润分配起纷争。同时，协议应设计好公司治理结构，对于董事和监事选任、法定代表人和总经理的人选做好约定，以更好地促进未来公司的运作与发展。

（2）应当明确各个发起人之间的权利和义务

发起人的权利与义务纷繁复杂，包括了优先推荐董监高、报酬请求权、设立费用补偿请求权、签署法律文件等权利，以及承担筹办事务、缴纳出资、损害赔偿、设立费用和债务的连带清偿责任等义务。这些权利义务最好都在发起人协议中加以明确，否则，极容易造成发起人之间权利义务的混乱、筹办事务进程缓慢、发起人之间互相扯皮甚至公司设立失败。

（3）应当明确发起人的违约责任

合伙创业之初，自然期望公司设立成功且顺利运营。但也有很多情况下，公司不能够正常设立或设立后发起人之间发生争端导致公司无法继续经营，从而导致公司解散。这就需要借助违约条款来对发起人的行为进行制约。违约责任的安排应当依据发起人之间的义务进行设计。例如，可以约定发起人未履行出资义务的违约责任、在签订对外协议时存在故意或过错导致设立公司利益受损时的违约责任等。

另外，需要注意的是，为了避免出现发起人协议与后续公司章程之间发生冲突，在制定公司章程时一定要参考发起人协议的内容，将发起人协议的重要内容吸收进公司章程之中，若有不同的地方也一定要明确说明以什么为准。

攻略11：股东实缴出资的风险控制

《公司法》修订后，取消了最低注册资本限制，确立了注册资本全面认缴制，同时也取消了法定验资程序。"认缴"不等于"不缴"，股东最终还是要缴，要按照股东之间达成的约定来缴。

股东实缴出资应当满足合法性、真实性和及时性的要求。股东要按照公司章程中约定的认缴出资额、出资方式和出资期限向公司缴付出资。股东以货币出资的，应从股东自己名下的银行账户划入公司账户，并在银行单据的用途、款项来源、摘要或者备注栏中注明"公司设立出资款"。以非货币出资的，还应当注意其出资财产是否具有处分权以及是否进行作价评估，是否能够依法交付或者办理权属转移手续。公司登记改革后，公司成立后无须委托会计师事务所进行验资，但股东需要保存好自己向公司缴纳注册资金的证据材料。

认缴制确立的同时，并不意味着减轻股东违反出资义务的责任，实缴出资不规范也会为公司日后经营活动埋下一些隐患。

根据《公司法》的修改和全国人大常委会的立法解释，自2014年3月1日起，除依法实行注册资本实缴登记制的公司以外，对申请公司登记的单位和个人不得以虚报注册资本罪追究刑事责任，对公司股东、发起人不得以虚假出资、抽逃出资追究刑事责任。2014年3月1日施行的《公司注册资本登记管理规定》中明确虚假出资、抽逃出资的行政处罚仅适用于实行注册资本实缴制的公司，对认缴制的有限公司不作处罚。也就是说，在注册资本认缴制下的公司既取消了刑事处罚，也取消了行政处罚。

但虚假出资、抽逃出资亦有可能会对公司和其他股东承担违约责任。按最高法院关于公司法司法解释的规定，如果股东未按章程规定期限出资的，要在未出资本息范围内对公司债权人承担补充赔偿责任；股东抽逃出资的，同样要在抽逃出资的本息范围内对公司债权人承担补充赔偿责任。

综上，《公司法》修改后，创业门槛大大降低，注册程序越来越简单，出资的法律风险比以前小了，但虚假出资、抽逃出资仍将面临一定民事责任法律风险！

二、公司工商登记注册

公司工商登记注册一般要经过以下步骤：

第一步 核准名称

时间：1—3 个工作日

操作：网上填报，填写准备申请的公司名称，由市场监督管理局网上审核是否有重名，如果没有重名，就可以使用这个名称，就会核发一张"企业（字号）名称预先核准通知书"。

预先核准的公司名称在保留期内，不得用于经营活动，不得转让。

第二步 提交材料，申请设立登记

时间：5—15 个工作日

操作：核名通过后，确认地址信息、高管信息、经营范围，在市场监督管理局系统网上填报信息，填报好的资料打印下来法定代表人签字。网上审核通过后提交资料，在线预审通过之后，按照预约时间去市场监督管理局递交申请材料。审核通过后，收到准予设立登记通知书。

第三步 领取执照

时间：预约当天

操作：携带准予设立登记通知书、交件人员身份证原件，到市场监督管理局领取营业执照正、副本。

第四步 刻章等事项

时间：1—2 个工作日

操作：凭营业执照，到公安局指定刻章点办理公司公章、财务章、合同章、法人代表章、发票章。

至此，一个公司注册完成。

⚖ 合规攻略

攻略 12：公司登记提交虚假材料的后果

《公司登记管理条例》第 65 条规定："提交虚假材料或者采取其他欺诈手段隐瞒重要事实，取得公司登记的，由公司登记机关责令改正，处以 5 万元以上 50 万元以下的罚款；情节严重的，撤销公司登记或者吊销营业执照。"

公司设立中的欺诈行为形式多样，包括伪造各种文件、伪造印章和签字、提供虚假信息和故意隐瞒重要事实等。欺诈行为可能由股东授意实施，由负责公司设立的具体经办人员实施，也可能由外部服务机构（如各种代办机构）实施。欺诈行为可能给公司造成罚款、吊销营业执照、撤销公司登记等后果，若公司因此被撤销登记的，还将被列入严重违法失信企业名单，情节严重的亦有刑事责任。

提交虚假材料案件中，冒用身份证和伪造签名是主要手段。一般公司登记文件中必须由股东本人亲笔签名，但现实中伪造签名的案例并不少见。常见情形有：股东合作失败难以共事，通过伪造签名变更法定代表人、注销公司；夫妻感情矛盾延伸到企业，伪造对方签名办理相关登记；股东众多，为了图方便，伪造签名办理工商变更登记；超越授权范围行使代理，伪造签名办理登记。虚假签名、代签对本人和企业将造成不良后果。股权若被其他股东或者第三人伪造签字转让并办理了工商变更登记，股东一方面可向人民法院起诉确认股权转让协议无效，另一方面也可向工商登记机关举报，要求撤销股权变更登记。

近些年，冒用他人身份证注册公司的现象屡见不鲜。我国法律对于公民的姓名和身份信息予以严格保护，禁止他人盗用和假冒。身份证若被冒用注册公司，受害人可以通过民事诉讼要求撤销登记并附带民事赔偿；还可选择向工商部门投诉、举报，工商部门将根据案件调查情况，对冒用他人身份证骗取企业设立登记的违法行为予以行政处罚或是予以撤销企业登记。使用伪造、变造或者盗用他人的居民身份证，情节严重的，还可能构成刑事责任。

三、拿到营业执照之后的事项

（1）办理银行基本户

公司注册完成后，需要办理银行基本户开户。银行基本户（又称"基本存款账户"）是公司办理转账结算和现金收付的主要账户，经营活动的日常资金收付以及工资、奖金和现金的支取都可以通过这个账户来办理。一家单位只能选择一家银行申请开立一个基本存款账户（人民银行结算账户管理办法有规定）。

（2）记账报税、申报税控

记账就是根据审核无误的原始凭证（公司经营期间的所有收入、成本、费用、发票），按照国家统一会计制度，通过指定的记账法把经济业务序时地、分类地登记到账簿中去。

完成公司注册后，需先办理税务报到，报到时需提供一名会计的信息（包括姓名、身份证号、联系电话）。公司成立后一个月起，需要会计每月记账并向税务机关申报纳税。企业准备好资料报到后，税务局将核定企业缴纳税金的种类、税率、申报税金的时间，及企业的税务专管员。企业日后将根据税务部门核定的税金进行申报与缴纳。

如果企业要开发票，需申办税控器，参加税控使用培训，核定申请发票。完成申请后，企业就可以自行开具发票了。

报税是纳税人在发生法定纳税义务后，在申报期限内，以书面或电子数据等形式向主管税务机关申报缴纳税款的行为。如果在纳税期限内，公司没有按时报税缴纳税款，主管税务机关可以按规定对企业进行处罚。

（3）社保开户

公司注册完成后，需要在30天内到所在区域管辖的社保局开设公司社保账户，办理社保登记证及CA证书，并和社保、银行签订三方协议。之后，社保的相关费用会在缴纳社保时自动从银行基本户里扣除。

（4）企业年报

根据《企业信息公示暂行条例》规定，每年1月1日至6月30日，企业应当报送上一年度年度报告，内容包括公司基本情况简介、主要财务数据和指标、股本变动及股东情况等等。

🔨 合规攻略

攻略13：公司设立失败的发起人责任

公司设立失败即公司不能成立，是指公司发起人在筹办公司设立的事务后，由于主观或客观方面的原因，公司最终没有成立，未能获得法律人格。

公司设立失败的原因多种多样，主要有：资本没有筹足；不符合我国《公司法》规定的条件；创立大会做出不设立公司的决议（创立大会在发生不能预见、不能避免或经营条件发生重大变化，影响公司设立的情况时，可以做出不设立公司的决议）。

由于在公司设立过程中往往已产生一定的费用，形成了一定的债权债务，一旦公司设立失败，就会产生一定的民事责任承担问题。

有限责任公司全体发起人之间的关系是一种合伙关系，应适用民法上有关合伙的规定处理公司设立失败的民事责任。发起人之间的合伙关系自达成协议之日即告成立，至公司成立时即告终止。按照民法上对合伙责任的要求，公司发起人对设立公司行为产生的债务，应由全体发起人承担连带责任；某一发起人对外承担责任后，可以按协议约定要求其他发起人承担相应的民事责任。这一责任的承担，不需要以公司发起人有故意或者过失为条件。

如果发起人以自己名义为设立公司必要行为所产生的债务，对外债权人有权选择由该发起人承担或要求全体发起人承担连带责任。公司发起人以设立中的公司名义为设立公司非必要行为所产生的债务，其他发起人如果追认的，应当承担连带责任；不追认的，则由该行为人承担责任。发起人以自己名义为设立公司非必要行为所产生的债务，由该发起人自己承担相应的民事责任。

攻略14：公司被列入失信"黑名单"的代价

工商黑名单有两种：一种是被列入"经营异常名录"，一般是年报忘了报，或是通过登记的住所无法取得联系，或是公司出现变更事项却没有公示即时信息，这就进了"经营异常名录"。

另一种则是"严重违法失信企业"，是指违反工商行政管理法律、行政法规且情节严重的企业。

下列情形会进入严重违法失信企业名单：

（1）在经营异常名录满三年且未移出；

（2）提交虚假注册登记资料完成登记，被撤销登记；

（3）传销，组织策划传销，或者为传销行为提供便利条件（两年内受到三次以上行政处罚）；

（4）直销违法行为（两年内受到三次以上行政处罚）；

（5）不正当竞争行为（两年内受到三次以上行政处罚）；

（6）严重侵害消费者权益（两年内受到三次以上行政处罚）；

（7）虚假广告（两年内受到三次以上行政处罚）；

（8）商标侵权（五年内受到三次以上行政处罚）；

（9）被决定停止受理商标代理业务的；

（10）其他情节严重的违法违规行为。

以上第（3）至（8）项中的任何一种或几种行为，两年内受到三次以上行政处罚的，会被列入严重违法失信企业名单。

一旦进入严重违法失信企业名单，至少对社会公示五年。这一点与"经营异常名录"不一样。进入经营异常名录后，企业一旦申请，只要符合条件，都可以随时移出经营异常名录。而严重违法失信名单，一旦进入，必须通过国家企业信用信息公示系统对外公示五年，至少五年。

进入严重违法失信企业名单会有如下法律后果：列为重点监督管理对象；黑名单企业的法定代表人不得担任高管（在经营异常名录满三年且未移出情况下），若已担任，则必须变更；不予申报"重合同守信用"企业；不予授予相关荣誉称号；与其他政府部门的联合惩戒措施。

第三节 公司注销登记

公司依法设立，也需要依法解散。实践中，经常发生公司因经营不善或者其他原因放弃经营，即通常所说的"僵尸企业"。注册公司容易，注销公司难，许多人停止经营后，直接放弃办理注销。但是放任不管给创始人带来的合规风险将后患无穷。

一、公司注销流程

公司只有经过合法的清算、注销程序，才能从法律意义上消灭。公司注销要比注册难得多，也只有经过合法的清算、注销程序，公司才能从法律意义上真正注销，负有清算责任的清算主体才能免除相关的法律责任。创始人切记不要让公司自生自灭。

（一）公司注销的情形

公司出现下列情况的，应及时办理注销申请：

（1）公司被依法宣告破产；

（2）长期不经营的公司；

（3）长期没有报税的公司；

（4）营业期限届满不续的公司；

（5）处于吊销状态的公司；

（6）依法强制解散的公司；

（二）公司注销的法律依据

根据《公司法》第 184 条、第 185 条、第 186 条、第 187 条、第 188 条、第 189 条规定，注销公司依法依照如下步骤组织清算后，方能办理注销登记，公告终止公司：

（1）依法成立清算组；

（2）公告并通知债权人申报债权，依法对债权进行登记；

（3）清算组接管公司，展开清算工作；

（4）清算组全面清理公司财产、编制资产负债表和财产清单；

（5）清算组制定清算方案，并报股东会、股东大会或者人民法院确认；

（6）根据股东会、股东大会或者人民法院确认的清算方案分配公司财产；

（7）制作清算报告，报股东会、股东大会或者人民法院确认后，申请注销公司登记，公告公司终止。

（三）公司注销流程

公司注销分为简易注销和正常注销两种。

正常注销流程可分为七步：

工商注销备案→注销登报公告→税务注销→工商注销→代码注销→银行注销

整个公司注销流程下来一般都是 5 至 7 个月，分公司注销时间 4 至 5 个月。如果公司出现一些严重问题，甚至要花一年左右时间才能注销。

2017 年 3 月 1 日起，工商总局在全国范围内全面实行简易注销登记改革，对领取营业执照后未开展经营活动，申请注销登记前未发生债权债务或已将债权债务清算完结的公司，可选择简易注销程序。公司在国家企业信用信息公示系统公告 45 天后，即可提出简易注销登记申请。

二、公司注销中的清算法律责任

任何公司非经依法清算、未对其债权债务做出清偿和处置并对现有的法律关系做出依法了结之前，是不能注销终止的。未经依法清算即注销的情形包括未进行清算而注销和清算不当的予以注销。

有限责任公司的股东、股份有限公司的董事和控股股东是公司的法定清算义务人，在公司解散清算的最后关头，若不好好履行清算义务，相应的法律责任将随之而来。

清算主体的法律责任是指公司因破产、合并、分立原因外解散而进行的清算中，公司清算主体违反公司清算的法律规定，或因过错造成公司或债权人的损失所应负的法律责任。

（一）民事责任

1. 清算组妨碍清算的侵权赔偿责任

（1）清算组未履行向债权人通知和公告义务，导致债权人未及时申报债权而未获清偿，公司债权人可以主张。

（2）执行未经确认的清算方案给公司或债权人造成损失，公司、股东或债权人可以主张。

（3）清算组从事清算事务时，违反法律、行政法规或公司章程给公司或债权人造成损失，公司和债权人可以主张。

2. 有限责任公司股东、股份有限公司的董事和控股股东或实际控制人（即清算义务人）妨碍清算的侵权赔偿责任。

（1）未在法定期限内成立清算组进行清算，导致公司财产贬值、流失、毁损或灭失，在造成损失范围内对公司债务承担赔偿责任。

（2）怠于履行义务，导致公司主要财产、账册、重要文件等灭失，无法进行清算，对公司债务承担连带清偿责任。

（3）在公司解散后，恶意处置公司财产给债权人造成损失或者未依法清算，以虚假的清算报告骗取公司登记机关办理法人注销登记，上述责任主体承担责任。

3. 股东或发起人出资不足的补充连带责任

未缴出资股东以及设立时的其他股东或发起人，在未缴出资范围内对公司债务承担连带清偿责任。

4. 承诺第三人的补充连带责任

未经清算即办理注销登记，导致公司无法进行清算，在工商登记部门承诺承担法律责任的第三人可以承担民事责任。

5. 内部责任划分

上述责任人为二人以上的，其中一人或数人承担民事责任后，主张其他人员按照过错大小分担责任的，人民法院应以支持。

（二）行政责任

我国现行法律中只规定了对于清算组的行政责任，清算组作为公司特殊时期一个责任主体在承担民事责任外，仍然可以承担行政责任，而且这种行政责任是脱离公司的独立责任。但同样，如果清算组承担民事赔偿责任和缴纳罚款、罚金后，其财产不足以支付时，民事赔偿具有优先顺位。

（三）刑事责任

我国《刑法》第 162 条妨害清算罪和隐匿、故意销毁会计凭证、会计账簿、财务会计报告罪，对清算人和清算义务人等直接责任人员在公司、企业进行清算时，隐匿财产，对资产负债表或者财产清单作虚伪记载或者在未清偿债务前分配公司、企业财产，严重损害债权人或者其他人利益的规定了承担刑事责任。

合 规 攻 略

攻略 15：公司被吊销放任不管的后患

公司被吊销是指企业因违反法律法规或行政规定，市场监督管理部门强制停止其经营活动的行为。在吊销后注销前，公司依然存在，还要承担相应的债权债务责任，不过不得开展经营业务。

吊销与注销是有区别的。注销是指符合法定条件的企业经过向原登记机关申请，并经过规定清算程序后主体资格消灭。公司完全消失，法人资格合法终止，所有员工遣散，所有银行的钱收回，所有债权债务结束。注销是合法行为，也是一家公司停止经营的最终唯一结果。

公司吊销后，法定代表人等信息会被传输到全国工商系统黑牌企业数据库，实现全国范围内监管，同步在全国金融征信系统中纳入不良记录。被吊销营业执照 3 年内，企业的名称不能再重新使用；被吊销营业执照的法定代表人在全国范围 3 年内都不得申请或担任其他企业的高级管理人员（担任公司的董事、监事、高级管理人员）；被吊销企业的法人代表，终身进入工商系统黑名单，不得再兼任其他公司法人代表,还要被列入"黑名单",不能设立新公司,还可能因征信问题不能办理贷款,也会影响公司所有股东的信用。

吊销后还将涉及无照经营。被吊销营业执照的公司,应当将营业执照公章、合同专用章等缴回原登记机关,拒不缴回的,属违反登记管理法规的行为,可以提请当地公安机关协助收缴。利用应收缴的营业执照从事经营活动的,按无照经营论处。构成犯罪的,依法追究刑事责任。

公司吊销后股东可能会承担连带责任。依据《最高人民法院关于适用<公司法>若干问题的规定(二)》第18条的规定,有限责任公司的股东、股份有限公司的董事和控股股东因怠于履行义务,导致公司主要财产、账册、重要文件等灭失,无法进行清算,债权人主张其对公司债务承担连带责任的,人民法院应依法予以支持。

吊销会使董事、控股股东、实际控制人承担债务清偿责任。《最高人民法院关于适用<公司法>若干问题的规定(二)》第20条规定:公司未经清算即办理注销登记,导致公司无法进行清算,债权人主张有限责任公司的股东、股份有限公司的董事和控股股东,以及公司的实际控制人对公司债务承担清偿责任的,人民法院应依法予以支持。

攻略 16:未经合法清算即办注销的股东责任

公司决定解散后应当先依法进行清算,清算完成后再行注销公司登记。公司被依法吊销营业执照的也应当补充清算程序,向公司债权人履行清偿义务。公司不履行清算程序即行注销登记,或者在不营业的情况下既不清算,也不注销登记,等登记机关吊销营业执照的,都会损害公司债权人的利益,股东因此会产生一定的法律责任。

《最高人民法院关于适用〈公司法〉若干问题的规定(二)》第20条规定,公司解散应当在依法清算完毕后,申请办理注销登记。公司未经清算即办理注销登记,导致公司无法进行清算,债权人主张有限责任公司的股东、股份有限公司的董事和控股股东,以及公司的实际控制人对公司债务承担清偿责任的，人民法院应依法予以支持。公司未经依法清算即办理注销登记，股东或者第三人在公司登记机关办理注销登记时承诺对公司债务承担责任，债权人主张其对公司债务承担相应民事责任的，人民法院应予支持。可见，公司未经清算即办理注销登记的，债权人可以主张追究有限公司股东的民事责任，由于股东的上述违法行为导致公司无法进行清算的，股东应当对公司的全部债务承担责任。

如果公司已经清算并予以注销，但清算程序、实体不合法或不当，比如未按照法定程序、方式通知债权人，未按照法定顺序清偿债权债务，遗漏债权债务，怠于清算导致部分账目无法查清、恶意处置财产等，清算组人员、存在过错的其他股东则应承担损害赔偿和补充赔偿责任。

第四节 离岸公司注册

公司为获得美元基金的投资或实现海外上市，通常会搭建境外架构。境外架构下会涉及离岸公司的设立。所谓离岸公司是指在中国境外设立的公司，公司注册地通常为中国香港、开曼或 BVI 等避税天堂。在美国上市的中国互联网企业（如新浪、网易、阿里巴巴、京东等）的上市主体主要是开曼公司。

一、离岸公司的优势

1. 自由接收外汇，规避外汇管制；

2. 税种少，税率低，可合理避税；

3. 信息披露要求极少，保密规定相对严格，有利于企业保持商业运行秘密；

4. 成熟的司法体系和商业环境；

5. 运营成本低，比如不用每年出席股东大会；

6. 进行海外红筹方式私募，进而在美国、中国香港或新加坡以及英国等地上市；

7. 进行跨境并购；

8. 设立控股公司，进行资本运作；

二、离岸注册公司如何选择注册地

可以注册离岸公司的国家和地区很多，根据以上需求的侧重点，再来选择。

常见的离岸公司注册地有：中国香港、英属维京群岛（BVI）、美国、萨摩亚、塞舌尔、马绍尔、马其他、荷兰、卢森堡、英国、塞浦路斯、开曼、巴巴多斯、圣文森和格瑞纳丁、尼维斯等。

具体来说，如果只是为了省钱，可以考虑注册香港公司，因为香港公司注册价格上比较便宜，维护成本也低，因为离得近，比较方便。

如果以后涉及上市、投资、并购等问题，建议选择 BVI、开曼。大多数我们熟知的公司，从地产界的碧桂园、世茂地产到运动品牌李宁、安踏，再到阿里巴巴、百度等互联网巨头，许多国人耳熟能详的公司，都是开曼群岛的注册企业。

如果是希望低调的，可以考虑选择相对冷门的地方，银行认可的亚太岛屿，如萨摩亚、塞舌尔等。

三、离岸注册公司流程

选好了注册地点，就是注册流程了。

1. 确定名字（这个需要到当地注册处网站上查）

2. 确认股东 / 董事，至少一位

3. 安排代理出具文件

4. 付款办理

5. 等待完成，预计在 5—15 天内基本都可以完成

6. 准备银行开户

根据离岸公司注册地的法律，每一家在当地注册的离岸公司都必须有一个当地的注册代理，即法定注册代理。以开曼为例，当地并没有市场监督管理局这类机构专门处理你的注册要求，而是由政府授权给某些登记持牌的代理，由代理协助办理并终递交至政府完成公司备案。代理可以帮助审阅公司的章程是否符合当地法律，之后的董事变更、股东变更、质押以及后续一系列维护、更新操作都可以找境外代理来负责。

合规攻略

攻略 17：设立离岸公司应关注的合规风险

离岸公司模式一方面为企业避税、海外投资上市，为融资提供操作平台、风险规避的有效通道，另一方面，离岸公司又伴随着外汇管制、反避税监管、特殊的信息披露制度和财会税收制度、适用离岸法域专门法律规范等问题，需要注意相关法律风险。尤其需要重点关注

的是，我国《企业所得税法》和新修订的《个人所得税法》已经有针对离岸公司的反避税规定，拥有离岸公司的高净值人士应该仔细盘查自己的税务历史情况和现状，未雨绸缪，合法筹划，减少未来的税务合规风险。

为规避设立离岸公司的法律风险，必要时可聘请专业的涉外律师进行分析论证。律师可根据客户自身的不同情况和需求，就离岸法区的选择、拟注册何类经济实体、可能遇到的法律和税务问题等，为客户进行全面详细的分析并提供个性化的服务，从而达到让客户以最少的时间、精力、费用和最低的税负，拥有一个最合适的海外离岸公司的目的。

第二章
商业模式及政府监管合规

　　商业模式是企业经营的根本性问题，一旦商业模式在法律定位上出现了问题，轻则可能给合同相对方提出质疑业务合同效力的空间，产生法律纠纷，重则产品可能被相关行政机关责令下线，甚至进一步追究创始人的刑事责任等。如e租宝、云联惠、善林金融、钱宝网、泛亚交易所，都曾一度宣称系商业模式颠覆式创新，但却最终难逃崩盘噩运，究其根源就在于其商业模式本身存在重大合规风险。

　　当前国内国际环境下，公司面临着日益严峻的外部监管形势。公司应当主动审查其合规流程以应对来自监管部门越来越多的关注，确保对可能的监管审查做好准备。公司可以通过建立与监管要求相一致的合规制度来降低遭受监管处罚和法律制裁的风险。在公司遭遇监管执法行动时，应采取适当的应对措施来减少潜在的不利影响。但无论如何，公司都不能突破合规监管的底线，更不能靠打监管"擦边球"套利。

第一节　商业模式设计

彼得·德鲁克说过："当今企业之间的竞争，不是产品之间的竞争，而是商业模式之间的竞争。"商业模式往往是影响一个企业成功或失败的最重要因素。好的商业模式，抓住了时代的风口，就能一飞冲天、大放异彩。不靠谱的商业模式，往往会让创业走入死胡同。

一、商业模式设计

商业模式是为实现客户价值最大化，把能使企业运行的内外各要素整合起来，形成一个完整的高效率的具有独特核心竞争力的运行系统，并通过最优实现形式满足客户需求、实现客户价值，同时使系统达成持续赢利目标的整体解决方案。

简单来说，商业模式就是公司通过什么途径或方式来赚钱。比如，房产公司如何通过买地建房、售房来赚钱，汽车公司如何通过卖车来赚钱，快递公司如何通过送快递来赚钱；超市如何通过平台和仓储来赚钱，等等。只要有潜在或直接的盈利环节，就有商业模式存在。

商业模式是企业赖以生存的价值链条和业务系统。商业模式的创新也主要是围绕这两个要素的创新。价值链的创新是基于企业可控资源和战略定位，为各类利益相关者进行价值增值；业务系统创新则是聚焦内外部利益相关者的管理和协作方式的创新，最终实现价值链整体增值。

商业模式的创新有两种路径：一是参照"对标"企业的创新。企业会选择国内外定位比较一致的明星企业作为对标参考，进而设计自己的商业模式。这类创新在互联网领域表现比较突出。比如，支付宝巧妙地借鉴了美国 PayPal 发展过程中一些关键性的举措，比如依附电商和推出货币基金。中国的 P2P 网贷则肇始于美国 P2P 平台 Lending Club。明星企业的商业模式往往经过了市场和政府监管的考验，参考对标企业进行商业模式设计，可以大大降低创业因商业模式导致的失败风险。

第二种是颠覆式创新，也就是重构价值链和业务系统的创新。颠覆式创新需要通过价值要素的重新构建、组合等设计出新的商业模式。比如：黄太吉颠覆传统快餐行业，滴滴打车改变传统出租行业，房多多打造新房代理模式，褚橙运用互联网思维颠覆农产品品牌营销等。颠覆式商业模式设计初始通常没有可参考的对标，绝大多数设计者又不熟悉法律风险的分布，商业模式容易产生合规风险。

商业模式的设计首先要进行价值链的设计，然后再基于价值链进行业务系统的设计。企业的运作就是为了价值最大化，比如，如何差异化产品，提升用户的体验；如何利用可控资源最大化提升企业竞争力；如何精准锁定客户，找到潜在用户和激活现有用户；如何最大化利润，用最低的成本最大化客户价值的实现；如何让价值链上利益相关者能实现共赢等。

当价值链的梳理趋于明晰时，就可以进行业务系统的设计，包括内外部两个维度。内部通过企业的管理体系进行呈现，外部主要通过利益关联方之间的交易架构进行呈现。商业模式还需要找到将用户价值转化为商业价值的业务模式，才能最终落地到盈利模式。

二、商业模式合规

商业的起点是商业模式，商业模式存在的前提则是合规。作为"互联网+"时代最为热门的商业模式之一，共享商业模式近几年在中国呈现出"爆发式"的增长，公众普遍对这一新兴商业模式寄予厚望。然而2017年一份企业"阵亡"名单出炉，其中共享商业模式企业却成了"死亡重灾区"。合规风险是导致这些共享模式集体阵亡的重要原因之一。

商业模式合规就是依据有关法律法规、行政规章和相关政策，对商业模式核心要素的合法合规性和有效性进行逐一审查，并对相关法律风险进行识别、提示，提出法律合规风险防控措施或建议的工作。

商业模式不符合有关法律法规、行政规章和相关政策，就会产生法律风险，进而导致法律责任，商业模式的崩塌亦成为必然。为保障商业模式的合法合规性和有效性，合规审查一定要贯穿商业模式的设计和实施的全过程。

商业模式设计本身也是一个法律课题。新的商业模式，本质上是由一个甚至多个合同法律关系组合而成。分析整个商业模式的运作流程，并梳理、拆分涉及的多个合同关系，从基础法条和传统的法学概念，可对商业模式进行基本的法律合规判断。

一是应关注创业项目所涉及的行业。通过分析创业项目所涉及的行业，可以确定创业项目是否属于受限制类甚至是禁止进入类的项目，还是属于国家鼓励、支持类的项目。在此基础上再分析是否应取得相关资质。然而，我国法律法规浩繁，行政监管体系庞杂，并且很多行业监管还处于空白或模糊地带，因此需要在对现行法律法规政策深刻理解基础上进行法律剖析论证才能找到合规边界。如互联网金融领域，由于行业创新较快，颠覆了我国很多金融价值链上的环节，无法从现有法律法规中找到明确的依据，相应监管较为滞后，因此出现了 P2P 网贷企业泥沙俱下的局面。

二是应梳理资金的流向。商业的本质在于创造价值，通过分析创业项目上中下游产业链上的资金流动，可以确定是否存在违反国家金融监管法律的重大风险。

三是应梳理涉及的主体之间交易关系的合规性。交易结构、交易流程和交易规则是企业与利益相关者交易过程中涉及的三个要素。通过分析主体关系对应的法律关系，设计合理的交易架构，审查交易规则所应遵循的法律法规，从而规避、转移可能产生的合规风险。

四是分析为用户提供的价值。为用户提供的服务或产品的内容，是否应办理相关审批手续，是否存在审批不健全的风险。法律法规禁止交易的商品，不得进行交易。否则，会因违法或犯罪而产生严重的法律后果。

五是综合评估法律风险。对创业创新项目来说，可能游离在法律边缘。此时应全面考虑创业项目的社会价值、团队法律意识素养、行政监管力度等因素综合评估风险。

总的来说，商业模式创新是一项高风险的事情。创始人应该始终秉持"戴着镣铐跳舞"的态度进行商业模式创新，而不应逾越法律的界限。

典型案例：云联惠事件背后的商业模式争议

2018 年 5 月 9 日凌晨，广州警方通报"成功摧毁'云联惠'特大网络传销犯罪团伙，黄某等多名主要犯罪嫌疑人落网"。警方称，"云联惠依托旗下的'云联商城',以'消费全返'等为幌子,采取拉人头、交纳会费、积分返利等方式引诱人员加入,骗取财物,严重扰乱经济社会秩序,涉嫌组织、领导传销活动犯罪。"据报道,截止到 2018 年 5 月 8 日,云联惠的累计交易金额约为 3300 亿元。

云联惠事件后,对于消费返利商业模式合法性的争论不断增多,有支持者,有反对者,众多的讨论甚至引发了这种商业模式背后的学术争议。

2018 年 4 月 12 日,中国银行保险监督管理委员会、工业和信息化部、人民银行等六部委联合发布公告,提示"消费返利"存在"运营模式的违法风险",对于何种消费返利的运营模式涉嫌违法,公告特别进行了描述和定义:

(1)以承诺高额回报或纵容虚假商品交易的方式或要求会员缴纳一定比例费用的方式吸收公众资金:即"平台虚构盈利前景、承诺高额回报,授意或默许会员加盟商虚构商品交易,直接向平台缴纳一定比例费用,谋取高额返利,通过此方式达到快速吸收公众资金的目的";

(2)采用传销手法:以所谓"动态收益"为诱饵,要求加入者缴纳入门费并"拉人头"发展人员加入,靠发展下线获取提成。

公告表示,如果平台涉及上述两种行为特征,则涉嫌非法集资、传销。

(转载自华夏时报《消费返利平台云联惠倒下 400 亿背后的传销骗局》一文)

合规攻略

攻略 18:远离灰色商业模式之殇

"大众创业,万众创新"背景下,众多创业者开始探索一系列创新运营模式,颠覆传统商业模式;随着企业的不断发展壮大、经营架构的不断调整、利益触角的逐渐蔓延和深入，这种新型商业模式与当前的法律法规是否会产生冲突，是否可能触犯刑事法律，这些问题都值得好好关注和思考。

对于层出不穷的新兴商业模式，有时立法会存在一定滞后现象，某些商业模式可能短期内处于无人监管的真空状态。特别在互联网经济浪潮呼啸而来的今天，各种新型业态带来的法律问题层出不穷，法律界对此可能也无准确结论。但是创业者一定不要寄希望于通过灰色商业模式实现暴富：某些O2O裂变营销很有可能就是传销，某些疯狂火爆的区块链ICO可能就是非法集资；某些一夜暴富的投资理财很有可能就是金融诈骗。

创业者需要时刻关注行业整体的监管趋势以及某些行业的权威人物的表态，不宜过于逾越国家整体监管趋向。对于某些通过现有法律、法规，就可以明确得出违法结论的商业项目，不要因为处于监管的灰色地带就贸然实施。比如，对于区块链及互联网金融创业项目，就应当注重创新与规范、安全的平衡，在探索创新的同时，时刻关注监管要求、防范系统风险，严格遵守法规、预防违法犯罪。

鉴于商业模式是关系创业成败的核心要素，创业者可以寻找专业的商事律师对商业模式的合法合规性进行论证。商业律师在充分理解客户商业诉求的基础上，根据法律规则，可以帮助企业设计合法合规的商业模式，并配之以一系列协议安排，从而协助创业者实现其价值诉求。

第二节　政府监管及牌照许可

　　创业者在创业之初首先应当考虑的是创业项目政策合规、合法性，了解中央和地方政府发布的行业相关政策，判断项目是国家限制类、禁止进入类项目还是国家鼓励类、支持类，开展某些特殊业务是否需要申请资质许可。创业者还应当认识到，企业的存在是为了推动社会经济的健康发展，如果项目本身违背了社会的公序良俗，那必然是法律所不能容忍的。此外还需要关注国家对环境保护的监管、产品质量监管、广告宣传的监管、对土地使用和工程建设的监管、对外资准入的监管、外汇的监管等。

一、投资立项许可合规

　　投资立项许可是政府调控经济最直接、最有效的手段，也是投资交易面临的最基本的行政许可。

　　对于企业不使用政府投资建设的项目，投资立项许可包括核准和备案，其中，政府从维护社会公共利益角度对重大项目和限制类项目（最新规定为国务院发布的《政府核准的投资项目目录（2016年本）》，其中有明确目录）进行核准，其他项目实行备案制。

　　就境内投资项目而言，投资立项许可是政府审核确认拟投资建设项目符合产业发展要求、准予立项的行政许可行为。产业发展要求的重点是：投资项目符合国家法律法规，项目符合国民经济和社会发展规划、行业规划、产业政策、行业准入标准和土地利用总体规划，项目符合国家宏观调控政策，项目的地区布局合理，主要产品未对国内市场形成垄断，项目合理开发并有效利用了资源，项目对生态环境和自然文化遗产进行了有效保护，未对公众利益特别是项目建设地的公众利益产生重大不利影响，项目申报单位具有承担相应项目建设的能力。

　　就境外投资项目而言，投资立项许可则是政府审核确认拟投资建设项目符合下列产业要求、准予立项的行政许可行为：项目符合国家法律法规和产业政策，不危害国家主权、安全和公共利益，不违反国际法准则；项目符合经济和社会可持续发展要求，有利于开发国民经济发展所需战略性资源；符合国家关于产业结构调整的要求，促进国内具有比较优势的技术、产品、设备出口和劳务输出，有利于吸引国外先进技术和优秀人才；项目符合国家资本项目管理和外债管理规定；投资主体具备相应的投资实力。

投资立项许可的申请主体为项目建设单位，许可主体为国家发展和改革委员会及地方各级政府发展与改革部门。投资项目立项审批权限大致可以分为四个层级：国务院核准、国家发改委核准、省级发改委核准、省级以下地方发改委核准。

二、牌照许可合规

企业在从事某些特殊业务时，还需要取得一些资质许可。牌照就是从事特殊业务的许可证。无照"裸奔"将面临关门歇业和行政处罚。

比如，互联网创业公司需要具备如下资质：

（1）ICP 备案

网络内容服务商英文为 Internet Content Provider，简写为 ICP。目前国内对非经营性互联网信息服务实行备案制度，对于所有企业网站来说，ICP 备案是必备工作，而且，ICP 备案必须以公司名义申请，提供服务器的单位必须有 IDC 或 ISP 证且在当地通管局做过备案。

（2）ICP 经营许可证

目前国内对经营性互联网信息服务实行许可证制度，这个证书就是"ICP 经营许可证"。经营性网站必须办理 ICP 证，否则就属于非法经营，会面临关闭网站、罚款的风险。ICP 经营许可证的单位名称必须和企业注册名称一致。

只要网站上涉及有偿信息服务、电商等，就必须立即向当地的通信管理局申请办理 ICP 许可证。

以下是常见行业所需要审批的资质：

游戏：《网络文化经营许可证》《游戏版号》；

电商团购：若含其他需要提供资质类目下物品时，则需提供相应资质。如商城中含有食品，则需要《食品经营许可证（流通）》；

出版经营：《网络出版服务许可证》；

音乐娱乐产品：《网络文化经营许可证》，也有可能涉及《网络出版服务许可证》；

餐饮／食品：餐饮需《食品经营许可证—餐饮》、食品需《食品经营许可证—食品》，线下零售需《食品经营许可证（流通）》；

医疗保健业：《互联网医疗保健服务许可证》，线下门店卖药需办理《药品经营许可证》，医疗器械需办理《医疗器械经营企业许可证》，从事医疗服务需办理《医疗机构执业许可证》；

药品信息或交易：《互联网药品服务许可证》《互联网药品交易资格证》；

播放、点播、下载音视频：《网络视听节目许可证》；

短信、彩信、彩铃等增值电信业务：《移动信息服务经营许可证》（sp证）；

金融：股票类需办理《证券投资咨询业务资格证书》，保险公司需《经营保险业务许可证》《保险业务法人等级证书》；

交通运输：物流需要《道路运输许可证》，快递需要《快递业务经营许可证》，加油需《成品油批发经营批准证书》或《成品油仓储经营批准证书》或《成品油零售经营批准证书》，三选一；

娱乐／健身服务：游艺厅／KTV／网吧需办理《娱乐经营许可证》；

旅游：旅行社需《旅行社业务经营许可证》，机票／机票代理需《航空公司机票代理资格证》；

教育／培训：民办非公立院校需《办学许可证》；

职业人才中介：《劳务派遣经营许可证》《人力资源经营许可证》。

合规攻略

攻略19：打监管"擦边球"套利的陷阱

过去各行各业都盛行着很多潜规则，很多企业家也的确凭借着政府监管的漏洞野蛮生长，甚至一夜暴富。互联网江湖就存在很多打监管擦边球的经营模式，如色情、赌博、网络传销的 CPS 广告、竞价排名与 SEO、网络诈骗、走私、偷漏税、黑客、盗版、病毒入侵等。然而社会在进步，市场在前进，政府监管也日益严密健全，这种监管红利将难有存续空间。国家正在努力引导企业走合规发展和良性竞争的道路，对企业不合规行为容忍度大幅降低。

王欣创办的"宅男神器"快播平台成立后，曾利用政府监管的盲区在视频江湖上迅速打下一片江山，但好景不长，在国家"净网"行动中被查处关闭，创始人王欣以涉嫌传播淫秽物品牟利罪被判刑。面对日趋严厉的政府监管和层出不穷的监管新规，企业继续野蛮生长的合规风险将越来越大。

然而，很多企业家的风险思维却没有与时俱进。企业在经营活动和市场竞争中，习惯于游走在法律和道德的边缘，在监管的"灰色地带"中寻求利润最大化。一些企业看到其他企业违规没受惩罚时，会产生"自己不这样做等于吃亏"的从众心理。当公司合规人员向公司决策者指出可能面临的监管风险时，还可能会被认为是小题大做。甚至有的企业老板还会要求合规部门帮助寻找灰色地带以谋取利益。合规失去了独立的风控职能，最终必定会害了公司。

常在河边走，哪有不湿鞋。随着政府监管方式的不断创新，一些行业管理的灰色地带开始逐渐被透明化，监管力度也必将逐步强化。企业切不可为了追求短期利益而钻监管的漏洞，否则很有可能成为政府监管重拳下的炮灰。

第三节　商业特许经营

在如今国内的创业浪潮之下，不少人选择加盟特许经营的方式实现自己的创业梦。所谓商业特许经营，依照《商业特许经营管理条例》第3条的规定，是指拥有注册商标、企业标志、专利、专用技术等经营资源的企业（以下称特许人），以合同形式将其拥有的经营资源许可其他经营者（以下称被特许人）使用，被特许人按照合同约定，在统一的经营模式下开展经营，并向特许人支付特许经营费用的经营活动。麦当劳、肯德基、7-11便利店等即采用这种商业模式。

一、特许人的主体资格

在与特许人签订特许经营合同之前，被特许人务必注意的首要问题即特许人是否具备合法、有效的主体资格。这包括如下几个方面：

（1）必须为企业，不能是个人。根据《商业特许经营管理条例》第3条第2款"企业以外的其他单位和个人不得作为特许人从事特许经营活动"的规定，签署特许经营合同的特许人只能是企业，否则此合同可能会被认定为无效，被特许人的合同权利也得不到保障。

（2）至少2个直营店，经营时间超过一年。《商业特许经营管理条例》第7条规定："特许人从事特许经营活动应当拥有成熟的经营模式，并具备为被特许人持续提供经营指导、技术支持和业务培训的能力。特许人从事特许经营活动应当拥有至少2个直营店，并且经营时间超过1年。""特许人不具备本条例第7条第2款规定的条件，从事特许经营活动的，由商务主管部门责令改正，没收违法所得，处10万元以上50万元以下的罚款，并予以公告。"依此规定，特许人若违反前述规定将因此遭受行政处罚，作为加盟商的被特许人势必也将受到不良影响。

（3）具备相应经营资源。被特许人之所以采用特许经营模式，向特许人支付加盟费，其目的在于获取特许人的经营资源。经营资源既包括注册商标、企业标志、专利，也包括字号、商业秘密、具有独特风格的整体营业形象，以及在先使用并具有一定影响的未注册商标等能够形成某种市场竞争优势的经营资源。特许人原始取得或经受让取得经营资源，或者取得包括再许可权在内的经营资源独占使用权的，可以视为拥有经营资源。

在签署特许经营合同之前，建议被特许人尽量先核实特许人是否合法拥有所看中的经营资源，比如通过中国商标网查询特许人拥有的注册商标情况；通过中国及多国专利审查信息查询系统查询特许人拥有的专利权的情况，若特许人的经营资源为受让取得，则核实其转让文件是否真实、有效等。

（4）特殊行业的资质。鉴于部分行业经营需要相应的资质，所以在签署特许经营合同前，有必要确认特许人已具备相关行业合法、有效的资质。

二、特许人的经营备案

依照《商业特许经营管理条例》的规定，特许人应当在订立特许经营合同之日起 15 日内向商务主管部门备案。建议被特许人在订立特许经营合同之前以及之后，通过"中国商业特许经营网"查询相关备案信息。若特许人在与被特许人签署合同之前在前述网站无备案信息，或者在签署合同之后未及时办理备案信息，依《商业特许经营管理条例》的规定，特许人将面临被商务主管部门罚款等行政处罚。

三、特许人的信息披露

依照《商业特许经营管理条例》的规定，特许人应当建立并实行完备的信息披露制度，特许人应以书面形式向被特许人披露信息，且信息披露应当真实、准确、完整，不得隐瞒有关信息，或提供虚假信息，否则被特许人可以解除特许经营合同；此外，特许人违反信息披露义务还将面临行政处罚风险。

特许人真实、准确、完整地进行信息披露，有利于被特许人在获得充分的信息的基础上，对其投资行为做出准确的判断，切实保护其合法权益，防止特许人欺诈行为的发生。特许经营监管机关则通过对特许人披露的信息进行监督审查，保证特许人的质量，防止违法行为，维护被特许人利益。

合规攻略

攻略20: 特许经营合作风险的规避策略

特许经营是当今世界较为流行的企业扩张途径之一，是一种高效率的经营方式。但企业经营者对特许经营这一经营模式的认识，尤其是对特许经营合作中所涉及的法律风险认识不足，导致特许经营合作纠纷频发。无论是特许人还是受许人都需要考虑怎样规避特许经营合作的法律风险。

（1）对于特许人而言，若未取得商务主管部门特许人的经营备案，则不得开展特许经营业务，否则可能面临加盟商解约及行政部门处罚风险。特许人应拥有有权许可他人使用的商标、商号和营业模式等经营资源方可申请特许经营备案。特许人在未具备备案条件下，双方只能建立一般商务合作合同关系，不得以特许加盟名义签署合同。待项目具备备案条件后，取得备案后方可对外签署特许经营合同。

（2）特许人在选择加盟商时，应考察受许人的经营条件，主要是受许人的主体资格、资金、场所、人员，以及被许可人的经营能力，要求受许人提供主体资格的证明、资信证明、产权证明等。

（3）特许人在招募加盟商时应尽信息披露义务，不得做虚假宣传。如因信息披露不充分、提供虚假信息致使受许人遭受经济损失的，特许人应承担赔偿责任。特许人还应建立严格的保密制度并与受许人签订严格的保密协议，以防范恶意加盟商窃取商业秘密。

（4）对于被特许人而言，在签署特许经营合同之前务必审查核实特许人的主体资格，尽量在合同中约定清楚特许人的信息披露义务以及其他培训、指导等服务义务。如特许事项金额较大或情况复杂，可委托专业律师介入，对特许经营项目进行详细尽调，以了解项目潜在的法律风险及问题，并在合同条款中有效约束特许人，最大限度保障被特许人的合法权益。

第四节　产品质量

产品质量关系企业的生死存亡，不注重产品质量的企业很难走远。谁敢在质量上动手脚，不但不会成功，还会遭到灭顶之灾。南京冠生园就是由于产品质量出了严重问题，百年历史的老字号企业瞬间崩溃。因此生产型企业要想成功，就需要严守质量防线，确保质量合规。

一、产品质量规范

我国关于产品质量的规定主要在我国《产品质量法》和《消费者权益保护法》以及相关的一系列法律、法规中，规制的主体包括生产、销售企业以及个体工商户，调整的经营活动涵盖生产、运输、仓储、销售、产品维修等一系列流程。因此企业无论其规模大小、综合实力强弱，只要其从事产品相关活动，都应当服从国家对产品质量的监督管理制度，切实提高产品的质量水平，依法承担对应的产品质量责任。

企业应当建立健全内部产品、服务质量的管理制度。应当做到不合格的产品不出厂，不合格的原材料、零部件不投料、组装；国家明令淘汰的产品不能生产和销售；没有产品质量标准，没有经过质量检验机构检验的产品不能生产和销售；不能以次充好、以假充真；不能违法使用他人的商标、厂名和厂址。

企业还应服从国家有关部门的质量监管。我国的产品质量监管制主要包括产品质量抽查制度、产品质量标准制度、产品质量认证制度和行政许可制度等。具体质量监管制度如下：

（1）工业产品生产许可制度。工业产品生产许可证管理的产品，主要是直接关系公共安全、人体健康、生命财产安全的重要工业产品。在我国境内从事生产、销售或在经营活动中使用列入生产许可证目录的产品，都要实行生产许可制度管理。任何企业未取得生产许可证不得生产列入目录的产品。任何单位和个人不得销售或者在经营活动中使用未取得生产许可证的产品。

（2）产品质量监督检查制度。这是指国务院产品质量监督部门及地方产品质量监督部门，依据国家有关法律、法规和规章的规定，以及同级人民政府赋予的行职权，对生产、流通领域的产品质量，代表政府实施的一种具有监督性质的检查活动。

（3）产品质量标准制度。对可能危及人体健康和人身、财产安全的工业产品，必须符合保障人体健康和人身、财产安全的国家标准、行业标准；未制定国家标准、行业标准的，必须符合保障人体健康和人身、财产安全的要求。禁止生产、销售不符合保障人体健康和人身、财产安全的标准和要求的工业产品。

（4）企业质量体系认证。这是指国务院产品质量监督管理部门或由它授权的部门认可的认证机构，依据国际通用的"质量管理和质量保证"系列标准，对企业的质量体系和质量保证能力进行审核合格，颁发企业质量体系认证证书以资证明的制度。

（5）产品质量认证制度。这是指依据产品标准和相应技术要求，经国家认证机构确认并通过颁发认证证书和认证标志来证明某一产品符合相应标准和技术要求的活动。我国从 2002 年 5 月 1 日起实行国家强制认证制度（CCC），对于列入"CCC"目录的产品实行强制认证，对于未列入目录的产品若需要认证，采用自愿认证的方式。

二、产品质量合规风险

（一）生产者的质量责任和义务

企业应当对其所生产的产品质量负责。产品质量应当符合下列要求：

（1）不存在危及人身、财产安全的不合理的危险，有保障人体健康和人身财产安全的国家标准、行业标准的，应当符合该标准；

（2）具备产品应当具备的使用性能，但是，对产品存在使用性能的瑕疵做出说明的除外；

（3）符合在产品或者其包装上注明采用的产品标准，符合以产品说明、实物样品等方式表明的质量状况。

产品或者其包装上的标识必须真实，并符合下列要求：①有产品质量检验合格证明；②有中文标明的产品名称、生产厂厂名和厂址；③根据产品的特点和使用要求，需要标明产品规格、等级、所含主要成分的名称和含量的，用中文相应予以标明；需要事先让消费者知晓的，应当在外包装上标明，或者预先向消费者提供有关资料；④限期使用的产品，应当在显著位置清晰地标明生产日期和安全使用期或者失效日期；⑤使用不当，容易造成产品本身损坏或者可能危及人身、财产安全的产品，应当有警示标志或者中文警示说明。裸装的食品和其他根据产品的特点难以附加标识的裸装产品，可以不附加产品标识。易碎、易燃、易爆、有毒、有腐蚀性、有放射性等危险物品以及储运中不能倒置和其他有特殊要求的产品，其包装质量必须符合相应要求，依照国家有关规定做出警示标志或者中文警示说明，标明储运注意事项。

同时，不得生产国家明令淘汰的产品。不得伪造产地，不得伪造或者冒用他人的厂名、厂址。不得伪造或者冒用认证标志等质量标志。不得掺杂、掺假，不得以假充真、以次充好，不得以不合格产品冒充合格产品。

（二）销售者的质量责任和义务

企业如果以销售者的身份参与市场活动，则应当知晓销售者的产品质量责任和义务。建立企业的进货检查、验收制度，验明产品合格证明和其他标识；采取措施保证销售产品的质量。并且不得销售国家明令淘汰并停止销售的产品和失效、变质的产品；销售的产品的标识应当符合法律规定；不得伪造产地，不得伪造或者冒用他人的厂名、厂址；不得伪造或者冒用认证标志等质量标志；不得掺杂、掺假，以假充真、以次充好，不得以不合格产品冒充合格产品。

（三）产品合同责任

企业售出的产品有下列情形之一，应当负责修理、更换、退货；给购买产品的消费者造成损失的，应当赔偿损失：①不具备产品应当具有的使用性能而事先未做说明的；②不符合在产品或者其包装上注明采用的产品标准的；③不符合以产品说明、实物样品等方式表明的质量状况的。如果企业作为销售者依照上述规定负责修理、更换、退货、赔偿损失后，属于生产者责任或者其他销售者责任的，可以向生产者、供货者追偿。如果企业作为销售者未按照上述规定给予修理、更换、退货或者赔偿损失的，产品质量监督管理部门或者市场监督管理部门将会责令其改正。当然，企业作为生产者、销售者可以与合同另一方做出不同约定。

（四）产品侵权责任

因产品存在缺陷造成人身、缺陷产品以外的其他财产损害的，生产者应当承担赔偿责任，但生产者能够证明有下列情形之一的，不承担赔偿责任：①未将产品投入流通的；②产品投入流通时，引起损害的缺陷尚不存在的；③将产品投入流通时的科学技术水平尚不能发现缺陷的存在的。由于销售者的过错使得产品存在缺陷，造成人身、他人财产损害的，销售者应当承担赔偿责任。若销售者不能指明缺陷产品的生产者，也不能指明缺陷产品的供货者，销售者应当承担赔偿责任。

因产品存在缺陷造成人身、他人财产损害的，该产品的生产者和销售者承担连带赔偿责任，受害人可以向生产者要求赔偿，也可以向销售者要求赔偿。由此，企业无论是以生产者身份还是以销售者身份从事相关产品的活动，都应当严格保证所生产、销售的产品质量合格。

（五）产品质量行政责任

产品的生产者、销售者、产品质量监督管理部门以及其他机构和个人违反《产品质量法》，从事不法行为的，有关行政机关应依法予以行政处罚，包括没收违法产品、没收违法所得、罚款、吊销营业执照、取消检验（或认证）资格等。

（六）产品质量刑事责任

依《产品质量法》规定，追究刑事责任的行为有：①生产、销售不符合保障人体健康、人身安全的国家标准、行业标准的产品；②在产品中掺杂、掺假，以假充真，以次充好，或者以不合格产品冒充合格产品的；③生产国家明令淘汰的产品的，销售国家明令淘汰并停止销售的产品的；

④销售失效、变质的产品的；⑤伪造产品产地的，伪造或者冒用他人厂名、厂址的，伪造或者冒用认证标志等质量标志的，⑥知道或者应当知道属于法律禁止生产、销售的产品而为其提供运输、保管、仓储等便利条件，或者为以假充真的产品提供制假、生产技术的。

合规攻略

攻略 21：产品质量责任风险的管控措施

企业要防范产品质量责任风险，可以从事前和事后两个方面入手。事前防范的核心，就是要保证产品质量符合要求，不存在导致产品质量瑕疵缺陷。

事前防范的制度性措施包括：建立健全质量管理体系、进行产品质量认证、严格履行各项质量义务等。实践证明，产品质量认证对于企业开展全面质量管理，提高质量管理水平有积极作用。通过认证的产品，不但质量有了保证，还相应地提高了市场竞争力。

事后防范就是在产品确实存在质量问题时及时采取适当的措施，使问题得到积极稳妥的解决，避免损失和风险的进一步扩大。事后防范的制度性措施则包括加强和完善售后服务保障、缺陷产品召回、投保产品质量险等。

召回缺陷产品是防止损害事故发生的有效手段和制度性措施。表面上来看，企业召回产品似乎增加了不少的支出，但相较于缺陷造成损害所产生的巨额赔偿而言，召回实则极大地避免或减轻了企业的责任。因此，企业一旦发现产品存在问题特别是危害到消费者人身、财产安全的缺陷时，就应当及时采取措施，予以召回，防止或减少产品损害事故的发生。

攻略 22：未尽安全保障义务的经营者责任

2018 年 5 月 6 日凌晨，某航空公司一名空姐执行完航班任务后搭乘滴滴顺风车赶往火车站，途中惨遭司机杀害。嫌犯溺水而亡，已无法承担刑事责任，作为信息平台提供方的滴滴应当如何担责成为舆论讨论的焦点。

《消费者权益保护法》第18条规定："经营者应当保证其提供的商品或者服务符合保障人身、财产安全的要求。对可能危及人身、财产安全的商品和服务，应当向消费者做出真实的说明和明确的警示，并说明和标明正确使用商品或接受服务的方法以及防止危害发生的方法。"经营者对于消费者负有安全保障义务，违反安全保障义务导致消费者遭受损害的，应当承担赔偿责任。

《侵权责任法》也首次以法律的形式确定了安全保障义务及导致的侵权责任。该法第37条规定："宾馆、商场、银行、车站、娱乐场所等公共场所的管理或者群众性活动的组织者，未尽到安全保障义务，造成他人损害的，应当承担侵权责任。管理人或者组织者未尽到安全保障义务的，承担相应的补充责任。"

滴滴顺风车事件中，网络平台扮演着顺风车业务"组织者"的角色，因此应当基于《侵权责任法》第37条的规定，对网络平台课以组织者的安全保障义务，网络平台应就该笔顺风车业务运行过程中所造成的损害承担侵权责任。当然，若平台可以证明已尽到了安全保障义务，则不须承担此责任。

如果说产品质量责任是产品提供者的主要义务和责任，那么对于服务提供者而言，主要义务和责任则是安全保障义务及其责任。如果企业从事服务性行业，则必须关注服务的安全保障问题，防范由此产生的法律风险。

商店、酒店等经营服务场所存在不安全因素，导致人身伤害、财产损失从而发生纠纷的并不少见。这些类型的企业均应高度关注经营中涉及的安全保障义务。

第五节 市场营销

商场如战场，市场营销是企业攻城拔寨的一把利器，没有这把利器，企业将举步维艰。但市场营销也是一把双刃剑，营销中也潜藏着多方面的合规风险。创业者切不可为了追求业绩铤而走险，触碰营销合规底线。

一、营销管理合规

在"营销为王"的现代社会，营销关系攸关企业市场竞争的成败。许多企业为市场营销使尽浑身解数，投入大量人力、物力，但也有一些企业误入歧途，在营销合规上栽跟头。为维护公平的竞争环境，市场经济体制要求企业必须遵从行业规则和国家的法律法规。实践中，许多企业营销活动不当，毁约、侵权等行为时常发生，法律风险随之到来：轻则会受到同行其他企业的抵制、反击或封杀，重则会受到国家法律的严厉制裁。

市场营销可以帮助企业实现高速扩张，但创始人也应看清商机背后的巨大法律黑洞，防范合规问题给企业带来的潜在风险。根据市场营销活动的类型和对象，企业可能会存在如下不合规行为：

（1）商品或服务定价中的不当行为，具体包括低于成本销售商品、以不公平高价销售或以不公平低价购买商品、价格歧视、不明码标价、虚假或使人误解的价格手段。

（2）广告宣传中的不当行为，具体包括虚假宣传、用语不规范、对比性广告、哄抬价格。

（3）争取交易机会中的不当行为，具体包括商业贿赂、赠品、串通招投标、造谣中伤竞争对手、不当有奖销售。

（4）与同行业其他经营者的不当协同行为，具体包括就商品价格、产量、销量达成协议，分割销售或采购市场，限制新技术、新产品，联合抵制交易。

（5）与经销商交易中的不当行为，具体包括价格限定、限制经销商与自己或第三方的交易、搭售或附加不合理交易条件、无正当理由拒绝交易。

（6）与最终用户交易中的不当行为，具体包括商品搭售、售后服务。

二、广告营销模式合规

广告宣传，既是一种促销手段，也是消费者获得商品和服务信息的一种渠道。与此同时，它还是一把双刃剑，暗藏风险，一旦处理不当，将会给企业带来损失或灾难。常见广告合规风险点有如下几种：

（一）广告用语不符合规定

一是禁用"国家级""最高级""最佳""顶级""极品"、绝对化用语等用语以及含有欺诈性、诱导性的词语，如："国家级""第一品牌"以及品牌赞助企业在宣传中使用的"指定""唯一"等用语。

二是不得以"驰名商标"的名义进行广告宣传。不少商家都爱傍身"驰名商标"来为自己宣传。根据《商标法》的规定，生产、经营者不能将"驰名商标"字样用于商品、商品包装或者容器上，或者用于广告宣传、展览以及商业活动中。

三是使用引证内容应当真实、准确，并标明出处。

四是不得使用贬低其他经营者商品或服务的广告用语。

五是特殊广告中用语要规范。

（1）酒类广告：不得使用医疗用语或者易与药品相混淆的用语；不得使用鼓动、倡导引诱人们饮酒或者宣传无节制饮酒的用语；

（2）保健食品广告：应当引导消费者合理使用保健食品；必须说明或者标明"本品不能替代药品"的忠告语；

（3）药品广告：不得任意扩大产品适应症范围，绝对化夸大药品疗效、严重欺骗和误导消费者；

（4）医疗广告：不得含有保证治疗或隐含保证治愈，宣传治愈率、有效率等诊疗效果，淫秽、迷信、荒诞，贬低他人的广告语；

（5）化妆品广告：禁止出现对名称、制法、成分、效用或者性能进行虚假夸大；使用他人名义保证或者以暗示方法使人误解其效用；宣传医疗作用或者使用医疗术语；贬低同类产品；使用绝对化的语言；涉及化妆品性能或功能、销量等方面的数据。

（6）房地产广告：不得含有风水、占卜等封建迷信内容，对项目情况进行的说明渲染不得有悖于社会良好风尚。

（二）抽奖、买赠等促销活动不合规

经常有商家打出"满5000元，抽汽车""满5000送2000的礼品"等促销方式，但通常活动中对于抽送的汽车是"所有权"还是"使用权"并没有提及，或者夸大礼品价值，从而导致宣传与实际操作不符，这就是虚假广告。

所谓虚假广告，就是指广告内容是虚假的或者是容易引人误解的，一是指商品宣传的内容与所提供的商品或者服务的实际质量不符，再就是指可能使宣传对象或受宣传影响的人对商品的真实情况产生错误的联想，从而影响其购买决策的商品宣传。这类广告的内容往往夸大、失实，语意模糊，令人误解。

发布虚假广告的，由市场监督管理部门责令停止发布广告，责令广告主在相应范围内消除影响，处广告费用3倍以上5倍以下的罚款。

不仅如此，在促销活动中，奖品价值也不能过于夸大，奖品质量必须符合质量标准。如果是限时促销的，还应当保证商品在促销时段内的充足供应；开展限量促销活动的，应当明示促销商品的具体数量。连锁企业所属多家店铺同时开展限量促销活动的，应当明示各店铺促销商品的具体数量。限量促销的，促销商品收完后应即时明示。抽奖活动中，奖品是现金的，应当在支付消费者现金之前依法代扣个人所得税。

（三）"最终解释权"的合规风险

在商品促销广告中用格式条款的形式声明最后的解释权归其所有，这一做法不仅为许多商家所采用，而且使"最终解释权"发展成了许多行业内约定俗成的一个用语。但根据《消费者权益保护法》以及国家市场监督管理总局颁布的《合同违法行为监督处理办法》规定，经营者不得以格式合同、通知、声明、店堂告示等方式做出对消费者不公平、不合理的规定，或者减轻、免除其损害消费者合法权益应当承担的民事责任，含有这些内容的格式合同、通知、声明等可能被认定无效。

企业对于自己的产品或业务规则有解释的权利，但这些应该都体现在

法律允许的范围内。而真正能够达到"最终解释"目的，只能是享有法定权利的机关，如行政机关、司法机关等。

因此建议在表述上采取"本企业在法律允许的范围内有解释的权利"或者表述为"具体的办理或使用规则，请咨询……"，这样就可以减轻虚假宣传或夸大宣传的影响。

（四）以新闻报道或软性文章的形式发布广告的合规风险

所谓"软性文章"即不以广告的形式出现，但内容就是进行广告宣传。这类广告使得消费者很难分辨媒体文章和广告之间的区别，出于对刊登广告的媒体的公信力的信任，而信任了广告中的宣传内容。如以检测报告、评测报告、新闻稿等形式进行发布，掩盖广告的性质。

根据《广告法》规定：广告应当具有可识别性，能够使消费者辨明其为广告。大众传播媒介不得以新闻报道形式变相发布广告。通过大众传播媒介发布的广告应当显著标明"广告"，与其他非广告信息相区别，不得使消费者产生误解。因此"软文"性质的广告也是禁止的。

（五）虚假宣传的合规风险

虚假宣传是指经营者在商业活动中利用广告或其他方法对商品或服务做出与实际内容不相符的虚假信息，导致客户和消费者误解的行为。

虚假宣传系不正当竞争行为，违反了诚实信用原则和公认的商业准则。虚假宣传会导致企业承担多种法律责任。

首先是民事责任。《反不正当竞争法》要求经营者承担因虚假宣传产生的损害赔偿责任之外，还应承担因调查不正当竞争行为所支付的合理费用。《广告法》规定广告主应承担发布虚假广告、欺骗、误导消费者的民事责任。《消费者权益保护法》除在参照前述规定的同时，另行规定了在"关系消费者生命健康商品或服务"的范围内商品经营者与广告经营者、发布者的连带责任。

其次是行政责任，责任形式包括责令停止违法行为、罚款、没收违法所得等。

最后还有可能承担刑事责任。《刑法》第 222 条对虚假广告罪的定罪量刑做了明确的规定。对广告主、广告经营者、广告发布者违反国家规定，利用广告对商品或服务做虚假宣传，情节严重的，处二年以下有期徒刑或者拘役，并处或者单处罚金。

典型案例：北京华纳百川公司虚假广告案

北京华纳百川科技有限公司为了宣传旗下一款金迈驰节油器，投入巨额广告费用，并邀请某知名运动员作为代言人，在中央电视台买下了为时 30 秒的广告时间。广告称，金迈驰依靠国际领先的油电管理科技，针对全车油电系统进行优化管理，能降低油耗 5%—8%，使车辆引擎更高效。短短几年间，该公司缔造出号称中国节油的第一品牌。但是，这款产品销售不久就出现了大规模的退货现象。事实上，这款节油器非但不能达到宣传中的效果，反而还会给安装后的汽车带来破坏性后果。2015 年 5 月，北京市朝阳区人民法院做出判决，华纳百川公司五名高管均以虚假广告罪获一年以上的有期徒刑，以及数万到十几万不等的罚金刑。

（据中国裁判文书网北京市朝阳区人民法院（2014）朝刑初字第 3542

号民事判决书整理）

三、销售模式合规——避免传销陷阱

（一）我国关于传销的规定

传销本为直销的一种具体形式，20 世纪 20 年代起源于美国。传销作为一种营销方式，登陆中国以后在 20 世纪 90 年代初期即开始了迅猛的无序发展。由于当时没有相关法律法规对其进行规制，在高额利润的刺激下，各种不规范的直销企业、非法传销组织纷纷涌现，一时泥沙俱下。

1994 年国家工商管理局下发《关于制止多层次传销活动违法行为的通告》后，传销业进入限制发展期，既赋予传销行为以合法地位，又对其进行严格限制和监控。1997 年《传销管理办法》第 2 条规定，传销是生产企业不通过店铺销售，而由传销员将本企业产品直接销售给消费者的经营方式，它包括多层次传销和单层次传销。此时，经批准的多层次传销和单层次传销为合法传销，未获批准的传销行为被作为非法传销予以打击，但重

点依然是欺诈传销。此时的传销与国外狭义的直销同义。

1998年国务院发布《关于禁止传销经营活动的通知》后，传销行为在中国面临全面禁绝，外商投资的传销企业也必须进行转型经营，实行店铺或店铺加推销员的模式经营。至此，所有传销均为非法，转入地下以其他各种名义隐蔽进行的传销为变相传销。2001年，最高人民法院做出批复，禁止传销后仍然从事传销或者变相传销活动，扰乱市场秩序，情节严重的，以非法经营罪定罪处罚，同时构成刑法规定的其他犯罪的，依照处罚较重的规定定罪处罚，传销正式进入刑事视域。

为履行我国入世的承诺，2005年国务院同时颁布《直销管理条例》和《禁止传销条例》，传销进入单轨发展期。《禁止传销条例》对传销行为的内涵、外延和查处机关进行规定，其中第2条规定："本条例所称传销，是指组织者或者经营者发展人员，通过对被发展人员以其直接或者间接发展的人员数量或者销售业绩为依据计算和给付报酬，或者要求被发展人员以交纳一定费用为条件取得加入资格等方式牟取非法利益，扰乱经济秩序，影响社会稳定的行为。"第7条规定："下列行为，属于传销行为：（一）组织者或者经营者通过发展人员，要求被发展人员发展其他人员加入，对发展的人员以其直接或者间接滚动发展的人员数量为依据计算和给付报酬（包括物质奖励和其他经济利益，下同），牟取非法利益的；（二）组织者或者经营者通过发展人员，要求被发展人员交纳费用或者以认购商品等方式变相交纳费用，取得加入或者发展其他人员加入的资格，牟取非法利益的；（三）组织者或者经营者通过发展人员，要求被发展人员发展其他人员加入，形成上下线关系，并以下线的销售业绩为依据计算和给付上线报酬，牟取非法利益的。"

依照《禁止传销条例》的规定，传销认定主要有三个关键点：一是收取会员的入门费；二是存在拉人头、发展下线形成金字塔形的层级关系，层级通常在三级以上；三是采取团队计酬方式，具体来说就是每个层级人员的计酬依据来其直接或者间接发展的下线人员的销售业绩。国家对上述行为一如既往地予以禁绝，并展开各种专项行动进行严厉打击，而《直销管理条例》将原有的单层次传销规定为直销行为，在从严监管下允许其有序发展。

2009年《刑法修正案（七）》规定了组织领导传销罪，《刑法》第224

条第 1 款规定："组织、领导以推销商品、提供服务等经营活动为名，要求参加者以缴纳费用或者购买商品、服务等方式获得加入资格，并按照一定顺序组成层级，直接或者间接以发展人员的数量作为计酬或者返利依据，引诱、胁迫参加者继续发展他人参加，骗取财物，扰乱经济社会秩序的传销活动的，处五年以下有期徒刑或者拘役，并处罚金；情节严重的，处五年以上有期徒刑，并处罚金。"（详见第八章第六节）传销行为在刑事视域中又开始了单独入罪的历程。

（二）直销与非法传销的区别

首先，直销企业应是按照国家有关规定进行申请并经国家市场监督管理部门批准开展直销经营的企业；非法传销的模式为国家所禁止；

其次，直销员的收入以其本人直接向消费者销售产品的收入为计酬根据，并应至少按月发放；非法传销参与者的非法收入是基于其发展的下线人数，且收入不具有固定性；

再次，直销企业招募直销员并对他们进行销售培训的一系列活动都不会对直销员进行任何形式的收费；非法传销的最常见的牟利方式就是向新参与者征收各种名目的"入门费"；

最后，从根本上来说，直销企业的经营仍然是产品经营，其设有完整的退货、维修点，盈利方式以推销产品、扩大销售量、提高知名度为主；而非法传销往往具有无产品或者产品质量低劣的特征，其并不是以扩大商品销售为主要经营目的。

（三）分销与非法传销的区别

分销并不是一个特定的法律概念。分销在经济学上可以被理解为建立销售渠道，即将产品通过一定渠道销售给消费者。在整个分销过程中，参与者不仅仅是企业与经销商，更为完整的考虑方法应该包括企业总部、驻外机构、经销商、二批商、终端五个主要的参与者类别，同时随着区域和渠道的变化而有所不同，而且每项工作中各个相关方参与的程度都有所不同。

非法传销与分销的区别在于盈利模式的不同。对于正常的分销而言，企业为扩大销售，拓宽市场占有量等多种经营目的，将产品销售给经销商，经销商甚至还可以将产品再次出售给二批商,直至最终销售给最终的消费者。在这一经营过程中,经销商、二批商的获利模式都是赚取差价或者获取一定比例的佣金。这些盈利都是以销售商品的数量为基础的,完全不同于非法传销的以发展人头为基础的牟利方式。

(四)行政法规规定的非法传销与传销犯罪的区别

从刑事法律相关规定看,行政法规规定的非法传销与涉嫌犯罪的传销活动有着一定的共同点:即均存在拉人头发展下线形式,在组织内部有着金字塔形的层级关系。然而这二者之间还是有着本质的区别。如果平台提供的是真实的商品及服务,最终目的是销售商品或者提供真实服务,那么一般不构成传销犯罪。但是,若平台提供虚假商品或者服务,以此为手段骗取财物的,则可能构成刑法上的组织、领导传销活动罪。前者可能面临承担被监管机关没收违法所得及高额罚款的行政责任。后者则构成犯罪,平台实际控制人、公司管理人员及相关员工要承担的是刑事责任。

典型案例:花生日记涉嫌传销被重罚案

花生日记是一款社交电商App,这个App不卖东西,但可以领到各种优惠券,拿到券的人在淘宝、天猫购物时都能享受优惠,省钱。注册填写"上家"的邀请码后,就能成为超级会员。通过超级会员的链接或邀请码注册的用户都能算作它的粉丝,当粉丝达到一定规模,这个超级会员就能升级成为运营商,这时,粉丝再拉来的粉丝也会成为运营商的业绩,而这些粉丝购物后会员都能拿到相应的佣金。

就是这样的一款"拉人头"的App,近日被处7456万元的巨额罚款。2019年3月14日,广州市市场监督管理局行政处罚决定书显示,从2017年7月28日至2018年9月25日立案期间,花生日记以平台运营商可获取其发展会员所购买商品一定比例的佣金为诱饵,发展了多个粉丝数量多、流量大的流量运营公司,作为其分公司(也称为运营中心),再由这些分公司去管理运营商,运营商负责发展会员,按照层级提取酬金。在上述期间,花生日记通过设定"平台(分公司)—运营商—超级会员—超级会员……超级会员"的层级式管理架构,采取了多层级佣金计提制度和会员升级费用等手段。

截至 2018 年 9 月 25 日，花生日记 App 平台形成了 31530 个以运营商为塔尖的金字塔结构，会员总数达 21534555 人，其中组织结构达到三级及三级以上层级的会员共有 21496085 人，占了全部会员人数的 99.82%，层级最多的链条已经发展至 51 层。发展期间，花生日记开始收取超级会员费用。会员如希望升级成为超级会员，则需交纳 99 元升级费用。

（转载自凤凰网财经《涉嫌传销 花生日记还能走多远》一文）

合规攻略

攻略 23：建立广告发布的自我审查机制

我国《广告法》规定，广告经营者、发布者应当根据法律、行政法规查验有关证明文件，核实广告内容。对内容不符或证明文件不全的广告，不得发布。广告经营者、发布者未按照国家有关规定建立、健全广告业务管理制度的，或者未对广告内容进行核对的，由工商行政管理部门责令改正，可以处 5 万元以下罚款。同时还规定，对广告经营者、广告发布者适用的是过错责任，若有证据证明履行了审查义务，则不再承担侵权责任。因此，广告发布者在发布前进行自我审查尤为必要。

广告审查的内容可包括如下几方面：

（1）对广告主主体资格的审查。审查是否具备做某项内容广告的权利能力和行为能力，当超出此范围时则不得发布该广告。

（2）对广告内容及其表现形式的审查。如广告的内容和表现形式是否违反《广告法》及其他相关法律法规的规定。

（3）证明文件的审查。广告相关的各类证明文件应具有真实性、合法性和有效性。

（4）整体效果审查。如广告是否会导致消费者误解，是否会导致社会的不良评价等。

此外，还需要注意，《广告法》规定了有关部门对医疗、药品、医疗器材、农药、兽药、保健品等广告的事先审查制度。广告发布前需要先报请广告审查机关进行审查，未经审查，不得发布上述广告。

第六节 电子商务与网络安全

随着我国经济和互联网技术的快速发展，互联网创业在近几年进入爆发期，涌现出了一大批互联网创业明星企业。然而"互联网＋"项目炙手可热的背后，也出现了假货泛滥、运营不规范、侵权事件频发、公民个人信息泄露、网络安全堪忧等乱象。针对这些问题，我国针对互联网领域的立法日趋增速，立法效力等级逐步提升，涉及领域更加全面。《网络安全法》及其配套措施的制定、出台确立了一般性的网络安全保护义务体系，《电子商务法》则针对电商领域将关键条款进行了具体适用和延展。这两部法律将为电商领域及网络安全保护提供更为综合、细致和具有针对性的体系化规制。互联网创业企业不能不高度关注这两部法律带来的合规挑战。

一、电商平台运营合规

2018 年 8 月 31 日，第十三届全国人民代表大会常务委员会第五次会议表决通过了《电子商务法》，该法自 2019 年 1 月 1 日起施行。随着法案落地，保障电子商务各方主体的合法权益、规范电子商务行为有了一部专门法，这也是我国电商领域的首部作为管理电子商务经营者、规范电子商务交易秩序的综合性、基础性法律。

《电子商务法》第 2 条将电子商务定义为"通过互联网等信息网络销售商品或者提供服务的经营活动"。因此，在《电子商务法》下，不仅淘宝、京东、苏宁易购等在线购物平台属于电子商务范畴，而且携程、滴滴、58 到家等提供旅游、网约车、家政服务的平台也都属于电子商务范畴。

《电子商务法》将电子商务活动中的经营者分为三类：电子商务平台经营者（电商平台）、平台内经营者（商家）以及通过企业自身网络平台销售商品或者提供服务的电子商务经营者（电商平台与商家的竞合）。其中，电子商务平台经营者，也就是我们通常所说的电商平台，是指在电子商务中为交易双方或者多方提供网络经营场所、交易撮合、信息发布等服务，供交易双方或者多方独立开展交易活动的法人或者非法人组织。

平台经营者对市场的主导作用，构成了我国电子商务发展的重要特点。该法着重对平台经营者做出明确规定：一是要求其对经营者进行审查，提供稳定、安全服务；二是加强消费者权益保护；三是应当公开、透明地制定平台交易规则；四是遵循重要信息公示、交易记录保存等要求。

鉴于电子商务具有瞬时性、跨地域性和虚拟性等特征，同时多数电商平台除提供交易场所之外还提供支付、物流、保险等配套服务，因此，电商平台的义务和责任相较于传统的线下平台（如商场）的义务和责任具有天然的特殊性。

（一）电商平台的法律义务

《电子商务法》不仅明确列举了包括电商平台在内的所有电子商务经营者的一般性义务，更是设置专节规定了电商平台的特殊义务及其法律责任。

电子商务运营者的一般性义务包括：依法办理市场主体登记、依法纳税、依法取得相关行政许可、销售的商品或提供的服务应符合保障人身、财产安全的要求和环境保护要求、依法出具纸质发票或者电子发票等购货凭证或服务单据、信息公示义务、披露商品或者服务信息，保障消费者知情权和选择权、向消费者提供非针对个人特征的商品或服务的搜索结果、禁止默认同意的搭售、依承诺或约定向消费者交付商品或服务、及时退还消费者押金、禁止滥用市场支配地位，排除、限制竞争、用户个人信息保护义务、保障用户信息查询、更正、删除及用户注销、依法向主管部门提供电子商务数据信息、依法从事跨境电子商务。

综观上述法律义务条款可以看出，《电子商务法》对电子商务经营者的一般性义务规定范围比较广泛全面，涉及电信、纳税、消费者权益保护、工商管理、网络安全与个人信息保护、反不正当竞争以及反垄断等多个领域。上述义务的履行必然会涉及与其他相关部门法的衔接。

除遵守上述电子商务经营者的一般性义务，在《电子商务法》下，电商平台还需履行其特殊义务。根据特殊义务的应用场景，大致可以分为与电商平台自身经营活动相关的义务和电商平台对平台内经营者（商家）的管理义务。

1. 与电商平台自身经营活动直接相关的义务

（1）保障网络安全义务；

（2）依法记录、保存商品、服务信息以及交易信息；

（3）制定并公示平台服务协议和交易规则，并在修改前述协议和规则时确保有关各方充分表达意见；

（4）禁止对平台内商家交易、交易价格等进行不合理限制、附加不合理条件或收取不合理费用；

（5）及时公示依据服务协议和交易规则对平台内商家的处理措施；

（6）显著标记平台自营业务与平台内商家开展的业务；

（7）建立健全信用评价制度，公示信用评价规则，禁止删除消费者对商品、服务的评价；

（8）多种方式向消费者显示商品或服务的搜索结果，并对竞价排名的商品或服务显著标明"广告"；

（9）依法向平台内商家提供服务，禁止采取集中竞价、做市商等集中交易方式以及标准化合约交易。

2. 对平台内商家的管理义务

（1）对商家信息进行核验、登记，建立登记档案并定期核验更新；

（2）向市场监督管理部门以及税务部门报送商家相关信息，提示并配合办理市场主体登记和税务登记；

（3）对违法商品、服务信息采取必要处置并向主管部门报告；

（4）对平台内商家侵害消费者合法权益行为采取必要措施；

（5）对平台内商家侵犯知识产权行为采取必要措施。

（二）电商平台的法律责任

1. 民事责任

首先，电商平台开展自营业务时需承担商品销售者或服务提供者的责任。该法规定了平台开展自营业务时，应当对其销售的商品或提供的服务承担商品销售者或服务提供者的责任。该责任既包括与商品质量相关的侵权责任，也包括基于与消费者订立的相关商品或服务合同的违约责任。

电商平台自营行为的侵权责任主要是围绕电商平台提供的商品或服务产生的侵权责任。例如，当电商平台销售的产品存在缺陷，造成消费者人身、财产损害的，电商平台作为销售者不能指明缺陷产品的生产者，也不能指明缺陷产品的供货者时，则应承担赔偿责任。即便电商平台可以指明缺陷产品的生产者或供货者，由于法律规定生产者与销售者对于缺陷产品的侵权责任承担连带责任，消费者依旧可以直接向电商平台要求赔偿。在电商平台明知产品存在缺陷仍然销售，造成他人死亡或者健康严重受损害的，平台还将面临承担惩罚性赔偿的风险。因此，电商平台在从事自营业务时应注意对供应商的相关资质进行审核，在签署供货服务协议时需注意相关责任的约定，规避相关的风险。

电商平台的违约责任主要基于与消费者订立的商品或服务合同，所涉及的违约情形主要围绕商品的质量、交付、售后服务等。根据《电子商务法》第20条的规定，从事自营业务的电商平台应当按照承诺或者与消费者约定的方式、时限向消费者交付商品或者服务，并且除非消费者另行选择快递物流服务提供者，在电商平台提供快递物流服务时，承担商品运输中的风险和责任。该条规定在考虑线上交易行业惯例的基础上，将商品运输的风险统一划给了电商平台，延长了商品的相关风险和责任由电商平台转移给消费者的时间点。因此，对于电商平台而言，在与供货、仓储、物流等供应商进行合作时，需注意根据向消费者做出的承诺与供应商就相关责任进行约定。

其次，电商平台在未尽安全保障义务以及知识产权侵权情形下应承担连带责任。《电子商务法》对电商平台未尽到对消费者的安全保障义务以及知识产权侵权两类情形下的责任进行了规定。

（1）电商平台未尽到对消费者的安全保障义务情形下的责任

《电子商务法》第38条第1款规定，电商平台知道或者应当知道平台内经营者销售或提供的服务不符合保障人身、财产安全的要求，或者有其他侵害消费者合法权益行为，未采取必要措施的，电商平台依法与该平台内经营者承担连带责任。

例如，某外卖电商平台，若其知道或者应当知道本平台内商家生产不符合食品安全的食品，未采取停止销售等必要措施，导致消费者食用该商家的食品后发生中毒，则该外卖平台就应当与平台内商家对消费者承担连带责任。

《电子商务法》第38条第2款规定，对关系消费者生命健康的商品或者服务，电商平台对平台内商家的资质资格未尽到审核义务，或者对消费者未尽到安全保障义务，造成消费者损害的，应依法承担相应责任。

例如，某网约车平台对平台注册的网约车未经审核就准许其在平台上提供服务，导致消费者的人身安全受到极大的伤害，该网约车平台应当承担相应的责任。

（2）电商平台在知识产权侵权情形下的责任

对于知识产权侵权，电商平台对知道或者应当知道的侵权行为，"应当采取删除、屏蔽、断开链接、终止交易和服务等必要性措施"。否则，将会与侵权人共同承担连带责任。电商平台接到知识产权权利人的通知未采取必要措施的，对损害的扩大部分与平台商家承担连带责任。

2. 行政责任

民事责任提供的救济手段通常要通过漫长的诉讼程序实现，而行政责任对电商平台的影响则更直接、更激烈、更快速。行政责任的表现形式除了法律规定的市场禁入、限期改正、罚款以外，广义上还包括在做出行政处罚决定之前的约谈、调查、突击检查等。后者虽然不必然带来行政责任承担，但对电商平台的经营、管理、声誉等方面会带来巨大的影响。

《电子商务法》下电商平台的行政责任主要包括违反本法规定未获得行政许可、信息提供义务、信息披露义务、合法经营义务、个人信息保护义务、维护消费者商品选择权义务、对平台内商家的监督管理（准入、登记、核验）义务等。

二、网络安全与数据合规

2017年6月1日《中华人民共和国网络安全法》（下称"《网安法》"）正式生效，成为我国规范网络运行安全和信息安全的基础性法律。该法是我国互联网立法历史上第一部体系完整的、由全国人大常委会颁布的法律，加上系列配套制度，其内容涵盖国家政策导向、网络安全法律原则、企业网络安全合规规范及法律责任等内容，对企业网络安全法律合规建设具有重要的影响。

网络安全合规主要可以分为两类，一类合规工作主要是保证网络运行安全，包括但不限于根据网络安全等级保护制度建立网络内部安全管理制度和操作规程、网络产品和服务的采购审查、网络安全事件应对等。就合规义务的主体来看，还可以细分为网络运营者和关键信息基础设施运营者的合规工作。另一类合规工作主要针对网络信息安全，根据网络信息的类型，合规工作可以分为国家秘密管理、商业数据合规应用、个人信息保护等。

《网安法》下，企业网络安全合规建设应包括如下方面：

（一）企业应当制定合规的、完善的内部网络安全制度

是否有合规的、完善的网络安全保护制度，是网络安全合规审查的首要关注点。这不仅是企业开展网络业务的前提条件，也是网络公共安全事件发生后，企业是否应当承担责任以及承担多大责任的首要考量因素。网络安全制度体系具体可包括：网络安全及数据分级制度、网络安全定岗定责制度、网络系统及数据操作规程、个人信息保护制度、网络安全预案及应急制度、网络完全教育培训制度等。

（二）企业应当落实网络安全岗位及责任人员

《网络安全法》及其配套制度明确规定，企业应当建立网络安全专门岗位及人员，这不仅是企业满足网络安全合规要求的体现，更是网络安全责任事件发生后如何确定相应的责任人员的重要依据，毕竟《网络安全法》规定了大量针对"网络安全直接责任人员"的处罚措施，甚至包括行业禁入。

除了满足网络安全合规审查要求外，企业申请相应的电信业务牌照或者办理网络备案等政府性事务，也需要提供网络安全岗位、岗位职责以及人员安排等申请材料。

（三）企业应当建立网络平台信息内容审查机制

企业在网络安全领域的合规风险，大部分来自于对网络平台信息内容的审查不力或监管疏漏，轻则被通报批评或罚款，重则被吊销经营资质。

根据《网络安全法》《互联网信息服务管理办法》《互联网安全保护技术措施规定》及其配套制度等规定，企业有义务主动发现、停止传输、报告公共网络数据中的违法信息，应当建立网络信息内容审核与过滤制度，加强对其用户发布的信息的管理与审核工作。企业违反内容过滤与审核有关规定的，根据情节给予警告、罚款、吊销许可证或者取消备案、关闭网站、禁止有关责任人员从事网络服务业务等处罚。

（四）企业应当完善个人信息及隐私保护政策

个人信息及隐私保护，是近几年网络安全立法与执法的重中之重，也是企业网络安全合规风险的高发地。近段时间以来，各地网信办、网安部门也掀起了一轮个人信息保护专项执法活动高潮，执法与打击力度空前。

最高人民法院、最高人民检察院出台的《关于办理侵犯公民个人信息刑事案件适用法律若干问题的解释》也已正式实施。依据上述规定，经营者收集用户信息要具备两项条件：其一收集信息与产品服务要直接相关且必要，其二是需要得到使用者的授权。如果企业的商业模式中包括了对用户信息的使用，则这种创造商业机会获得盈利的使用必须不违反《网络安全法》的相关规定，同时还需要在后续的隐私政策中注明此种情况的发生，并征得用户的同意。违反国家有关规定，向他人出售或者提供公民个人信息，情节严重的，将构成侵犯公民个人信息罪。网络服务提供者拒不履行法律、行政法规规定的信息网络安全管理义务，经监管部门责令采取改正措施而拒不改正，致使用户的公民个人信息泄露，造成严重后果的，应当依照《刑法》第286条之一的规定，以拒不履行信息网络安全管理义务罪定罪处罚。

行政监管层面，《网络安全法》《关于加强网络信息保护的决定》《电信和互联网用户个人信息保护规定》《信息安全技术公共及商用服务信息系统个人信息保护指南》等明确规定了企业在个人信息收集、存储、使用等方面的合规要求；民事法律层面，新通过的《民法总则》首次从法律层面确定了个人信息权；此外，在刑事立法与司法实践中，个人信息与隐私保护也得到了极大的关注和重视。

此外，网安法还要求企业应当健全未成年人网络安全保护制度，建立网络用户实名验证机制、必须依法留存用户网络数据，企业重要网络产品和服务采购应经安全审查，企业个人信息和重要数据跨境转移应经安全评估。

随着全球化的不断加强，国际经济贸易的不断深入，境外跨国企业及我国企业跨国经营的数据出境日益频繁，其中可能涉及我国公民个人信息、我国政治军事安全、经济发展的重要数据，因此数据跨境转移的流动性安全问题得到我国政府的高度重视，《网络安全法》第一次将数据出境安全作为一项核心内容，纳入国家网络空间安全整体框架，通过国家法律形式予以规范。

典型案例：徐燕琴等 29 人侵犯公民个人信息案

2014 年，徐燕琴原本在一家顶着"互联网"名头的公司上班，该公司实际出售搜索个人信息的付费软件，这些软件功能十分强大，不仅能从互联网搜集整合出大量的公民个人信息，还能对信息分类整理。

摸清了公司的盈利套路后，徐燕琴决定自己单干。她联系了之前有过业务来往的软件公司，做起了代理，向金融公司出售这类软件。然而很多公司对软件本身并没有太大兴趣，反而更愿意直接购买个人信息。徐燕琴立刻调整方向，于 2015 年 9 月开始招兵买马，组建公司团队。很快，邵某、周某、叶某等 27 人加入进来，他们通过拨打电话出售公民个人信息，并将所有订单汇总到徐燕琴那里，由她通过自己的邮箱将客户所需的公民个人信息发送出去。

由于业务繁忙，2016 年 3 月，徐燕琴把在外地上班的老公童兆平喊回来一起帮忙，公司也成了"夫妻档"。就在订单像雪片飞来，夫妻二人忙得热火朝天时，他们也因侵犯公民个人信息，落入警方视线。截至案发，徐燕琴等人共出售公民个人信息 1600 多万条，非法获利逾 100 万元。

经南通市崇川区人民检察院提起公诉，法院对这起特大侵犯公民个人信息案进行公开宣判，其中主犯徐燕琴被判处有期徒刑 4 年 6 个月，其余被告也各自获刑。

（据江苏检察网 2017 年江苏检察机关保障民生十大典型案件整理）

合规攻略

攻略 24：电商企业运营风险的管控对策

电商企业作为服务提供者提供网上交易服务，在遵守相关法律法规和互联网技术规范的前提下，应注重对电商运营法律风险进行预防和控制，以保障交易安全并促进电子商务有效进行。电商企业可考虑从以下几方面加强合规风险的控制：

（1）根据业务需求进行合理的交易结构设计和法律框架安排

电商企业在成立之初首先应对业务需求进行分析，结合运营模式、资源优势综合考虑，设计合理的交易结构，请律师对交易结构进行必要的法律分析，化解不合规风险。

（2）确保经营主体资格合规

《电子商务法》规定，电子商务经营者应当依法办理市场主体登记。电商企业在经过工商、税务合法登记并成立后，对于涉及电子商务业务依法律规定需办理许可、备案及审批事项，也应依法申请，并经主管部门批准。如电商企业特许经营许可、支付业务许可、电子认证许可等业务应根据经营内容和法律规定办理，并在获得相关资质后按照监管部门的要求，定期报送相应材料以保证许可、备案及审批相关事项的有效性。

（3）健全各项网站规章制度并确立适当的交易流程

电商企业应确立网站交易平台规则、用户注册制度和用户协议，提供规范化的规章制度约束交易双方及网站操作及使用方。电商企业要设立信息披露与审核、商业秘密保护、隐私权、消费者权益保护制度，建立不良信息及垃圾邮件处理机制，确立数据备份制度等。

以上相关制度确立后应在符合法律规定前提下兼顾网站用户体验，对交易流程和网站内容进行合理规划设计，将相关制度穿插于交易必须提供的产品信息、价格等内容界面，如电商企业应对服务、产品内容等相关事项进行提前告知，履行提前告知义务，并在提交订单前设置合理的提示，如提交提单前已阅读相关预订信息等，以期最大程度的降低风险。

（4）设计合理的在线条款和电子合同

电商企业需要结合平台交易流程，在用户注册、合作方入驻登录、客户端下载及安装、促销产品及服务、电子商务合同签署等环节，设计并提供适当的条款，供用户阅读和确认。

此类条款多属于格式条款，此类条款有被认定为"霸王条款"而对电商企业产生不利的可能。所以，电商企业也不能过于减轻自身责任及义务、加重网站用户及交易对方的责任，以免引起纠纷后承担不利的法律后果。另外，对格式条款要注意合理提示和说明，可以灵活采取醒目的网页外在表现形式，如下划线、加黑、醒目的颜色等方式提示这些特殊条款的存在，提起注意的程度必须足以引起网站使用者或对方的注意，尽可能地进行合理提醒并进行防范。

（5）建立有效的知识产权保护及投诉处理机制

电商企业应建立有效的知识产权保护机制，加强对域名使用权的保护，以减少域名抢注和变异及域名纠纷的发生，同时对于网站内容的著作权及已申请或应申请的专利权、商标权进行保护，防止知识产权侵权行为发生。电商企业网页信息丰富，普遍面临网站内容侵权的投诉甚至诉讼。对于可能侵犯其他相关方权益的，电商企业应设立投诉机制并采取有效的审核和处理措施，以免承担侵权责任。另外，对于网络用户利用网络服务实施侵权行为的，电商企业也应及时采取必要措施，以免承担损失扩大的损害赔偿责任。

（6）保护用户隐私及权益

现今社会越来越关注个人隐私，电商企业要采用有效的技术保护用户隐私和商业秘密，设置权限控制措施监管用户发布的信息和内容、尽力减少或禁止垃圾邮件的传播。

（7）采取有效的证据保全措施

对于大量发生在互联网上的证据，电商企业应当采取公证、第三方数据存储、电子认证、时间戳等措施进行证据保全。考虑到公证的费用较高，电商企业可以在重要证据上采取此种方式，对于一般交易，可以采取上述第三方数据存储、电子认证、时间戳等措施将交易流程固定和保存，以在后续的客户服务乃至纠纷解决过程中能提供优势证据。

攻略 25：网络平台个人信息保护的合规要点

网络平台通常掌握着大量的公民个人信息，常常因为安全漏洞与"内鬼"而成为泄露源，而公民个人信息一旦被泄漏，作为信息载体的网络平台将首先面临一定的法律责任。

电商企业利用网络平台收集和使用个人信息时，应当注意以下合规要点：

（1）充分告知用户并获得用户同意

根据法规要求，在收集信息时，需要"明示收集、使用信息的目的、方式和范围，并经被收集者同意"。因此，企业需要留意：其一，明示是用户同意的前提；其二，不仅信息收集要明示，信息使用也要明示；其三，明示要告知的信息包括收集、使用信息的目的、方式和范围。

《网络安全法》未对用户主体"默示同意"与"明示同意"做出区分，但国家标准根据个人信息的敏感程度做了一些推荐性的要求。在 2013 年颁布的《信息安全技术、公共及商用服务信息系统个人信息保护指南》中规定：处理个人信息前要征得个人信息主体的同意，包括默示同意或明示同意。收集一般个人信息时，可以认为个人信息主体默示同意，如果个人明确反对，要停止搜集或删除个人信息；收集敏感个人信息时须获得个人的明示同意，要求收集年满14周岁的未成年人的个人信息前，应征得未成年人或其监护人的明示同意；不满14周岁的，应征得其监护人的明示同意。

（2）处理个人信息要合法、正当、必要

合法一般是指收集信息的手段、目的、方法及内容不能违反法律、行政法规的规定。我国对于必要和正当的界定还是以原则性规定为主。适当必要性原则不仅仅适用于个人信息的收集阶段，还应当延伸至个人信息处理的其他阶段。比如，对于个人信息的保存，其保存期限应为实现目的所需的最短时间，超出保存期限后，应对个人信息进行删除或匿名化处理。

第七节　反不正当竞争

2017年11月4日，新《反不正当竞争法》（以下简称"新竞争法"）经全国人大常委会修订通过，并于2018年1月1日正式施行。本次修订中较大幅度地修改和完善了1993年公布和实施的《反不正当竞争法》。新法中的很多条款都与企业的商业行为息息相关。

一、不正当竞争种类

不正当竞争行为是指经营者在市场竞争中，采取非法的或者有悖于公认的商业道德的手段和方式，与其他经营者相竞争的行为。不正当竞争需要从两方面来进行认定，其一是竞争关系的确认；其二是所采用手段的正当性认定。

竞争关系是指两家企业的商业行为均指向同一对象。腾讯公司诉360公司不正当竞争纠纷案件中，一审判决书中认定，尽管腾讯公司的主营免费网络服务市场是以QQ软件为代表的即时通信软件和服务市场，而奇虎360公司的主营业务是安全卫士软件，双方免费网络服务的主营市场具有一定的区别，但是基于网络服务运营模式的特殊性，各自的竞争优势主要取决于免费网络服务市场中对用户的锁定程度和广度，两公司在包括网络用户市场和网络广告市场等网络整体服务市场中具有竞争利益，二者有竞争关系。可见，即使两家公司主营产品不同但双方共同争夺特定用户也会构成竞争关系。

确认竞争关系后，需要进一步衡量竞争手段的公平性，是否触犯相关法律法规，是否违反商业领域的道德约束。根据《反不正当竞争法》及最高法院相关司法解释，各种不正当竞争行为的种类如下：

1. 假冒仿冒行为。如假冒他人的注册商标；擅自使用知名商品特有的名称、包装、装潢，或者使用与知名商品近似的名称、包装、装潢，造成和他人的知名商品相混淆，使购买者误认为是该知名商品；擅自使用他人的企业名称或者姓名，引人误认为是他人的商品；在商品上伪造或者冒用认证标志、名优标志等质量标志，伪造产地，对商品质量作引人误解的虚假表示等。

2. 经营者中的虚假宣传行为。如通过对商品作片面的宣传或者对比，将科学上未定论的观点当作定论的事实用于商品宣传，以歧义性语言或者其他引人误解的方式进行商品宣传等手段对商品的质量、制作成分、性能、用途、生产者、有效期限、产地等和引人误解的虚假宣传；利用广告或者其他方法对不存在的商品或服务进行宣传，宣传的商品或服务的信息与实际情况不符，对购买行为有实质性影响的虚假宣传；使虚构、伪造或者无法验证的科研成果、统计资料等信息做证明材料进行广告宣传的虚假行为。

3. 侵犯商业秘密的行为。如以盗窃、利诱、胁迫或者其不正当手段获取权利人的商业秘密，披露、使用或者允许他人使用前述商业秘密，违反约定披露、使用或允许他人使用掌握的商业秘密等。

4. 经营者在自己的商品或服务中的商业贿赂行为。

5. 经营者的降价排挤行为。

6. 经营者违背购买者意愿的捆绑销售行为。

7. 不正当奖售行为。如抽奖式销售，最高奖金额超过 5000 元。

8. 商业诋毁行为。

9. 经营者串通投标行为。

新竞争法采用了列举的模式，对上述不正当竞争行为进行了列举规定。但纷繁复杂的市场所滋生的扰乱竞争秩序的行为难以用这种列举规定所涵盖，这不利于发挥法律对市场经济秩序的调整和保护作用。因此竞争法第2 条作为一般条款，对于新竞争法未明确列举的事项，但具备以下条件的，也可以认定为不正当竞争行为：一是法律对该种竞争行为未做出特别规定；二是其他经营者的合法权益因该竞争行为而受到了实际损害；三是该种竞争行为因确属违反诚实信用原则和公认的商业道德而具有不正当性或者可责性。

典型案例：搜狗诉 360 不正当竞争案

在搜狗诉 360 不正当竞争案中，360 杀毒软件修复安全威胁的过程中，将用户默认浏览器由搜狗浏览器篡改为 360 安全浏览器；在用户将搜狗浏览器设为默认时，即使点击 360 安全卫士弹窗中的"允许修改"选项，却仍违背用户意愿，将 360 安全浏览器设为默认。鉴于以上事实，法院判定 360 违背用户意图，强行篡改默认浏览器的行为已违反了诚实信用原则和公认的商业道德，并严重损害搜狗的商业利益，构成不正当竞争行为，判决 360 公司赔偿搜狗经济损失 500 万元及其为本案支出的合理费用 10 万元。

（据中国裁判文书网北京市高级人民法院（2015）高民（知）终字第 1071 号民事判决书整理）

二、不正当竞争行为的执法及法律责任

不正当竞争的执法、监督机关呈现出多元化的特征，包括：国家市场监督管理部门、价格主管部门、对外贸主管部门以及其各专业领域的主管部门。企业一旦有不正当竞争行为，将有可能会面临上述这些部门的查处或处罚。

新竞争法规定了不正当竞争行为从轻、减轻、甚至不予处罚的具体情节。经营者违反竞争法，不仅要面临行政处罚，还可能要承担民事、刑事责任。

对于经营者法律责任的承担，如果发生财产不足以支付的情况，应优先用于承担民事责任。新法对商业贿赂、侵犯商业秘密等行为的罚款上限从原来的 20 万元提升到 300 万元。

值得注意的是，新法明确经营者因不正当竞争行为受到行政处罚，将被记入信用记录，在社会信用体系不断完善的今天，经营者面临的不仅是法律责任的承担，商誉的损失无法估量。

当然，新竞争法在加重责任的同时，也留有一定抗辩空间。如经营者能证明员工的贿赂行为与为经营者谋取交易机会或者竞争优势无关，那么相应的责任将由员工个人承担。

合规攻略

攻略26：反制竞争对手的不正当竞争行为

市场经济是有规制的竞争型经济。现实中有很多企业并不遵守市场规则，他们往往为追求短期利益而采取各种不正当的手段进行竞争。因此，企业必须充分利用法律所赋予的保护手段来制止和打击对手的不正当竞争行为，使自己的合法权益免受侵害。具体可针对不同情况采取以下不同的救济方式。

（1）企业应该积极应对，要树立自己的优质品牌，做好知识产权的布局，及时进行商标注册和申请专利保护，以避免遭受竞争对手不正当竞争行为的侵害。

（2）提起民事诉讼以获得救济。在发现竞争对手实施了对本企业的不正当竞争行为时，及时向人民法院提起诉讼，要求人民法院判令其停止不正当竞争行为，并对其行为给本企业所造成的损失予以赔偿。

（3）向有管辖权的行政机关举报，要求该机关启动行政执法程序，对该竞争对手予以相应的行政处罚。

（4）如该企业的行为已构成犯罪，可向司法机关举报并提出请求，请求司法机关对其犯罪行为予以刑事制裁。

第八节 反垄断审查

我国《反垄断法》于 2008 年 8 月 1 日正式生效以来，反垄断执法不断增强和深入，《反垄断法》已不再是躺在纸面上的纸老虎。严厉的反垄断执法逐步成为我国《反垄断法》实施的"新常态"，在此背景下，企业在实现规模扩张的同时，应当学会应对日益严厉的反垄断执法。

一、垄断行为的判定标准

近几年，我国如火如荼的反垄断执法给企业敲响了警钟。然而，目前我国绝大多数企业内部尚未建立有效的反垄断合规制度，企业经营事实上面临着巨大的反垄断法律风险。

（一）垄断协议行为

垄断协议是指两个或两个以上的经营者（包括行业协会等经营者团体）通过协议或者其他协同一致的行为，实施固定价格、划分市场、限制产量、排挤其他竞争等排除、限制竞争的行为。

《反垄断法》规定的垄断协议行为如下：

（1）经营者与具有竞争关系的其他经营者就商品价格达成固定或变更商品价格水平等方式的协议或采取协同行为。

（2）经营者与具有竞争关系的其他经营者就限制商品的生产数量或者销售数量达成协议或采取协同行为。

（3）经营者与具有竞争关系的其他经营者分割销售市场或者原材料采购市场达成协议；

（4）经营者与具有竞争关系的其他经营者就限制购买新技术、新设备或限制开发新技术、新产品达成协议或采取协同行为。

（5）经营者与具有竞争关系的其他经营者就联合抵制交易达成协议或采取协同行为。

（6）经营者与交易相对人达成固定向第三人转售商品的价格或限定向第三人转售商品的最低价格的协议或协同行为。

（7）行业协会组织本行业的经营者从事限制竞争的行为。

典型案例：一汽大众价格垄断案件

2017年以来，一汽—大众销售有限责任公司组织湖北省内10家奥迪经销商达成并实施整车销售和服务维修价格的垄断协议。其目的在于控制经销商对第三人转售的整车销售和售后维修价格。湖北省物价局认为上述行为违反了《反垄断法》第十四条的规定，属于"固定向第三人转售商品的价格"和"限定向第三人转售商品的最低价格"的违法行为。因此，湖北省物价局对一汽—大众销售有限责任公司处上一年度相关市场销售额6%的罚款，共2.4858亿元。

（据新京报《一汽大众价格垄断被罚近2.5亿》一文整理）

（二）滥用市场支配地位的行为

滥用市场支配地位，又被称为滥用市场优势地位，是企业获得一定的市场优势地位后，滥用这种地位，对市场中的其他主体进行不公平的交易或排斥竞争对手的行为，具体包括如下情形：

（1）具有市场支配地位的经营者从事不公平的高价或低价销售商品，或没有正当理由，以低于成本的价格销售商品。

（2）具有市场支配地位的经营者没有正当理由拒绝与交易相对人进行交易的行为。

（3）具有市场支配地位的经营者没有正当理由实施限定交易行为。

（4）具有市场支配地位的经营者没有正当理由搭售商品，或者在交易时附加其他不合理的交易条件。

（5）具有市场支配地位的经营者没有正当理由对条件相同的交易相对人在交易条件上实行差别待遇。

典型案例: 高通因垄断行为被国家发改委处罚案

2013 年 11 月, 国家发改委接到两家美国公司对高通垄断行为的举报, 并根据举报启动了反垄断调查。历时 14 个月调查之后, 国家发展改革委于 2015 年 2 月 10 日开出了中国反垄断历史上金额最大的罚单——美国高通公司因垄断行为被罚 60.88 亿元, 并责令其整改。国家发改委认为: 高通公司抓住强有力的市场支配地位优势, 进行了滥用市场支配的行为。主要表现在:(1)收取不公平的高价专利许可费;(2)搭售非无线标准必要专利许可;(3)在基带芯片销售中附加不合理条件。据此, 发改委按照我国《反垄断法》的相关规定, 要求高通公司停止滥用市场支配地位的行为, 并处 2013 年度在我国境内销售额 761.02 亿元人民币 8% 的罚款, 计 60.88 亿元。

(转载自腾讯科技《中国反垄断纪录: 发改委向高通开 9.75 亿美元罚单》一文)

(三)经营者集中行为

经营者集中, 是指两个或两个以上的企业相互合并, 或者一个或多个人或企业对其他企业全部或部分控制, 从而导致相互关系上的持久变迁的行动。其中, 公司合并是最重要和最常见的一种经营者集中形式。

《反垄断法》禁止的经营者集中主要有五种情形: 一是未向国务院反垄断执法机构申报而实施的经营集中; 二是申报后国务院反垄断执法机构初步审查决定做出前经营者实施的集中; 三是国务院反垄断执法机构进一步审查间实施集中的行为; 四是不按照国务院反垄断执法机构对经营者集中附加的限制性条件实施集中的行为; 五是在国务院反垄断执法机构做出禁止实施集中的决定后仍然实施集中的行为。

依照《国务院关于经营者集中申报标准的规定》, 经营者集中达到下列标准之一的, 经营者应当事先向国务院商务主管部门申报, 未申报的不得实施集中: 参与集中的所有经营者上一会计年度在全球范围内的营业额超过 100 亿元人民币, 并且其中至少两个经营者上一会计年度在中国境内的营业额超过 4 亿元人民币; 参与集中的所有经营者上一会计年度在中国境内的营业额超过 20 亿元人民币，并且其中至少有两个经营者上一会计年度在中国境内的营业额均超过 4 亿元人民币。符合申报标准的集中行为，经营者应在实施集中前向商务部申报。

典型案例：紫光集团收购锐迪科未作反垄断申报被处罚案

2017 年 11 月 11 日，紫光集团与锐迪科签署收购协议，以总价 9.07 亿美元收购锐迪科的全部股份。2017 年 7 月 18 日，紫光集团完成上述收购。根据商务部公布的数据，该项交易达到了《国务院关于经营者集中申报标准的规定》第 3 条规定的申报标准。因此，该交易应该进行申报。但是紫光集团并未向商务部提交申报，而且在没有获得商务部批准的情况下完成了交易。因此，商务部认为该交易违反了《反垄断法》第 21 条"经营者集中达到国务院规定的申报标准的，经营者应当事先向国务院反垄断执法机构申报，未申报的不得实施集中"的规定，对紫光集团处以 30 万元人民币罚款。这是商务部针对未依法进行反垄断申报公开开出的首张罚单，也是商务部针对国有企业海外并购的反垄断违规行为的首张罚单。

（据东方早报《紫光抢购锐迪科违规被商务部罚款 30 万》一文整理）

（四）行政机关或者法律、法规授权的具有管理公共事务职能的组织实施的滥用行政权力排除、限制竞争的行为

1. 以行政机关和法律法规授权的具有管理公共事务职能的组织的行政限定为由，达成、实施垄断协议和滥用市场支配地位；

2. 以行政机关和法律法规授权的具有管理公共事务职能的组织的行政授权为由，达成、实施垄断协议和滥用市场支配地位；

3. 以依据行政机关和法律法规授权的具有管理公共事务职能的组织制定、发布的行政规定为由，达成、实施垄断协议和滥用市场支配地位。

经营者应当避免因上述行为招致行政处罚的法律风险。

二、反垄断执法

我国最初的反垄断执法部门呈现多元化的特征，包括国务院反垄断委

员会、国家市场监督管理部门、价格主管部门和商务主管部门。2018年3月，根据国务院机构改革方案，国家发改委、工商总局和商务部三部委下属反垄断职能以及国务院反垄断委员会办公室等职责整合，统一并入新组建的国家市场监督管理总局。此次三大反垄断执法机构整合将带动反垄断机构重新设置，彻底整合各执法处和执法人员，过往由各部委分散职责所引发的管辖不明以及配套法规重复等问题将得到改善，并在今后反垄断执法过程中形成更为统一的认定标准与执法尺度，也能够有效提升企业反垄断合规工作的效率。

我国《反垄断法》对垄断案件的处理程序作了明确的规定，分为调查程序、行政复议和行政诉讼程序以及利害关系人的民事诉讼程序。

（一）调查程序的启动

反垄断调查的启动分为两种情形：一是依职权调查；二是接受举报后展开调查。对于涉嫌垄断行为，任何单位和个人有权向反垄断执法机构举报。

（二）调查程序的开展

反垄断执法机构调查涉嫌垄断行为时，可以采取进入被调查的经营者的营业场所或者其他有关场所进行检查；询问被调查的经营者、利害关系人或者其他有关单位或个人，要求其说明有关情况；查阅、复制被调查的经营者、利害关系人或者其他有关单位或者个人的有关单证、协议、会计账簿等文件、资料；查封、扣押相关证据；查询经营者的银行账户等措施。

（三）被调查者在调查程序中的权利和义务

被调查的经营者、利害关系人或者其他有关单位或者个人应当配合反垄断执法机构依法履行职责，不得拒绝、阻碍反垄断执法机构的调查。被调查的经营者、利害关系人有权陈述意见。

（四）调查结果

反垄断执法机构对涉嫌垄断行为调查核实后，认为构成垄断行为的，应当依法做出处理决定，并可以向社会公布。

（五）经营者承诺

为鼓励、促使涉嫌垄断行为的经营者主动认识自己行为的违法性，提高反垄断执法机构的审查效率，很多国家都有经营者和解制度的规定。

我国《反垄断》法规定了经营者承诺制度，对反垄断机构调查的涉嫌垄断行为，被调查的经营者承诺在反垄断执法机构认可的期限内采取具体措施消除该行为后果的，反垄断执法机构可以决定中止调查。中止调查后，反垄断执法机构应当对经营者履行承诺情况进行监督。经营者履行承诺的，反垄断机构可以决定终止调查。必要时，反垄断机构还可恢复调查程序。

（六）行政复议和行政诉讼程序

被调查者对处理决定不服的，可以先依法申请行政复议；对行政复议不符的，可以依法提起行政诉讼。

合规攻略

攻略 27：反垄断合规审查的应对之道

我国《反垄断法》实施已逾十年，反垄断执法机制日趋完善，反垄断执法力度也在不断加大。针对日趋严厉的反垄断执法，避免企业运营过程中反垄断法律风险，企业应当在对反垄断法律制度和竞争政策充分了解的基础之上构建自身完善的反垄断合规制度体系，并进一步落实到企业生产经营的各个环节。在此背景下，企业可从如下方面着手防范反垄断审查风险：

（1）正确评估本企业的市场地位以及行为可能造成的影响。有效的反垄断合规制度首先要对企业生产、经营和交易过程中的反垄断风险进行有效识别。企业应该通过自主研究和借鉴第三方机构的研究等方法，正确评估本企业所处的市场环境和地位。具有市场支配地位的企业，一方面可以从中获得市场影响力与竞争优势；另一方面，也要履行企业合法竞争、不得滥用优势地位的法律义务。因此,企业需要做好自身的合理评估,一旦发现本企业的某项业务可能具有较强的市场控制力,就应充分考虑企业行为的经济效应、社会效应和竞争效应,规范自身经营行为,以免触碰法律红线。

值得注意的是,市场支配地位不仅大型企业才可能具有,在相关产品市场和地域市场界定较为狭小的情况下,一些规模较小的企业也可能具有市场支配地位。因此,反垄断合规并不是大企业的专属。无论企业规模大小,都应该具备最基本的《反垄断法》及相关法律法规知识,从竞争法角度规范企业行为。

(2)用《反垄断法》规范企业自身的商务活动。我国《反垄断法》将"排除、限制竞争的协议、决定或者其他协同行为"统统归入"垄断协议"的认定中,而所谓协同行为就包括了经营者之间的意思联络。企业及其员工在同竞争者进行交流和商务活动,以及通过第三方(如行业协会、交易相对人)与竞争者进行间接交流时,引发垄断协议风险较高。因此,企业应规范与竞争者之间的商务活动,避免在商务谈判中出现涉及价格、市场、产量的划分等可能被认定为垄断协议的敏感信息。

(3)参加和响应具有行业影响力的组织的活动时,应有基本的反垄断判断。具有相当的行业影响力的组织,易被执法机构视为竞争者进行非法共谋的场所和媒介。因此,企业参与具有行业影响力的组织主导的会议和活动时,若发现涉嫌违反《反垄断法》的行为,应做出明确的反对和改进建议,规避自身的反垄断风险。

(4)在企业架构上,可考虑设立专门的竞争政策及反垄断合规部门。企业通过设立反垄断合规部门,可以时刻关注和防范本企业在生产、经营以及交易方面可能存在的反垄断风险,研究本企业所处的市场情况,量身制定本企业的反垄断合规指南、组织企业员工进行专门的反垄断合规培训,以及针对合同、交易条款进行反垄断合规审查等。

反垄断合规手册是企业反垄断合规制度的核心内容之一,用以明确和全面地介绍企业反垄断合规制度的内容。反垄断合规手册应分发给所有员工，尤其是那些因特定职位存在较高风险的人员。一整套完善的反垄断合规手册能够为员工在从事相关业务时提供明确的指引，从而为企业防范潜在的垄断违法行为提供有力的支持。

（5）积极培育良好的竞争文化。企业应充分认识创新与竞争的关系，应鼓励企业内部业务竞争，以竞争促发展，避免陷入业务边界固化、业务部门不思进取的僵局。企业应通过培训等方法，使企业员工了解与《反垄断法》相关的法律法规，在经营活动中以竞争法为准绳，衡量业务行为的合规性。

（6）健全执行及监督体系。建立合规制度不能将书面的合规政策、程序、指南等束之高阁，而是需要企业认真践行，并定期对企业的规章制度和商业实践进行合规监督和审计。

第九节　反商业贿赂

中国当前处于转型期，如果公共权力与市场的边界不清，以权谋私、权钱交易、权力寻租现象就会大量产生。在此背景之下在规则边缘打"擦边球"成为某些领域违规的首选。有的企业家把商业贿赂当作是一种有效的营销手段和与执法人员打交道的"润滑剂"，商业贿赂裹挟的腐败文化日益滋长，企业家与官员腐败伴生犯罪现象较为突出。

在《南方周末》创刊 25 周年活动上，万科原董事长王石被要求从"企业教父""探险家""不行贿者"这三个词中选一个作为时代标杆特征，王石选了"不行贿者"。他说"把不行贿当个标识，对我来讲更有现实意义，因为这个社会比较流行行贿，大家不相信在社会上不行贿也可以把企业做得很好，我是这样说，也是这样做的"。不行贿依然可以把企业做得很好。

近几年来，随着国家持续高压反腐，查办了一大批大案要案。在此形势之下，全社会也开始对商业贿赂问题表示出前所未有的关注。企业只有抛弃"潜规则"，坚持不行贿的合规底线，才能行得更远。

一、全球反商业贿赂合规治理趋势

反贿赂合规是指企业建立反贿赂管理体系以预防、发现和处置贿赂。狭义的"合规"主要是指反对商业贿赂方面的合规。反腐败合规是较早产生的合规管理内容，相对于大合规，有人称之为"小合规"。

近年来，跨国公司出现的"合规"问题更多集中在商业贿赂方面，因此打击商业贿赂成为许多跨国公司合规管理的重点。在经济全球化的背景下，反腐败不再是一国的事情，全球反腐败合作已经成为大势所趋。联合国前秘书长潘基文更是将腐败定性为"全球性威胁"。在经济全球化的浪潮推动下，中国企业"走出去"的规模和形式日渐多元化，我国企业也越来越多地进入全球反商业贿赂犯罪的法律规制范围。

（一）国际反腐败机制

国际上有效的预防性反腐败机制有：经济与合作发展组织 OECD 于 1997 年 11 月 21 日出台的《国际商务交易活动反对行贿外国公职人员公约》，联合国 2000 年 11 月 15 日出台的《联合国打击跨国有组织犯罪公约》，联合国 2003 年 10 月 31 日出台的《联合国反腐败公约》。《联合国反腐败公约》于 2005 年 12 月 14 日生效，并已被我国批准加入。这部公约是联合国历史上通过的第一个用于指导国际反腐败斗争的法律文件，对预防腐败、界定腐败犯罪、反腐败国际合作、非法资产追缴等问题进行了法律上的规范，对各国加强国内的反腐败行动、提高反腐成效、促进反腐国际合作具有重要意义。

（二）美国的《反海外腐败法》

在"水门事件"政治丑闻的背景之下，1977 年美国制定了《反海外腐败法》，这标志着跨国商业贿赂法律的产生，是到目前为止被公认为最有成效的惩治腐败的文件。美国通过国际组织形成多边条约推动《反海外腐败法》的国际化，成果体现在美洲国家组织通过的《美洲反腐败公约》、经济合作与发展组织通过的《禁止在国际商业交易中贿赂外国公职人员公约》以及联合国通过的《联合国反腐败公约》中。另外，美国还利用 1974 年《贸易法》第 301 条对那些认同贿赂为正常业务模式或未有效阻止本国公司利用贿赂获取合同的国家进行制裁。

美国《反海外腐败法》是典型的具有域外效力的法律，不只管辖美国的本国公司，而且管辖所有与美国有某种联系或有意与美国建立某种联系的公司，包括美国公民、国民或者居民个人，或者任何公司、企业、联合股份公司、商业依托、非法人组织或个人独资企业，只要该组织的主要营业地在美国，或者是根据美国某个州的法律成立的，都要受到该法管理；还包括发行的股票在美国登记或被要求向美国证交会定期报告的公司，在美国境内支付贿赂的外国公司和外国公民等，都属于该法规范的范围。

（三）中国的反商业贿赂立法

中国关于反商业贿赂的立法是分散式的，没有一部统一适用的法典，尤其在跨国公司的商业贿赂上存在一些规制真空。我国反商业贿赂规定主要集中在《反不正当竞争法》以及《关于禁止商业贿赂行为的暂行规定》的规定中。此外，《行政处罚法》《保险法》《商业银行法》《建筑法》《价格法》《政府采购法》《税收征收管理法》《合同法》《国务院关于在对外活动中赠送和接受礼品的规定》《治理产权交易中商业贿赂工作实施方案》《中国保险业监督管理委员会关于明确保险机构不正当竞争行为执法主体的复函》以及《中国银行业监督管理委员会办公厅关于银行业金融机构不正当竞争有关问题的批复》等法律、法规甚至规范性文件也有相应的规定。

二、商业贿赂的界定

商业贿赂行为，是指在商业经营活动中违反市场的公平竞争原则，通过给予财物或收受财物等手段获取非法经济利益的贿赂行为。商业贿赂严重破坏了市场竞争正常的秩序，增加了企业的交易成本，加大了企业的法律风险。

（一）商业贿赂的法定主体

在新竞争法实施前，旧的《反不正当竞争法》和《国家工商行政管理局关于禁止商业贿赂行为的暂行规定》明确收受商业贿赂的法定主体是"对方单位或个人"；新竞争法则将收受商业贿赂的主体调整为三类：

1. 交易相对方的工作人员；

2. 受交易相对方委托办理相关事务的单位或者个人；

3. 利用职权或者影响力影响交易的单位或者个人。

新竞争法新增了交易相对方以外的第三方，这与工商执法长期以来对经营者向交易第三方给予好处行为，认定为商业贿赂的做法一致。

依据新竞争法，所有"交易相对方"将不再是商业受贿的主体，这极大地颠覆了我们传统中对商业贿赂的认定，意味着向"交易相对方"给予好处的行为，无论给予的好处以折扣、返利、促销、赞助、赠品等和金额大小，根据新竞争法的规定，原则上都不再是商业贿赂的范围。

新竞争法实施后，比如医药企业向有直接业务往来的医院提供的各种赞助或实行买耗材送医疗设备的销售方案、轮胎企业向其经销商提供销售奖励、啤酒供应商向商店赠送冰箱等过去被工商部门倾向于认定为商业贿赂的行为，原则上都不应当再按商业贿赂予以查处。

新竞争法没有将"国家机关、国有公司和企业、事业单位、人民团体，或者国家工作人员"单独列出。因此，从法条文意上解读，无论国有或者私营的企业，如果是交易相对方，原则上都不是商业贿赂的受贿主体。

（二）商业贿赂的表现形式

随着新《反不正当竞争法》中关于反商业贿赂领域相关规定的发布，许多企业曾经自认为合理的行为，如今都有可能成为反商业贿赂所打击的对象，因此明确反商业贿赂中所包括的商业贿赂的具体表现形式有哪些，能够在很大程度上帮助企业经营者规范自身行为，避免成为反商业贿赂的打击对象。

反商业贿赂中所打击的商业贿赂行为的具体表现形式有以下五种：

第一，给予或者收受回扣。卖方通过回扣给予买方一定数额财物的行为是最常见商业贿赂行为，通常表现为一方在销售商品时暗中给予对方单位或者个人一定数额的商品价款的行为。回扣与折扣十分容易混淆，但实际上两者具有本质区别。首先，折扣是必须要明示入账的，而回扣一般不被计入财务总账或者转入其他财务账目或做假账，是否能够在账上明示是折扣与回扣之间的本质区别，如果能够在账上进行明示就属于合法的折扣，如果是采取账外方式给予的一定比例的财物就属于违法的回扣，也就构成了商业贿赂行为。其次，折扣与回扣给付的对象并不完全相同，回扣一般指给付给买方，而折扣既可能给付给交易单位也可能给付给其他消费者。

第二，假借佣金、劳务费、差旅费、赞助费、咨询费等名义所进行的商业贿赂。此类贿赂相比回扣而言具有更大的隐蔽性，因为很容易与正常的佣金发生混淆，也就更难以被执法人员察觉。区分此类商业贿赂行为与正常佣金的关键在于，接受佣金的一方是否是独立于交易双方当事人之外的第三方，该方是否具有营业资格，并且双方是否将佣金如实入账。正常的佣金是第三方根据合同的约定应当得到的合法报酬，受到法律保护。其中的第三方应当是独立于交易双方而存在的、具有合法的居间代理经营资格的经纪人，并且当事人在支付第三方佣金时必须以明示的方式支付，并且双方都应当将佣金如实入账且依法纳税，否则就有可能构成反商业贿赂中所规定的商业贿赂行为。

第三，卖方当事人以宣传费、会务费、科研费等形式向买方当事人支付一定数额财物。在正常的商业交易活动中，一般应当是由买方向卖方支付钱款，而在这种情况下是由卖方向买方支付钱款。卖方通常会为了销售产品而采取上述方式向买方支付财物来贿赂买方，具体表现为假借开展促销活动、进行广告宣传以及产品研发等名义向对方支付财物，该类行为是否构成商业贿赂行为的关键在于，该笔财物是否真的用于促销活动、广告宣传以及产品研发的目的，如果实际上并没有因为这些目的而产生实际费用，该行为就构成商业贿赂。

第四，一方当事人在交易商品之外向对方当事人所附赠的财物。一般在商业惯例中，确实存在附赠价值较低的财物的情况，因此，如果附赠的是起到广告宣传作用的且价值不大的财物，属于正常的商业往来，不应当认定为反商业贿赂中的商业贿赂行为。

三、商业贿赂法律责任

商业贿赂行为根据危害程度的不同，存在违法和犯罪两个层次，分别应当承担民事、行政、刑事责任。

第一，承担民事责任。根据新《反不正当竞争法》的规定，经营者违反法律规定，给被侵害的经营者造成损害的，应当承担赔偿责任，赔偿损失属于民事责任的一种。

第二，承担行政责任。根据相关法律规定，经营者违反法律规定，以行贿的手段销售或者购买商品的，应当由市场监督管理部门依据新《反不正当竞争法》的规定，根据情节的轻重对经营者处以1万元以上20万以下的罚款，如果有非法所得的，应当予以没收。这里的没收非法所得和处以罚款的行为都属于行政责任。

第三，承担刑事责任。刑事责任依照我国《刑法》进行处罚。如果商业贿赂行为本身构成了公司企业人员受贿罪、对公司企业人员行贿罪、受贿罪、单位受贿罪、行贿罪、单位行贿罪、对单位行贿罪、介绍贿赂罪等罪名的话，依照刑法分则对不同罪名规定的刑事责任进行处罚。

《国家工商行政管理局关于禁止商业贿赂行为的暂行规定》第 3 条规定："经营者的职工采用商业贿赂手段为经营者销售或者购买商品的行为，应当认定为经营者的行为。"由此，员工贿赂行为与经营者商业贿赂行为联系起来，员工存在贿赂行为也成为行政执法机关对经营者进行行政处罚的事实依据，另一方面也为经营者带来相对不确定的法律风险。

我国法律对商业贿赂行为进行严厉的处罚，这种严厉性不仅体现在刑事处罚上，更体现在民事及行政处罚及各种处罚可能同时施加至被告人上。企业家必须高度重视商业贿赂可能会给企业带来的灾难性后果。

典型案例：葛兰素史克商业贿赂案件

葛兰素史克中国行贿是 2013 年 7 月爆出的一个药品行业的行贿受贿事件。葛兰素史克为达到打开药品销售渠道、提高药品售价等目的，利用旅行社等渠道，向政府部门官员、医药行业协会和基金会、医院、医生等行贿，利用贿赂手段谋求不正当竞争，导致药品行业价格不断上涨。因涉嫌严重商业贿赂等经济犯罪，葛兰素史克（中国）投资有限公司 4 名高管及超过 20 名药企和旅行社工作人员被警方依法立案侦查。

2014 年 9 月 19 日，长沙市中级人民法院对葛兰素史克（中国）投资有限公司处以罚金人民币 30 亿元，这是迄今为止中国开出的最大罚单。马克锐（英）等被告被判有期徒刑二到四年。

（根据新华网《葛兰素史克中国行贿事件》一文整理）

合 规 攻 略

攻略 28：企业反商业贿赂体系的构建思路

在国家反腐败风暴大背景下，很多企业已开始建立内部反商业贿赂管理体系，内部查处并通报了一系列反腐败案件，被称为"茶壶里的风暴"。比如阿里成立了"廉政合规部"，百度成立了"职业道德委员会"，京东发布了《京东集团反腐败条例》。企业内部反腐体系的建立，有助于经营者规范自身行为，对商业贿赂行为进行有效的制度防范和打击，经营者免于因员工的贿赂行为导致的经营者商业贿赂责任。

企业可从以下方面着手构建反商业贿赂管理体系：

（1）设置合规部门或合规岗作为反商业贿赂专门管理部门。合规部门应将公司各部门整合起来共同发挥商业贿赂风险控制的作用。在此情形下，董事会应确立合规部门对于反商业贿赂合规政策的制订权和商业贿赂行为独立调查权与处理权。

（2）制定反商业贿赂的合规文件。反商业贿赂制度涉及反商业贿赂政策、员工行为准则、岗位反商业贿赂手册等法律文件。反商业贿赂政策至少应包括反商业贿赂的目标及原则、董事及高级管理人员的责任、商业贿赂管理部门的地位及责任、管理框架及报告路线图等。员工行为准则应当规定公司所有员工必须共同遵守的基本行为准则，并可对董事、监事和高级管理人员提出专门要求。岗位合规手册应当规定各个工作岗位的业务操作程序和规范。

（3）建立预防、识别、评估、报告和应对商业贿赂风险的行为的机制。建立内部举报制度，同时定期开展内部审查，确认反贿赂体系的正常运作、排除漏洞。整体而言，反商业贿赂是公司全面风险管理的一项核心内容，也是实施有效内部控制的一项基础性工作。

（4）加强反贿赂培训。要在企业内部广泛宣传国家关于反商业贿赂的各项政策以及相关法律法规，提高对商业贿赂行为危害性的认识，积极运用典型案例开展法制宣传和廉洁教育，增强其自觉抵制商业贿赂的意识，筑牢思想道德防线。

（5）企业要承担对包括供应商、客户、合作伙伴在内的上下游进行合规管理的责任和义务。在反商业贿赂领域，第三方往往是风险高发领域，却最易被企业忽视，建立有效的第三方管理机制对于反贿赂管理体系而言不可或缺。企业应当注意对供应商或合作伙伴的准入资质进行审查，并且在合作过程中，持续对其提供产品、服务的过程进行动态管理和监督，避免因第三方发生违规风险而给企业带来不利影响。

第三章

公司治理合规

　　任何企业若想长治久安，都必须建立一套适合自身发展的治理机制，即构建良好的公司治理架构。创始人除了要考虑市场营销、商业模式、团队组建、产品打造等关键因素外，公司治理合规应该作为企业进入发展期的考虑重点。如果公司治理不完善、风控制度不健全，股东会、董事会、监事会等机构形同虚设，相配套的规章制度流于形式，那么创业合伙人、股东相互之间就极易发生利益冲突，甚至出现公司僵局。长此以往，企业将会"死"于内耗中。此外，创始人往往具有公司股东和高层管理者的双重身份，更需要关注公司不合规给自身带来的法律责任。

第一节　完善公司治理结构

法人治理结构一直是我国企业尤其是中小创业企业面临的重大挑战。随着我国经济的快速发展，企业规模的不断扩大，企业法人治理结构合规问题日益突出，为公司长远发展埋下了法律风险隐患。我国《公司法》的修改，逐步赋予了公司很大的自治权，为公司进一步发展壮大、股东利益空间的进一步扩展提供了机遇，也为我国公司法人治理水平的提升提出了较高要求。

一、完善公司治理结构的价值

法人治理结构也被称为公司治理，是现代企业制度的核心和最重要的组织结构形式。经济合作与发展组织（简称经合组织或OECD）在《公司治理结构原则》中给出了一个代表性的定义："公司治理结构是一种据以对公司进行管理和控制的体系。"

从公司治理的产生和发展来看，公司治理可以分为广义的公司治理和狭义的公司治理。广义上的公司治理是将公司理解为一个涉及广泛利益相关者的利益共同体，通过构造合理的企业内部治理结构和打造有效的治理机制，来协调公司与广泛的利益相关者（包括股东、董事、监事、经理以及债权人等）之间的利益关系，以保证公司的科学化决策，实现公司价值及各方利益的最大化。狭义的公司治理是指公司所有者，主要是公司股东对经营者的监督和制衡的机制。

公司治理的根源是所有权和经营权分离而衍生出的代理问题。在公司所有权和控制权分离的条件下，职业经理人作为股东或公司代理人可能会利用委托人对公司事务的信息不对称而谋取个人私利。

法人治理结构设置的目的是解决企业内部分权与制衡，更好地经营管理企业，确保股东及利益相关者权益。企业建立完善的公司治理结构，有以下三个方面的重要作用：

1. 保证投资者的投资回报，协调股东与公司的利益关系。在所有权与经营权分离的情况下，由于股权分散，股东有可能失去控制权，公司被外聘管理者所控制。公司治理结构将从制度上保证股东对公司的控制与利益。

2. 协调公司内部各利益阶层的关系。这包括对经理层与其他员工的激励以及对高层管理者的制约。

3. 提高公司自身抗风险能力。随着公司不断发展壮大，公司规模不断扩大，股东与公司的利益关系、公司与其他企业的关系将越来越复杂，运营风险尤其是法律风险将会显著增加。合理的公司治理结构，能有效缓解各种利益关系的冲突，增强公司自身的抗风险能力，避免股东权益和公司权益遭受重大损失。

企业法人治理结构体现了公司内部分权和制衡的关系，应具有科学性。即使是一人有限责任公司也需要设置相应的职位进行分工管理，否则，公司无法发展壮大，而且还极易导致公司与股东资产、人格等方面的混同，导致股东对公司债务承担连带清偿责任。

二、公司治理机构

公司治理结构的一大载体为公司机构，分为四大类：权力机构、决策机构、执行机构和监督机构，即公司股东（大）会、董事会、经营管理机构和监事会。

如果把公司比喻为一个人，那么董事会可视作"大脑"，总经理可视为"心脏"，总经理下辖的各个部门是"五脏六腑"，监事会是"免疫系统"，公司的治理结构系统则是"神经系统"，是可以起到主导作用的功能调节系统。

公司治理的核心问题本质就是——权力划分问题，也就是说如何规范股东、董事会、监事会、高级管理人员权利和义务的分配，保证公司能够高效运转，同时保证公司董事、高级管理人员能够忠诚地履行职务，不实施侵害股东权益的行为。

我国的公司治理模式比较接近英美的治理模式，即以产权和经营委托代理为基础，以股东价值最大化为目标的治理模式。最为常见的公司治理结构中，股东会由全体股东组成，是公司的最高权力机构和最高决策机构；

公司内设机构包括董事会、监事会和总经理。董事会对股东会负责，是股东会的执行机构，受股东会委托管理公司；监事会（或监事）是公司的监督机构，对董事、总经理以及其他高级管理人员履行职务的行为进行监督；总经理主持公司的生产经营管理工作，向公司董事会负责，全面组织实施董事会的有关决议和规定，完成董事会下达的各项指标，并将实施情况向董事会汇报。公司也可以根据自身的需要设置一名或者多名副总经理以协助总经理，另外总经理下设各个部门，分别处理公司不同事务。

公司法人治理结构对企业来说就相当于一座楼宇的地基，公司在成立之初就应按照一定的原则搭建有效的法人治理结构，并在经营中不断完善它，使之成为有效的、符合企业实际的，并能够与企业管理互动的治理结构系统。

典型案例：凯莱公司僵局解散案

凯莱公司成立于 2002 年 1 月，林某某与戴某某系该公司股东，各占 50% 的股权，戴某某任法定代表人及执行董事，林某某任公司总经理兼公司监事。凯莱公司章程明确规定：股东会的决议须经代表二分之一以上表决权的股东通过，但对公司增加或减少注册资本、合并、解散、变更公司形式、修改公司章程做出决议时，必须经代表三分之二以上表决权的股东通过。

2006 年起，林某某与戴某某两人之间的矛盾逐渐显现。同年 5 月 9 日，林某某提议并通知召开股东会，而戴某某认为林某某没有召集会议的权利，会议未能召开。此后，林某某委托律师向凯莱公司和戴某某发函称，因股东权益受到严重侵害，林某某作为享有公司股东会二分之一表决权的股东，已按公司章程规定的程序表决并通过了解散凯莱公司的决议，要求戴某某提供公司的财务账册等资料，并对公司进行清算。戴某某回函称，林某某做出的股东会决议没有合法依据，戴某某不同意解散公司，并要求林某某交出公司财务资料。后林某某再次向凯莱公司和戴某某发函，要求凯莱公司和戴某某提供公司财务账册等供其查阅、分配公司收入并解散公司。

股东林某某向法院提起诉讼，称公司经营管理发生严重困难，陷入公司僵局且无法通过其他方法解决，其权益遭受重大损害，请求解散凯莱公司。江苏省高院经审理后认为，凯莱公司的经营管理已发生严重困难，公司的内部运营机制早已失灵，凯莱公司的僵局通过其他途径长期无法解决，依法判决解散凯莱公司。

（据最高人民法院指导案例 8 号案整理）

合规攻略

攻略 29：公司僵局的防范策略

公司僵局，是指公司内部治理过程中，因股东之间或公司管理人员之间发生利益冲突和不可调和的矛盾，公司的权力机构和决策部门陷入瘫痪，股东会或董事会由于股东矛盾而无法召集，任何一方的提议都不能被各方接受或认可，或即使能举行会议但难以形成决议，各成员间争议较大，意见难以统一，不能形成具有法律效力的公司决议。

公司僵局的破坏性非常大。在僵局下，公司经营处于停滞状态，股东会、董事会长期不能达成任何表决事项，公司无法正常运营，股东和公司权益必然受损。为防范公司僵局，应做好如下几点：

（1）公司应合理设定初始持股比例，避免出现均等持股的情形（如两股东各占 50% 的股权）。

（2）股东会议召集程序应简便易于操作，防止出现无法召集股东会的情形。比如，不要做出使得 2/3 以上表决权或者公司章程规定的更高表决权比例可能导致股东会无法表决通过的表决权分配设计。

（3）建立股东表决权的回避制度。对于决议事项与股东有利害关系的，该股东或其代理人均不得就其持有的股份行使表决权。

（4）充分利用公司章程，设立避免股东会（董事会）僵局的机制及出现僵局后的解决机制。比如，公司章程设定公司僵局情况下强制收购和公司回购条款，明确股权收购价格确定的依据及相应的程序，如委托第三方审计机构。也可以考虑规定赋予某个股东或董事的最终决定权。比如规定："如果公司股东会或董事会经两次召集无法达到召开会议的条件或者虽可以召开会议但无法达成决议时，某股东或者持有公司一定表决权比例以上的股东或一致行动人，有权收购反对方的股东的股权。"

第二节 健全公司治理规则

健全的公司治理规则和制度安排是完善公司治理结构的前提。公司治理的规则，包括公司章程、议事规则、重大事项规则和一般管理制度。公司治理制度建设中，应设计合理的股权结构、增强公司治理的透明度、弘扬股东价值、加强监督、强化公司的社会责任。

一、公司章程的制定

章程是公司的内部治理的"宪法"，是公司所有制度和规范的依据，具有最高的效力。公司需要依据章程中所订明的规定来运作和经营。

好的章程对于避免公司后续发生股权纠纷、避免公司僵局有十分重要的意义。《公司法》大量条款中有"由公司章程规定""依照公司章程的规定""公司章程另有规定的除外"的字样。作为公司组织与行为的基本准则，它既是公司成立的基础，也是公司赖以生存的灵魂。但是，实际中，很多创业公司根本没意识到公司章程的重要性，以至于在工商注册时直接套用工商登记机关的样本，忽视了《公司法》赋予公司章程可以自主约定的事项。

根据《公司法》规定，有限责任公司的章程，必须载明下列事项：公司名称和住所；公司经营范围；公司注册资本；股东的姓名或者名称；股东的权利和义务；股东的出资方式、出资额和出资时间；公司的机构及其产生办法、职权、议事规则；公司法定代表人；股东会会议认为需要规定的其他事项。公司章程不仅是公司运营活动的根本准则，对公司的股东、董事、监事、高级管理人员等同样具有约束力。完善的公司章程是公司正常经营活动的保障，而有缺陷的章程则可能成为引发股东矛盾冲突的导火索。

对应具体的条款中，章程可分为四类条款：

（1）强制性条款，是指条款的内容由法律和行政法规强制性规定，公司章程不得对法律内容做出变更的条款。如有限责任公司股东会、董事会职权为法定记载事项中的强制性条款,《公司法》做了明确具体的规定,章程只能复述法律,不能对其做出变更。

（2）授权性条款,是指《公司法》明确授权由公司章程进行规范的条款。《公司法》倡导公司自治,由法律授权公司章程可以在法定事项以外,根据公司的实际经营情况和公司治理结构的需要来设定公司的相关经营和治理要素。例如《公司法》第 12 条授权,公司的经营范围由公司章程规定;《公司法》第 13 条授权,公司法定代表人依照公司章程的规定,由董事长、执行董事或者经理担任。公司章程依据《公司法》的授权所制定的相应规定,对相关主体会产生相应的法律效果。

（3）指引性条款,是指依据《公司法》对相关内容的概括性规定的指引而设定的公司章程的条款。这种条款的特征是,公司章程在记载相关对象时,参考《公司法》的规定制定。也就是说《公司法》为公司章程内容制定提供一个指引,设定上限或者下限;公司章程在规定这些方面的内容时除授权章程可以另行约定的以外,不能突破《公司法》规定的上限或者下限。

比如,有限责任公司的出资方式不能设定为法律许可的实物、知识产权、土地使用权以外的形式,即不能以信用、劳务等方式出资。公司章程中的指引性条款不是依据《公司法》的指引做出的,该条款在不突破《公司法》设定的上限或下限的情况下是合法有效的,对相关主体具有法律约束力。

（4）任意性条款,是指既非法定记载的事项和内容,也非《公司法》授权和指引产生的条款,完全是由公司根据实际情况在不违反强行法的前提下自由设定的条款。如关于公司相关文件冲突的效力顺序的规定（规定章程、股东名册、设立协议之间的效力先后顺序）等。

制定或修改后的章程,必须经过股东会决议,并经代表三分之二以上表决权的股东同意通过。表决通过后,公司应该尽快向市场监督管理局备案,以对外公示。

二、完善其他规则文件

公司议事规则包括股东（大）会议事规则、董事会议事规则、监事会议事规则、总裁工作守则、总裁办公会议事规则等，是公司权力机构、决策机构、监督机构和执行机构的组织规则和行为规范。

公司重大事项规则亦称公司基本管理制度，是决定公司非日常经营性重大事务的单项规则，包括预算管理规则、重大投融资行为管理规则、重大关联交易管理规则、员工激励约束制度、企业集团管理制度、投资人关系管理制度、公司内外部信息报告和披露制度，等等。

公司经营管理制度是规范公司日常经营管理活动的规则，包括财务管理制度、人事管理制度、合同管理制度、采购管理制度、销售管理制度、固定资产管理制度、知识产权管理制度、印鉴管理制度，等等。

⚖ 合规攻略

攻略30：公司章程的个性化设计

公司章程既是有限责任公司设立的必备要件，也是有限责任公司治理、运营的制度设计与安排，是公司的内部宪法。一份详细、周全、合法的公司章程既能保障公司的正常运营，也能保障全体股东的合法权益。作为公司股东应该集体协商，根据公司实际情况设计个性化的公司章程，必要时聘请专业律师进行起草设计，帮助避免后续股权纠纷和发生公司僵局。

我国《公司法》修改后，赋予股东自治的空间较大，众多公司治理上的问题允许股东自行决定，并可在章程中明确。然而很多人在注册公司时，习惯于直接套用大众化的公司章程模板，在公司实际运营中，因章程设计不合理，造成投资困扰、决策困扰、经营困扰，甚至因此而发生法律纠纷。因此，建议创始股东从如下条款着手对公司章程进行个性化设计：

（1）明确约定股东出资方式、出资额及出资时间并约定违约责任。公司章程可以约定对注册资本分期缴纳。股东出资既是股东对公司的法定义务，又是公司赖以生存和发展的物质基础。对出资方式、出资额等进行细化约定，有利于保障公司未来持续经营发展。

（2）约定股东表决权行使方式及表决权排除规则。表决权是股东的最重要的权利，谁掌握了绝对多数的表决权就掌握了公司的控制权。依《公司法》的规定，对于股东如何行使表决权，股东可在公司章程中做出有别于《公司法》的规定，也即可以"同股不同权"。比如，在公司创始人经历多轮融资、股权被不断被稀释的情况下，通过归集表决权仍能够牢牢掌握公司控制权。

（3）明确股东分红比例、认缴新增注册资本比例可与出资比例不一致。依《公司法》的规定，股东按照实缴的出资比例分取红利，股东有权优先按照实缴的出资比例认缴出资。但全体股东亦可约定不按照出资比例分取红利，股东分红时可按章程约定的比例分配。全体股东亦可约定不按照出资比例优先认缴出资，在章程中明确股东优先认缴权的行使规则及行使期限，公司增资时便可照此操作。

（4）明确约定不同于《公司法》规定的股权转让特殊规则。比如，对《公司法》规定的股东对外转让权要求其他股东过半数同意并且其他股东享有优先购买权，股东亦可以通过公司章程自行设计股权转让规则，自由安排转让股东与剩余股东间二者的利益分配。

（5）明确排除股东资格的继承。为了强调有限公司的人合性，保持公司股权的稳定性，公司章程可以排除股东资格的继承，以向其他股东转让股权等形式予以替代。

（6）董事会议事方式及表决程序可由章程进行进一步约定。比如，可以根据公司实际需要设置一票否决权等条款。当然，董事的表决权为一人一票，这一点是不能自由约定改变的。

（7）投资有风险，投资决策须谨慎。对外担保，可能使公司因承担或然债务而遭受重大损失。此两类行为，为还是不为，公司法交由股东自行决定，但要求在公司章程中明确下来。可以明确的内容包括：是股东们自行决策，还是授权董事会决策；投资或担保的单笔以及总额额度限制等问题。

第三节 公司治理中对合规风险的防控

公司在设立和持续经营过程中，甚至在变更和解散过程中都会遭遇各种各样的合规风险，这些风险将导致公司或股东资源流失或无效使用，财产减少，市场竞争失败，引发诉讼，招致行政或刑事调查和处罚，经营停止。公司治理要防范和控制的是因滥用权力或舞弊而发生的风险、因缺失决策论证主体和论证程序而发生的风险，以及因缺少信息而发生的风险。

治理结构对公司合规风险的防范和控制是通过三个层面的机构设置及运行流程来实现的：股东和股东会层面、董事会及监事会层面、经营层层面。

一、公司治理中的合规管理

公司治理解决的问题是如何把股东、董事、监事、高级管理人员、普通员工、监管机构和社会公众等利益相关方的诉求有效地转化为公司的决定和行动，并在这一过程中实现各方利益的平衡。

我国《公司法》对公司组织机构的设置、人员构成、职权和议事规则做出了一些强制性规定。对于上市公司，监管机构出台了大量的与上市公司治理相关的规范性文件。这些规定和文件为公司治理中的合规管理提供了政策和法律依据。

2014 年 12 月，国际标准化组织发布了《ISO19600：2014 合规管理体系指南》，该标准适用于各种类型的组织，为在组织内部建立、发展、实施、评估、保持和提升有效的合规管理体系提供指引。2017 年 12 月，我国国家标准化管理委员会发布了 GB/T 35770-2017《合规管理体系 指南》国家标准，这部国家标准同样采用了 ISO19600 标准，为中国企业建立合规管理体系提供了指南。2018 年 11 月 2 日国务院国资委发布的《中央企业合规管理指引（试行）》中明确了董事会、监事会、经理层等不同层级主体合规管理职责，并要求中央企业设立合规管理委员会，与企业法治建设领导小组或风险控制委员会等合署，承担合规管理的组织领导和统筹协调工作。

合规管理是企业稳健运营、发展壮大的基石。良好的公司治理可以促进企业的股权结构合理化，加强企业的内部控制，降低企业的代理成本，增强企业的核心竞争力，提高企业的经营业绩，实现企业的可持续发展。缺失规范优良的治理规范，企业就将面临效率低、内部控制失效、重大风险持续、发展速度受限等困境。因此，完善治理结构、健全规章制度、加强制度执行力、规避企业面临的法律风险都是企业合规管理的重要内容。

完善公司法人治理结构要求在实行所有权与经营权两权分离的制度安排上，建立起科学的激励和监督机制。只有公司的所有者、经营者、管理者、监督者恪尽职守，又不越位，才能形成良好的运行机制，使企业持续保持活力。为此，需要科学地配置公司的控制权，保证股东会的最终控制权，保证董事会独立决策权，保证监事会的有效监督权，保证经理自主经营管理的权力。

"法人治理结构"是现代企业制度中最重要的组织架构，是企业经营过程中降低经营风险、提高内控水平的组织保障。建立各自独立、责权分明、相互制衡、相互协调的公司治理机制是现代企业改革之路上必经的一个步骤，且刻不容缓。

二、股东会对合规风险的防控

（一）实体防范和控制

就股东之间而言，股东和股东会层面风险防范和控制的目标是公允地对待所有股东的股东权利，确保股东按照与其对公司贡献和承担责任相适应的程度行使权利和履行义务，及原则上按照出资比例行使表决权和受益权等可以量化的股东权益，同时以确保公司利益和股东整体利益为目标，公允行使知情权、质询权、检查权等非量化权益。股东会层面合规风险防控重点是防范和控制控股股东及实际控制人滥用控制权损害公司及公司其他股东利益，尤其是落实公司对重大关联交易的回避表决机制。

就股东与管理层之间而言，股东和股东会层面风险防范和控制的目标是防范公司出现内部人控制，即防范和控制经营管理层滥用运营控制权，损害股东的利益。合规风险防控重点是落实股东（大）会和董事会的职能，尤其在董事和监事的委派或选举方面，在公司发展战略、经营计划和投资策略方面，在公司经营目标、财务预决算和利润分配方案审批方面，在公司重大事项批准方面，落实股东（大）会的批准权。

（二）程序防范和控制

实体权利的享有和行使以及实体义务的承担和履行都依赖程序保障。股东和股东会层面的风险防范和控制的程序措施就是完善和严格履行股东（大）会会议制度，通过会议的提议、召集、通知、举行、审议和表决、做出决议、下发等程序安排，将所有股东的权益和权利落实在每一项具体的行为流程中，以控制公司运营中的合规风险。

三、董事会、监事会对合规风险的防控

企业会计准则将控制董事会视为控制公司的标志。因此，董事会层面的风险防范和控制是公司战略意义上的风险防范和控制。董事会是企业的经营决策机构，对企业的合规管理承担最终责任。

（一）实体防范和控制

董事会层面风险防范和控制的目标有两个方面，一是延续股东和股东会权利，防范公司出现内部人控制，即防范和控制经营管理层滥用运营控制权，损害股权的利益；二是防范决策失误。防范内部人控制的重点是明确董事会与经营层的分工，落实董事会的职能，尤其在高级管理人员的聘任、职能设置、薪酬待遇、考核、奖惩方面，在公司发展战略和经营计划方面，在公司财务预决算和利润分配方案制订方面，在公司重大事项审批方面，落实董事会的决策权。

为了加强合规在公司治理中的作用，董事会之下可以设置合规委员会，作为董事会下设的专门工作机构，主要负责推进和指导公司合规管理工作。委员会负责人通常由董事会的一名主要成员担任；在首席执行官之下设立首席合规官，由后者领导起一个自上而下的合规管理团队；一旦发现公司

存在合规风险，合规部门将会承担报告责任，不仅要向高级管理层进行报告，而且还要向董事会直接报告。公司在各项业务运行、财务管理乃至审计监督等环节，都要接受合规部门的独立审查。

作为公司内部的监督机构，监事会的角色定位就是防止董事会、管理层滥用职权，损害公司和股东利益。监事会的合规管理职能，就是监督董事会和高级管理层合规管理职责的履行情况。

（二）程序防范和控制

董事会、监事会层面的风险防范和控制的程序措施就是完善和严格履行董事会会议制度和监事会会议制度，通过会议的提议、召集、通知、举行、审议和表决、做出决议、下发等程序安排，将董事和监事的职责落实在每一项具体的行为流程当中。

四、经营层对合规风险的防控

企业日常经营层面的风险防范和控制是企业发展战略执行环节的重要组成部分，经营层面的风险防范和控制措施是完善企业的内部风险控制体系，又称内部控制或内控制度、内控体系。

（一）实体防范和控制

推行企业内部控制的实体要点是：

公司经营层即以总经理为首的高级管理团队，统一领导各个层次的经营管理活动。其主要的职能是制定经营目标、方针、战略，制定利润的使用、分配方案、重大规章制定、修改和废止，指挥和协调各组织机构的工作和相互关系，确定它们的职责和权限。

作为公司经营管理的执行者，经营层根据岗位分工对公司合规管理负相应管理责任，对公司违规或员工违规给股东造成损失的应承担具体的管理责任。经营层应明确合规管理部门及其组织机构，为其履行职责配备充分和适当的合规管理人员，将责任和权利分配给相关角色，并确保合规管理部门的独立性。

企业合规审计是企业内部审计部门对作为企业内部控制核心内容的企

业合规管理的适当性和有效性进行的内部审计。企业合规审计既属于企业内部控制范畴，也是企业合规管理体系的重要的、基本的构成要素。这一点已被有关企业合规管理的国际组织的标准、指南以及我国国家标准、指引和办法所确认。定期对公司的合规管理情况进行独立审计也是企业合规风险管理的最后一道防线。

（二）程序防范和控制

生产经营活动的井然有序依赖管理流程，每一项具体的经营管理活动都必须有明确的作业流程，最简单的譬如公司印鉴使用流程、公司投资立项流程，等等。企业应建立有效的内部控制评价机制。评价机制的参考标准不仅可为企业自我评估和改进其内部控制提供依据，还可以通过评价机制对整个体系的运作状况进行综合评估，使公司高层管理层找到内部控制的薄弱环节，以采取相应的改进措施，促进体系的不断完善。

🔨 合规攻略

攻略 31：股东会决议合规的必备要件

股东会是有限责任公司的最高权力机构。股东会召集程序及股东会决议的合法性大多属于法律规定的强制性规范，必须依法进行方能确保合法有效。对召开股东会切不可等闲视之留下瑕疵，埋下股东纠纷隐患。

（1）确保股东会召集、主持合规

《公司法》对召集和主持做了十分缜密的规定。股东会会议原则上由董事会进行召集，董事长主持；董事长不能履行职务或者不履行职务的，由副董事长主持，副董事长亦不能履行职务的，由半数以上董事共同推举一名董事主持。也规定了董事会不能履行或不履行召集股东会会议职责的，由监事会或者不设监事会的公司监事召集和主持，监事会或监事不召集和主持的，代表 1/10 以上表决权的股东可以自行召集和主持。

（2）确保股东会通知合规

召开股东会会议，应当于会议召开 15 日前通知全体股东；但是章程另行规定或者全体股东另有约定的除外。通知中，应载明股东会决议的事项，即召集股东会的事由，以便股东做准备。股东会通知宜采用邮政 EMS 快递的形式发出，在快递底单"内件品名"一栏中注明"召开股东会的通知"，邮寄后，寄件人可以通过上网输入单号查看快递是否妥投及签收情况。一旦发生争议，向法院提交快递底单也可证明投递是真实有效的。

（3）确保股东会决议程序合规

召开合法有效的股东会，出席会议的股东所代表的表决权应满足法律规定的基本标准，以防止少数股东操纵股东会损害其他股东利益。

股东会决议通过股东投票表决的方式做出，股东会议由股东按照出资比例行使表决权（章程另有规定除外）。

股东会最终决议必须达到法定通过比例方为有效，普通决议由出席会议的股东所持过半数表决权通过决议即可生效，对于特别事项如修改公司章程、增加或者减少注册资本、公司合并、分立、解散或者变更公司形式的决议，必须经代表三分之二以上表决权的股东通过。此处的"过半数"或"三分之二"表决权均指公司全体表决权的"1/2"或"2/3"。

股东会的决议事项应当有完备的会议记录并由全体股东签字。若股东未能亲自到会签字的，应要求该股东出具委托手续，授权他人代为签名，不能出现冒签或没有代理手续代股东签名的情况。

（4）确保股东会决议内容合法

股东会决议应确保不违反法律、行政法规的规定，否则可能会导致决议内容无效；亦应确保内容不违反公司章程约定，否则可能会被股东向法院提请撤销。

攻略 32：董事会合规运作的实操要点

董事会组成合法是董事会高效行使职权的前提，董事之间就相关事项如果产生分歧，直接影响董事会的召集和决议，应从以下几方面防范董事会行使职权中的合规风险：

（1）确保董事会组成人员合法。董事可以由公司的股东担任，也可以由非股东担任，可以由职工担任，也可以由非职工担任。董事的人选不能存在我国《公司法》第 146 条规定的禁止任职的情形。

（2）董事会人数不宜过多，且应尽量确定为单数。

（3）确定一名合格的董事长。在公司治理中，一方面，公司的董事长有时会利用职务上的优势为自己谋利益，侵害公司和股东利益；另一方面，董事长也可能为了避免被追究责任，经营中缩手缩脚。因此既要从防范的角度督促董事长依法行使职权，又要从激励的角度鼓励董事长积极履行义务。

（4）董事会按照法定程序召开并形成有效决议。董事会决议应当在内容上符合法律、行政法规、公司章程的规定，在会议召集程序、表决方式上符合法律、行政法规或者公司章程的规定，否则将面临被撤销或无效的风险。

（5）明确董事的义务和责任。董事对公司有忠实和勤勉义务，董事违反了法律、行政法规和章程规定的各项义务就要对公司和股东承担相应的法律责任。

第四节　创始人在公司治理中的合规责任

面对瞬息万变、日趋激烈的市场竞争环境，公司经营管理中往往潜藏着很多暗礁和险滩。作为掌舵者的创始人如同在刀尖上跳舞，步步惊心。创始人一般为公司的控股股东，同时还会担任公司高级管理人员，也会因其身份而在公司中承担一定的合规责任。创始人的合规责任永远不容忽视。

一、创始人的合规义务和法律责任

企业发展犹如大海行船，有好舵手才有好发展。企业家往往是企业的主心骨，也是国民经济发展的中流砥柱。他们一般拥有独特的秉性和能力，敏锐、深刻的洞察力，可以捕捉常人所无法感知的机遇，带领企业一路披荆斩棘、逐步壮大。但他们也绝非圣贤，更非完美之人，决策有瑕疵、思路有缺陷、管理有偏差、行为有逾矩也在所难免。在公司治理结构中，创始人通常既是公司的大股东，同时又担任公司的法定代表人、董事、总经理等高管职务。公司治理产生的法律风险，则不仅可能使得企业的经济利益遭受重大损失，还将直接导致创始人身陷法律漩涡。因此，创始人不能不深入了解在公司治理中需要承担的合规义务和法律责任，以提前防范合规风险。

（一）创始人承担的法律义务

创始人作为公司股东，首先有出资义务，即按照法律和公司章程的规定，向公司按期足额缴纳出资的义务。出资义务还会派生出其他义务，包括股东对其出资负瑕疵担保的义务和维持公司资本的义务，包括不得抽逃出资、不得违法分配利润。其次是善意行使股权的义务。这项义务的主要含义是，股东不得滥用其权利。《公司法》第20条第1款规定，股东不得滥用股东权利损害公司、其他股东或者公司债权人的利益。比如：滥用知情权，窃取公司商业秘密；大股东滥用优势地位侵犯中小股东利益；滥用质询权，影响公司正常秩序；股东滥用诉权，等等。

创始人作为公司高管，也对公司承担一定的法律义务，主要包括忠诚义务和勤勉义务。

忠诚义务是指公司的高级管理人员应积极维护公司利益，不得从事损害公司利益的行为：包括未经股东会同意与公司订立合同的自我交易行为，利用职务便利谋取公司商业机会的行为，经营所任职公司同类业务的竞业禁止行为，挪用公司资金行为等。

勤勉义务又称"注意义务"，是指董事、监事以及高级管理人员在经营、管理公司过程中，应当将公司利益放在首位，履行善良管理人的谨慎注意义务，不得有疏忽大意或者其他重大过失。判断公司高管是否对公司尽了勤勉义务，可以参考如下标准：

（1）公司高管在处理公司事务时应尽到善良管理人之注意义务，在日常经营管理中稳妥、小心、尽心尽力地为公司的利益而做出各种决定、行为；

（2）高管人员在履行其职能时须表现出与同等专业知识、管理经验、才能的人所应有的技能，并谨慎执行；

（3）有理由相信是为了公司的最大利益而履行职责。公司高管掌握着公司经营管理的大权，违反忠诚义务和勤勉义务，也会承担相应的法律责任。

（二）创始人承担的法律责任

依照我国《公司法》的规定，公司股东或高管违反法定义务，损害公司、其他股东或者债权人的利益，则有可能承担一定的法律责任。创始人应当了解自身的法律责任，并采取适当措施规避可能的法律风险。

（1）作为公司股东的法律责任

作为公司的股东，首先是承担一定的民事责任。

在公司设立和运行阶段，公司股东面临的民事责任主要是因瑕疵出资而产生的。瑕疵出资包括：出资未能及时到位，比如出资人以房屋、土地使用权或者需要办理权属登记的知识产权等财产出资，已经交付公司但未办理权属变更手续；出资资产价值低于认购股本的价值，以需经评估的财产出资的，评估价值低于认购股本的价值；出资之后抽逃出资；出资方式不合法，例如劳务出资。

在公司清算阶段，股东可能因不当实施清算工作面临多种民事责任。

包括：股东因未在法定期限内及时清算而产生的对债权人的赔偿责任；因在清算阶段未履行通知和公告义务而产生的对债权人的连带赔偿责任；因执行未经合法确认的清算方案产生的对债权人的赔偿责任；因怠于履行清算义务产生的连带赔偿责任；因恶意处置财产产生的连带赔偿责任；因提供虚假清算报告产生的赔偿责任。

其次，公司股东还面临着一定的刑事责任。

股东的刑事责任主要源于不实出资、不当清算、不当破产等行为，可能构成虚假出资、抽逃出资罪、妨害清算罪、虚假破产罪等。

（2）作为公司高管的法律责任

公司高管，通常包括公司董事、监事、经理、副经理、财务总监、董事会秘书以及公司章程规定的其他高级管理人员。依照《公司法》的规定，公司高管违反法定义务则要承担一定的民事责任。

《公司法》第21条规定，公司的控股股东、实际控制人、董事、监事、高级管理人员不得利用其关联关系损害公司利益。违反前款规定，给公司造成损失的，应当承担赔偿责任。股东在公司增资时未履行或者未全面履行出资义务，如果是因为高级管理人员未尽到忠实义务而使出资未缴足的，该高级管理人员应在未出资本息范围内对公司债务不能清偿的部分承担补充赔偿责任。《公司法》第148条规定，高级管理人员违反该条规定，具有挪用资金等行为的，其所得的收入应当归公司所有。

现实中许多公司的高管在多家公司兼任职务，如既担任A公司董事长，又担任B公司的总经理，若该高管促成两公司之间发生交易，使一公司利益受损或自己收取佣金好处，则其需要承担法律规定的赔偿责任。

《企业破产法》第128条规定，有该法第31—33条规定的减少公司财产、个别清偿、隐匿或转移财产等损害债权人利益行为的，企业的法定代表人和其他直接责任人应对债权人承担赔偿责任。在上述情形中，作为直接责任人的公司高管人员应当承担赔偿责任。

公司高管还面临着一定的行政责任风险，主要包括行政处罚和行政处分。行政处罚来自政府的各个部门，主要包括但不限于市场监督管理部门、税务部门、环保部门、卫生部门、公安部门、银行管理部门等。处罚具体可分为以下几类：禁止担任公司的董事、监事、高级管理人员；依法采取阻止高管人员出境的措施；给予警告、处以罚款；给予警告、暂停或者撤销资格、处以罚款；免职、给予处分；市场禁入；纪律处分等。

除了民事责任、行政责任以外，公司高管也有可能承担一定的刑事责任。我国《刑法》针对公司高管和股东所指控的罪名有120项左右，公司高管的刑事责任风险，主要源于其在公司运行阶段的不当行为。包括因贿赂行为产生的刑事责任，有行贿罪、对单位行贿罪、非国家工作人员受贿罪等；违背忠实、勤勉义务负有责任的高管可能会产生刑事责任，如上市公司高管可能构成背信损害上市公司利益罪；利用职务上的便利牟取私利的，可能构成职务侵占罪和挪用资金罪；侵犯债权人利益的，可能构成妨害清算罪，隐匿、故意销毁会计凭证、会计账簿、财务会计报告罪和虚假破产罪。

二、完善公司治理、防范创始人合规风险

2018年11月1日，习近平总书记在北京主持召开民营企业座谈会时的讲话指出："民营企业家要讲正气、走正道，做到聚精会神办企业、遵纪守法搞经营，在合法合规中提高企业竞争能力。守法经营，这是任何企业都必须遵守的原则，也是长远发展之道。要练好企业内功，特别是要提高经营能力、管理水平，完善法人治理结构，鼓励有条件的民营企业建立现代企业制度。"

公司治理一直是公司经营发展所探索的永恒主题，也是一个世界性的难题。随着世界经济一体化的发展，我国企业面临更大的机遇和挑战，公司治理的问题也日益突出。好的公司治理结构就是要建立适当的提醒和制约机制，让创始人扬长避短，规范企业管理者的行为，以制度约束为重点，严守合规底线。创始人完善公司治理、防范合规风险，以下方面工作应为重点：

（一）必须要有完善的公司治理规则

公司治理作为保证公司有效运行和决策科学的一种机制，其基础就是公司治理机制赖以运行的一系列规则。因此，公司治理必须要有规则意识，要制定和明确公司运行需要遵循的规则，公司规则既包括《公司法》等法律法规规定的规则，也包括公司自行制定的章程规则。我国《公司法》改变了过去对公司的过度管制，赋予公司诸多自主权，许多事项允许通过公

司章程来实施自治，公司章程在规范公司运营的作用更为突出，这也要求企业进一步强化规则意识，通过公司章程设计灵活、高效的公司治理机制。公司全体股东和管理层也必须严格遵守公司制定的这一系列规则。

（二）公司治理必须要实现从"违规"到合规的转型

公司应建立健全合规管理体系，并在公司治理中贯彻执行。公司应以降低治理成本、提高治理效率为目标积极、自愿地合规，而不是为了满足公司治理的强制性要求，为"合规"而合规，表面的合规往往会导致公司治理成本的上升，并且会给公司带来重大合规风险。

（三）公司治理必须强化个人问责

公司内部应建立明确的合规责任制，制订和落实各级各岗位人员的合规职责。凡涉及违规资金占用、对外担保、融资等重大事件，必须明确董事长、总经理、财务负责人的合规责任。对于因故意或者过失，不履行或者不正确履行应负的合规职责，导致公司受到或可能遭受法律制裁、监管处罚、重大财务损失或声誉损失等严重后果及其他合规风险的，应严格进行职责追究，从而增强全员合规风险意识以及依法合规经营的自觉性和主动性。

典型案例：公司财产与股东个人财产混同连带责任案

2011 年 7 月，原告天甬公司与被告宝心缘公司订立产品购销合同，之后，天甬公司陆续向宝心缘公司及其指定的宝鑫圆服饰有限公司（以下简称宝鑫圆公司）提供纺织品原材料。其中，被告宝心缘公司由汤某、王某某夫妻二人开办，经营中大部分货款均由王某某的个人账户汇出。

另外，汤某、王某某夫妻二人还开办了被告定伟公司，定伟公司与宝心缘公司的法定代表人亦均为汤某，经营范围基本重合。定伟公司所在地悬挂有宝心缘公司门牌，且定伟公司是"宝心缘"商标的注册人，宝心缘公司对外宣传也基本使用定伟公司的生产经营情况。

后宝心缘公司拖欠天甬公司货款未付，天甬公司遂诉至法院，请求宝心缘公司向原告支付货款 437 万元及利息，其他被告对宝心缘公司的债务承担连带清偿责任。

法院经审理后判决认为，股东以其出资为限对企业的债务承担责任。但是，如果公司股东滥用公司法人独立地位，严重损害债权人利益的，应当承担连带责任。本案中，汤某、王某某夫妻的股东个人财产与宝心缘公司资产存在混同，故汤某、王某某应对宝心缘公司的债务承担连带责任。

（据盐城市中级人民法院（2012）盐商初字第 0173 号民事判决书整理）

合规攻略

攻略 33：防范创始人个人财产与企业财产混同风险

财产混同现象在创业企业较为普遍。公私账户混为一体，个人家庭资金与企业资金任意调度往来。家庭需要资金便从公司提取；企业资金周转不灵便将个人和家庭财产投入公司。用企业资金购买家庭财产（尤其是不动产）、家庭成员同公司发生关联交易、企业股东分红为避税采取股东借款形式财务处理。企业融资时，则由股东个人或家庭承担连带保证责任。企业没有健全的财务制度，也没有专门的财务监管人员，做账时外包给外部税务师报表核算。发觉公司账面不平便让财务通过做假账来掩盖。

创始人作为公司的股东，利用对公司的绝对控制优势，逃避债务，损害公司债权人利益的应当对公司债务承担连带责任。企业融资时，由创始人个人或家庭承担连带保证责任，会引发家庭财产清偿企业债务的法律责任。个人账户收取企业往来经营款，还会导致一系列民事、行政、刑事多重法律风险。

创始人须提前防范个人财产与企业财产混同带来的法律风险。

首先，创始人要树立公司独立法人主体地位的观念。公司作为法律上独立的法人主体，公司财产与资金属于公司所有，公司处置财产与资金，要依法经过股东会或董事会的决议形成公司意志，任何个人都不能仅凭个人意志将公司财产处分成自己财产，否则就有职务侵占犯罪之嫌。

其次，要严格按照规范的财务制度运作企业，尤其需要通过留存会计凭证、账簿、协议等证据，证明公司财产与个人财产的独立性，规范公司收取、支出资金行为。

再次，企业在融资中，公司在融资时，要避免由企业家个人或家庭财产承担连带保证责任。如果在借款时迫不得已要承担连带责任的话，在借款前一定要提前采取一些防护手段，以应对不利情形的发生。

最后，创始人可通过夫妻财产的约定运用、家庭财富传承计划、家族信托工具的运用、人寿保险合同投保架构设计、资产代持的安排、公益基金会设立与运作、移民及境外资产的配置等家族财富管理手段防范财产混同产生债务风险。

攻略 34：企业防范高管"背主"的对策

高管是企业战略性关键人才，是企业的中坚力量，是企业高层决策的参与者、执行者，是企业生命链中的一个重要环节，其地位举足轻重。现实中，经常会发生高管利用职权侵害企业权益的事件，如通过自我交易，完成不法利益的输出；利用所掌握企业经验、信息、证、照、章实施侵害公司利益行为；违反章程规定，将公司资金借贷给他人或以公司财产为他人担保；同业竞争，转移公司商业机会等。因此如何规制高管的行为就显得非常重要。以下对策可供参考：

（1）选聘高管严把关。对于高管，除要注重业务决策能力和领导管理能力，还要考察其个人职业道德素养。上任之前，进行相关合规培训，为其敲响警钟，提高其自律能力。

（2）建立高效严格的高管管理制度，明确管理责任。公司应当结合自身特点，在公司章程、高管人员职责制度中具体载明高管人员的职权职责，同时还应当对于高管人员履职中不当行为所产生的损害后果的承担予以明确，做到有规可循，奖惩分明。

（3）明确高管对自我交易的披露义务。一方面在于公开利益冲突，将高管自我交易置于监督之下，同时为公司权力机构提供评判依据，保证高管与公司间自我交易的公平、公开、透明。同时，对高管违规交易行为的追责内容予以明确，在没有依法披露或回避表决的情况下，赋予公司可以撤销与高管间的交易行为的权利，为公司维护自身权益提供救济途径。

（4）建立合理的人员激励机制。创始人可根据企业自身情况，通过一次性绩效奖金、年度分红、股权激励等，建立多层次多类型的激励体系，激发高管责任心，增强企业团队向心力。

攻略35：关联交易避免踩雷

关联交易是现代公司制度发展的产物。公司之间股权关系交叉或由同一自然人担任不同公司法定代表人均构成关联企业。关联公司通过相互依存、相互渗透形成一个命运共同体，在降低经营成本、提高经营效率的同时，又潜存着内部控制与交易、转移财产等违背公平正义的道德风险，损害债权人、公司及股东的利益。因此，我国《公司法》《企业会计准则第36号》以及一些上市公司文件中均对关联交易进行了严格的限制。

法律并不禁止企业之间进行关联交易，只有公司的控股股东、实际控制人、"董监高"等人员利用关联关系损害公司、公司债权人利益并造成损失的，才承担赔偿责任。

关联交易价格的合理性与否是作为判断关联交易是否损害公司利益的依据。因此，关联交易时必须合理确定交易价格。合理的交易价格不是一个确定值，而是在平等谈判中，由独立的当事人根据交易谈判当时的情形所能接受的价格幅度。一般以当时同类交易的平均价格为基准，确定是否属于合理价格。

关联交易的过程应当符合法律法规或公司章程等规定。依照《公司法》的规定，违反公司章程的规定或者未经股东会、股东大会同意，公司董事、高级管理人员不得与本公司订立合同或者进行交易；《企业会计准则第36号—关联方披露》中要求公司应当在附注中披露关联方关系的性质、交易类型和交易要素等。因此，当公司股东、董监高人员将要与公司发生关联交易时不仅应当遵守上述规定，还要符合章程的规定，并且经过股东会或股东大会决议通过。

第四章

公司融资合规

　　资金是企业的血脉。企业融资渠道主要有两种：股权融资和债权融资。企业在选择融资方式时，要根据自身的特点来选择，比如资金的用途、财务压力、企业控制权风险等。企业不同的融资方式存在不同的法律风险，一次融资在不同环节上也有不同的法律风险。

　　中国企业成长中面临的最大难题往往是融资问题。融资的困难使得很多企业面临"无米之炊"的困境而倒闭破产；也有的企业为了急于获得融资，置企业乃至创始人个人法律风险于不顾，盲目签署融资协议；更有甚者为融资铤而走险，付出刑事违规的代价。企业在融资中，应注入合规风险管理理念，防控法律风险，勿因融资违规而倒下。

第一节　股权融资

股权融资是指企业的股东出让部分企业所有权，通过企业增值的方式引进新的股东的融资方式。简单来说是拿别人的钱，创自己的业。我们常说的"天使轮投资""A 轮投资""B 轮投资"等指的就是股权融资。股权融资所获得的资金，企业无须还本付息，但新股东将与老股东同样分享企业的赢利与增长。

一、股权融资交易方式

股权融资是企业解决资金的一种有效手段，企业股权融资时，存在着股权转让和增资扩股两种交易方式。创始人不可将两种交易方式混淆。

（一）增资扩股

增资扩股，是指公司为扩大生产经营规模，优化股权比例和结构，提高公司资信度和竞争力，依法增加注册资本金的行为。股权融资多数通过增资扩股的形式进行。一家成功的创业企业，往往要经历多轮次的增资扩股。

增资扩股也称股权增量融资，是公司权益性融资的一种形式。对于股份有限公司来说，增资扩股一般是指企业增发股票，由新股东投资入股或原股东增加投资扩大股份，从而增加企业的资本金。对于有限责任公司来说，增资扩股一般是指企业增加注册资本，增加的部分由老股东或新股东认购或新老股东共同认购。与债权融资相比，增资扩股有利于提高企业资信和借款能力，扩大企业经营规模，壮大企业实力。

增资扩股方式主要有三种：

（1）以公司未分配利润，公积金转增注册资本。

公司税后利润首先必须用于弥补亏损和按照规定比例提取法定公积金，剩余的税后利润可以在股东之间进行分配。分配利润时，经股东会决议，可将之直接转增注册资本，以实现增资扩股，此时公司注册资本相应增加，而股东持有的股权数量也相应增加，但股东在公司中占有的权益比例和账面价值均无变化。

公积金分为资本公积金、法定公积金及任意公积金。可以直接转增注册资本的资本公积金主要有以下四项：资本溢价、公司接受的现金捐赠、拨款转入、外币资本折算差额。根据 2014 年 3 月 1 日起施行的《公司注册资本登记管理规定》取消了之前对资本公积金转增注册资本应当留存一定比例的规定，因此，目前资本公积可全额转增注册资本。但公司接受捐赠的非现金资产准备、股权投资准备、关联交易差价不可直接转增注册资本。

法定公积金转增注册资本的，留存的法定公积金不得少于转增前公司注册资本的 25%。任意公积金转增注册资本的，可以全额转增注册资本。

需要注意的是，公司以未分配利润、公积金转增注册资本的，除公司章程有特殊规定外，有限责任公司应当按照股东实缴的出资比例增加股东的注册资本。

（2）内部股东增资扩股

内部股东增资扩股是指原有股东加大对公司的投资，再次向公司注资。股东认缴新增资本的出资也是遵循认缴制的原则，股东只要在增资扩股协议书中明确认缴新增资本的数额和出资时间即可。

（3）外部股东增资扩股

外部股东增资扩股是引入新股东投资入股。新股东投资入股的价格，一般根据公司净资产与注册资本之比确定，溢价部分计入资本公积。另外，上市公司发行的可转换债券转换为公司注册资本的，转换后公司注册资本增加，债券持有人身份从公司债权人转换为公司股东。新股东增资扩股会对老股东的股权进行稀释，分散公司控制权。

上述三种增资扩股的方式可以根据公司实际情况混合使用。

（二）股权转让

股权转让，是指公司股东依法将自己的股份转让给外部人，使外部人转化成为公司股东。依《公司法》的规定，股东有权通过法定方式转让其全部出资或部分出资，这是股东行使股权的一种常见方式。

股权转让时，转让交易只是一种发生在公司原股东之间或者原股东和第三方（新股东）之间的交易，不涉及目标企业自身，购买股权的资金并没有进入目标企业内，而是在目标企业的外部流转，公司注册资本的绝对量也不发生变化。多数 PE 投资基金对创业企业投资时，并不愿采取收老股（即股权转让）方式，而是更希望采取增资扩股方式入资，以便实现投资资金留存在目标公司账户内。但 PE 投资基金退出时，一般通过大股东回购或新 PE 机构并购方式，PE 机构转让老股以实现退出，股权转让便是主流模式。

转让股份有限公司的股份，《公司法》对受让方没有限制，但有限责任公司转让股权时，需要区分受让方是公司股东还是股东以外的其他人。具体如下：

（1）对于出资股东之间相互转让其持有的股权，属于股东之间的内部行为。按照《公司法》的规定，这种转让在股东之间达成转让协议后，变更公司章程、股东名册及出资证明书即可发生法律效力。

（2）对于原股东向股东之外的第三人转让股权时，是对公司外部的转让行为，股东应当就股权转让事项书面通知其他股东征求同意，其他股东自接到书面通知之日起 30 日没有答复的，将被视为对转让的同意。其他股东中有过半数不同意转让的，那些不同意转让的股东应当购买转让的股权；不购买的，视为同意转让。

二、私募股权融资

现今私募股权融资已逐渐成为创业企业融资的主流方式，为解决传统融资难题提供了一种新的解决方法。私募股权融资是一种权益性融资方式，可以帮助企业获得稳定资金来源，降低财务成本，投资人亦可实现退出获利，是一种兼顾企业和投资人双方利益的融资方式。但私募融资也会导致原股东股权被稀释，弱化创始人的控制权。如果创始人不懂法律规则、疏于法律审查、逃避法律监管容易引发经济纠纷，会给创业企业带来潜在的重大风险。

（一）私募股权融资常规流程

1. 接触投资方

通常而言，天使投资对应种子期，VC 对应公司的早期，PE 对应公司的成熟期。

财务顾问可以协助公司寻求有投资意向的投资人，撮合双方达成交易，提供投资信息。而且，财务顾问的协助／介入将有助于公司和创始人专注公司日常运营的同时，了解投资市场的基本面，从而避免因为市场信息不对称而做出错误判断。最为核心的是，当公司和投资人的谈判出现困难和障碍时，财务顾问在公司和投资人之间可以起到缓冲和推动的作用，有效促进融资的完成。所以，财务顾问在企业融资中的作用是显而易见的。

需要警惕的是，财务顾问的最大目的是完成交易获得报酬，所以他们可能会在双方僵持的谈判中做出妥协和让步，而公司的最大目的是在融资时最大化己方的利益。可见，财务顾问和公司之间是各有所需。因此，创始人需要谨记财务顾问与公司的利益未必一致。

融资项目普遍具有复杂性、专业性的特点，市场风险性较高，尤其是融资文件法律条款具有非常强的专业性，非专业人士无法正确诠释文件和保证公司的权益。因此，聘请具有专业法律知识、长期从事融资行业的律师做法律顾问是一个保护自身利益的明智选择。

2. 确定公司估值

一家企业的估值一般有如下方法：（1）对标类似企业。即参考市场上同行业企业的估值，确定对标的公司的估值。（2）博克斯法。此方法是由美国人博克斯首创的，是对初创期的企业进行价值评估的方法，可以将初创企业的价值与各种无形资产的联系清楚地展现出来，比较简单易行。（3）风险因素打分法。风险因素打分法可以从多个维度对企业进行评估和打分，并对标类似企业的估值。（4）市盈率法。市盈率，是指投资一家企业在多少年后可以收回投资成本。投资人确定创业公司预计年净利润，再参考对标企业确定一定的市盈率倍数，就能够计算出创业公司的估值。

对于成熟期的公司，投资人对公司的估值都有非常专业的模型来计算，比如风险收益法、比较法、净现值法、调整后现值法等。而对于创业公司的早期阶段，公司的估值很大程度是依赖于投资人"拍脑袋决定"和投资人与公司之间的商业谈判。

当然，股权融资时，估值也并非越大越好。估值会影响投资人将来会持有公司的股权比例，也会影响业绩对赌条款，还会影响下一轮的融资估值，因此要根据创业公司的现状，理性评估。

3. 签订 Term Sheet

Term Sheet，指投资活动中的投资意向书。Term Sheet 通常是双方初步达成的与投资相关的一些条款的罗列，因此表现形式较为直观、简洁。

投融资领域中，投融双方在早期阶段会进行大量的商务和法律谈判。为确保谈判工作的有效开展，投融双方会先就一些核心内容达成初步的原则性约定，并签署 Term Sheet。Term Sheet 是双方后续谈判工作以及签署正式的投资协议时的重要依据。

投资条款清单中除约定投资者对被投资企业的估值和计划投资金额外，还包括被投资企业应负的主要义务和投资者要求享有的主要权利，以及投资交易达成的前提条件等内容。一般包括如下重点条款：反稀释权条款、有关投资人退出的条款（即回购权条款）、优先清算权条款、共同出售权条款、跟随出售权、公司控制权条款（董事会一票否决权）、优先认购权和优先购买权、对公司创始人限制转股权条款、排他期条款等。

鉴于 Term Sheet 通常会约定公司和投资人间的权利义务，这个节点会奠定整个交易走向的基础。因此我们建议公司应该在 Term Sheet 起草修改阶段就聘请专业律师介入，让其更早、更好地全面把控融资法律风险。

4. 尽职调查。投资方在投资前对企业的资产、负债、经营、财务状况、法律关系以及目标企业所面临的机会和潜在的风险进行系统的调查。尽职调查可以分为财务尽职调查、税务尽职调查、业务尽职调查和法律尽职调查。这其中最为重要的是法律尽职调查和财务尽职调查。

5. 签署投资协议。投资协议主要是用来明确投资者的权利和目标企业、初始股东的义务，也是投资者和创始股东权利义务划分的基础依据。

6. 交割。交割环节是投资协议签署后，投资方正式向目标公司注入资金并取得目标企业股权的环节。投资方注资后，办理完毕目标公司工商变更登记手续，才算完成交割。

（二）重要融资条款

Term Sheet 作为投资意向和法律条款的基本框架，对于其中最重要的、关乎创始人基本义务和责任的条款，创始人应选择正确的应对策略。

（1）对赌条款

业绩对赌条款是指以目标公司未来的经营业绩为对赌的标的，以创始人和投资人之间相互转让一部分股权或退回一部分投资款作为赌注，以激励企业管理层努力工作并且达到调整企业估值目标的条款。

业绩对赌条款是量化了的财务数据要求，而它又是投资者根据创业者在商业计划书中的"财务预测"而来。因此，创始人面对财务指标一定要持乐观而谨慎的态度。要在对赌条款中设定一定的业绩浮动，即约定业绩下修的允许幅度，弹性控制对赌条款触发的阀值。

（2）回购选择权（回赎权）条款

如果目标公司无法在约定的期限达成某一目标，比如上市或者其他重大不利变化，则企业创始人股东有义务按事先约定的价格回购投资人所持有的全部或者部分目标公司的股权，从而实现投资人退出目标公司的目的。当财务投资者资金到期，但又无法通过公司上市进行财务退出时，能够保证有一个退出的渠道。但一旦投资人行权，就会对整个团队的后续发展造成巨大的影响。

创始人首先要对企业未来发展有清晰的判断，包括公司是否以上市作为企业经营的目标、资本市场的现状与偏好、公司上市的可能性等。如果创始人在未来规划里根本就没有上市计划，或者根据对企业发展的轨迹、资本市场的预期判断不可能在投资人设定的时期内满足上市目标，则应清楚地向投资人表达意见。

目前大量的回购对赌设定一般是一定期限内目标公司没有上市，有时也会出现在前面讲到的业绩对赌中，或者两者合并一起。如果必须得接受上市的对赌安排，则应注意在一些条件的设定上设置一些创业者的保护条款和合理的赎回价格；上市路径的设定应广泛一些，比如不局限于地区和国家，也不局限于某个证券市场。

目前投融资市场设定的回报率界于8%—12%之间，但要注意回报率的定义上的区别，比如内部回报率、复合回报率、初始回报率等的财务差别。回购触发条件设定得相对弹性一些，比如上市的时限适当拉长。

（3）清算分配优先权

优先清算权指的是发生清算事件时，投资人优先获得清算收益的权利。优先清算权中又分为几类。一类是参与型优先清算权，即上文所述，投资人获得优先清算额外，还可以按股权比例参与剩余清算资产的分配。这个对投资人是最有利的。第二类是非参与型优先清算权，投资人仅要求获得优先清算额，不参与剩余清算资产的分配。这个对公司其他股东相对有利。第三种是折中方案，即约定如投资人按股权比例可获得的清算分配已经超过其原始投资成本的几倍（如两倍或三倍）时，投资人应该放弃优先清算权，所有股东按持股比例分配。

这个条款中还有一个需要注意的风险点，是构成清算事件的内涵和外延。除了《公司法》界定的公司清算情形外，诸如创始股东将公司全部股权或公司控股权转让的并购交易以及公司把绝大部分资产或者知识产权转让的资产处置交易等均会被投资者列入或被视同为清算事件，从而被要求按同样的清算分配原则来分配从该等并购交易或资产处置交易中获得的全部收益。所以，建议在谈判时，将清算事件缩小化，把清算界定为《公司法》意义上的清算，即公司解散、破产、终止经营等而发生的清算。尽量与投资者协商将投资者的回报率设定在合理的范围内，否则当目标公司出现清算事件时，不仅创始人颗粒无收，还需要用个人资产补偿投资人而导致倾家荡产。

（4）领售权/强卖权

领售权实质上是一种投资人退出机制的方案，即投资人因目标公司被他人并购而退出。如果目标公司发生未能在约定的期限内上市等情形，那么投资者有权强制性要求公司的创始人股东与自己一起向第三方转让股份，创始人股东应按照投资者与第三方达成的转让价格和交易条件出售股份。

投资人一旦启动这个条款，则意味着创始人将会被迫出售目标公司，成为局外人。所以对这个条款应慎之又慎，并要求设定一些目标公司触发被收购的门槛和限制。比如约定，所有股东超过三分之二同意，才能变卖公司股权；可以要求卖掉公司的估值不能低于一定的门槛，例如不低于此次投资对公司估值的 X 倍；还可以设置时间和事件的门槛：比如在 N

年后才能行权，或者在 N 年后公司上市不成功才能行权等；为创始人设置优先购买权：投资人要求出售股权，创始人可以在同等条件下优先购买股权。

（5）董事席位及一票否决权

为了保护投资者的利益，增强投资者的话语权，防止创始股东滥用股东权利。投资者往往在融资协议中约定其有权指派董事席位及在一些与公司相关的重大事项，其或其指派的董事拥有一票否决权。

创始人股东应根据本轮投资人出资的金额、投资人投资后所占公司股权比例及公司的经营阶段综合判断给予或者同意投资人所占董事会的席位和投资人能产生决定性影响的事项清单。

如果在同一时期或者后续的融资中产生多个投资人的情形时，投资人的董事席位或者决定性表决权事项避免设置过多而使公司陷入低效的可能。

融资协议核心条款关注企业未来的生存发展和创始人的控制权，不可等闲视之。当然，创始人与投资人是一种"两情相悦"的关系，而非是纯粹的博弈。上述条款在实操中，并非每一个条款都能够按创始人的意愿去争取。融资谈判中既要据理力争，又要努力做到适当妥协，找到双方的利益平衡点。毕竟，拿到融资推动企业做大做强才是创始人追求的目标。

典型案例：小马奔腾创始人遗孀承担公司巨额连带债务案

作为曾红极一时的影视文化公司，北京小马奔腾文化传媒股份有限公司（下称小马奔腾）制作过多部脍炙人口的影视作品，更是资本圈竞相追捧的对象。然而，2014年1月2日，因其创始人李明突然离世，这家民营传媒公司开始陷入混乱。

李明去世前两天，正是他与建银文化产业投资基金（天津）有限公司（下称建银投资公司）所签"对赌协议"到期的日子。小马奔腾由于没在 2013 年 12 月 31 日前成功上市，所以"对赌"失败了。

正是因为这份"对赌协议"产生的债务，建银投资公司与李明的遗孀金燕对簿公堂，北京市第一中级人民法院做出判决：基于《婚姻法》司法解释（二）第 24 条之规定，金燕因夫妻共同债务要在 2 亿范围内承担连带清偿责任。创业失败，创始人遗孀被迫承担两亿元的巨额债务。

（转载自搜狐网《"对赌"失败　"小马奔腾"创始人遗孀被判承担巨额债务》一文）

三、股权众筹融资合规

股权众筹是指公司出让一定比例的股份，面向普通投资者融资，投资者通过出资入股公司，获得未来收益。这种基于互联网渠道进行融资的模式被称作股权众筹。

2009 年众筹在国外兴起，2011 年众筹开始进入中国，2013 年国内正式诞生第一例股权众筹案例，2014 年国内出现第一个有担保的股权众筹项目。2014 年 5 月，明确了证监会对众筹的监管，并出台监管意见稿。11 月 19 日，国务院总理李克强主持召开国务院常务会议，要求建立资本市场小额再融资快速机制，并首次提出"开展股权众筹融资试点"。同年 12 月，中国证券业协会发布了《私募股权众筹融资管理办法（试行）》（征求意见稿），提出了"私募股权众筹"这一概念。2015 年 7 月 18 日，十部委联合发布了《关于促进互联网金融健康发展的指导意见》（以下称《指导意见》），确立了股权众筹的基本特征为大众、公开、小额，明确提出了在符合现有法律法规的前提下建立股权众筹试点，并将股权众筹划归证监会监管。

2016 年 10 月 13 日，证监会等 15 部委印发的《股权众筹风险专项整治工作实施方案》（以简称《实施方案》），成为目前我国股权众筹领域最重要的政策文件。《实施方案》提出对八项业务形式进行点整治：一是互联网股权融资平台以股权众筹名义从事股权融资业务；二是平台以股权众筹名义募集私募股权投资基金；三是平台上的融资者未经批准，擅自公开或变相公开发行股票；四是平台通过虚构或夸大平台实力、融资项目信息和回报等方法，进行虚假宣传，误导投资者；五是平台上的融资者欺诈发行股票等金融产品；六是平台及其工作人员挪用或占用投资者资金；七是平台和房地产开发企业、房地产中介机构以"股权众筹"名义从事非法活动；

八是证券公司、基金公司和期货公司等持牌金融机构与互联网企业合作，违法违规开展业务。

现阶段比较流行的股权众筹模式有凭证式众筹、会籍式众筹和天使式众筹等几种。众筹的参与主体包括筹资人、出资人和众筹平台三个组成部分，部分平台还专门指定托管人。

股权众筹投资的一般流程是由创业企业或项目发起人发布融资需求，包括融资金额和出让股权比例；众筹平台对筹资人提交的项目策划或商业计划书进行审核；具备一定条件的专业投资者率先认缴一定的金额，充当领投人的角色，其他投资人作为跟投人，认缴各自的金额；认缴金额达到或超过融资额后即停止认缴，并按照认缴金额出资成立有限合伙企业，有限合伙企业出资到目标公司并取得股东地位，众筹股权融资宣告完成。若筹资不成功，则资金退回各出资人。

股权众筹的发展使得传统的"公募""私募"之间的界限变得模糊。由于股权众筹融资是基于互联网中的众筹平台实现的，互联网的公开性、交互性使得股权众筹起初将面临不特定的投资者。为了不触及法律红线，众筹平台往往通过一系列的实名认证、合格投资者认定的方式将不特定的投资者特定化，通过这种方式与公募区分开来。此外，股权众筹融资项目还应当严格控制投资者的人数，否则就容易触及"非法集资"的红线。

与其他融资模式相比，我国股权众筹尚处于起步阶段，虽然发展空间很大，但股权众筹融资过程中所隐藏着巨大的法律风险，严重则可能构成非法吸收公众存款罪、集资诈骗罪、擅自发行股权票罪、欺诈发行股票罪，触犯刑事责任。15部委《实施方案》中也提出对发现涉嫌非法发行股票或非法从事证券活动的，按照打击非法证券活动工作机制予以查处。发现涉嫌非法集资的，按照处置非法集资工作机制予以查处。发现存在虚假陈述或误导性宣传行为的，依照相关法律法规进行处理。发现发布的网络信息内容违反相关规定的，按照互联网信息管理规定予以处理。发现挪用或占用投资者资金、欺诈发行等涉嫌犯罪行为的，依法追究刑事责任。

合规攻略

攻略 36：股权融资谈判策略及分歧管控

私募股权基金，尤其是外资私募股权基金经过长期的发展，早已在股权投资中积累了相当丰富的运用投资协议条款的经验。而我国中小创业企业的创始人往往对这些协议条款并不熟悉，没有专门的融资部门和专业人才从事这方面的研究，造成很多融资的企业在签署投资协议时盲目和不谨慎，产生一定法律风险。前些年因触发某些关键投资条款而失去公司控制权的案例就是惨痛的教训。因此，企业在融资时有必要聘请专业律师作为智囊提供帮助。

在签署正式的投资协议之前，私募基金常常会与融资企业先签订一份投资意向书，声明除了保密和独家锁定期条款外，其他均无法律约束力。投资意向书中通常已具备了投资协议的核心商业条款，里面会约定投资估值、反摊薄权利、优先认购权、共同出售权、回购权、管理层锁定、董事会席位分配、业绩对赌等条款。尽管这些约定此时并无法律效力，但是一般会直接套入投资协议中。因此，律师应在签署投资意向书之前就参与谈判，对条款进行斟酌审核，以帮助融资企业维护自身合法权益。

由于投资方和融资方的出发点和利益不同，双方对投资协议重要条款产生分歧是十分正常的。投资协议谈判过程永远是投融资双方斗智斗勇、有进有退、有攻有守的过程。融资方为了成功拿到融资，做出适当的妥协和让步是在所难免的，但是对于影响创始人重大核心利益的条款也需要深思熟虑，避免给未来的经营和发展埋下隐患。

融资谈判发生重大分歧时，可在如下原则的基础上求同存异、管控分歧：

原则一：诚实守信，坦诚相待，多做换位思考。创始人要多考虑投资人的重大关切，坦诚面对每个问题，与投资人沟通摆出自己的困难，共同寻求合理的解决方案。例如，投资协议中一般会有创始团队保证条款，要求创始人保证陈述真实、准确、完整，信息披露义务，竞业限制义务，不侵占挪用公司财产等约束条款，创始人对此应予充分尊重和理解。

原则二：投资人和创始人应共担经营风险。融资并不仅仅是获取资金、谋取眼前利益，更重要的是找一个给企业带来更多资源、支持企业发展的长期合作伙伴，共担风险，实现共赢。特别是对赌条款的设计，应坚持双方利益共享、风险共担的原则，不能一方只享受收益，不承担风险。

原则三：以有利于公司的发展为出发点，保持创始人的控制权和公司经营的独立性。投资人的一票否决权等条款不应影响公司的经营自主权和未来融资选择权。

原则四：善于抓大放小。虽然投资协议条款清单中有很多重要条款，但也有诸多条款是标准化的，对于这种条款不要浪费时间，更不要斤斤计较，而是应该重点关注与自己切身利益息息相关的重要事项或投资人特别提出的一些要求。

攻略37：避免融资对赌条款引发的败局

近些年，因对赌失败导致创始人失去公司控制权、背负巨额债务出局的案例屡见不鲜，如陈晓对赌失败丢掉了"永乐电器"，李途纯对赌失败断送了"太子奶"，甘肃世恒对赌失败背负巨额担保债务。如何避免对赌条款引发的败局呢？

（1）合理设定对赌的评判标准。对于融资方的企业管理层来说，全面分析企业综合实力，设定有把握的对赌标准，是维护自己利益的关键。企业管理层除了准确判断企业自身的发展状况外，还必须对整个行业的发展态势，如行业情况、竞争者情况、核心竞争力等方面有良好的把握，才能在与机构投资者的谈判中掌握主动。

（2）建议加入双向对赌的条款，即约定若企业未来的盈利能力达到预先设定的目标，则融资方可以获得一定的奖励，以保障当公司业绩超过预期目标时创始人的努力得到肯定。对赌协议实质上是资本市场上的一种制度安排，是带有附加条件的企业内在价值评估方式。公司未来的业绩表现是投资方关注的重点，最能体现企业内在价值的是股权价值，而股权价值很大程度上依赖于企业未来的业绩。所以创始人不应担心提出双向对赌会吓走投资人。

（3）精心设计和协商协议条款，要注意推敲对方的风险规避条款。企业需要有效估计企业真实的增长潜力，合理设置对赌筹码，确定恰当的期权行权价格。必要时应聘请专业律师对对赌条款进行认真推敲，避免合同条款出现重大陷阱。

攻略 38：股权融资中的创始人连带责任条款

在股权融资协议中，回购权条款、反稀释条款、清算优先权条款、创始人承诺保证条款都可频频看到创始人连带责任的字样。在一份股权融资协议中，任何约定标的公司向投资方负有赔偿或支付义务的条款中，都存在绑上创始人全副身家的可能性。所以这就需要创始人认真对待股权融资协议，仔细斟酌其中的约定。

创始人连带责任形态可分为两种："补充连带责任"和"一般连带责任"。所谓的一般连带责任，是指各责任人之间不分主次。体现在股权融资协议中则是不论公司是否履行赔偿或支付义务，投资人均可直接要求创始人履行全部支付义务，这是最严苛的一种约定。从投资人的角度来说是最能够保障其利益的约定，但从创始人的角度来说，该类约定往往会让创始人承担极大的责任。

在实践中，特别是初创公司融资的过程中，投资人往往在谈判中处于优势地位，创始人通常无法说服投资方去掉此类约定，但同时又需要促成本次交易。在此类情况下，我们建议创始人可以退一步，将本条稍加改动，变成"补充连带责任"。以反稀释条款为例，"在未来低价融资发生后，标的公司以现金方式补偿投资方估值调整后的差价，创始股东对此支付义务承担连带责任"，我们可以将条款修改为"在未来低价融资发生后，标的公司以现金方式补偿投资方估值调整后的差价，如公司财产无法履行上述全部支付义务，则创始股东对剩余部分承担连带责任"。

补充连带责任的意义就在于，给了创始人多一条抗辩理由：如标的公司尚有财产可用于支付，则无法触发自己的连带责任。相较一般保证而言，这是一个更加折中的解决方案，在实践中，多数投资人考虑到标的公司长远发展也会考虑适当免除公司的某些支付义务，有了标的公司资产挡在前面，创始人本人直接承担责任的风险就小了很多。

为了减少自身的风险，创始人可以要求限制赔偿责任的范围，如为陈述和保证设置有效期限、设置赔偿责任上限、设置起赔额等。就创始人的个人赔偿责任，创始人也可以要求以其持有的公司股权/股权价值为限。

攻略39：深度剖析"一票否决权"的设置

关于 ofo 的溃败，腾讯创始人马化腾曾在朋友圈点评指出，真正原因可能在于"一个 Veto Right"（一票否决权）。据媒体报道，ofo 的几次重大融资或并购决策时，持有一票否决权的股东们从各自的利益而非从 ofo 的利益角度出发进行权衡，导致 ofo 的数次股权融资和并购计划纷纷以失败告终。由于重大融资并购流产，ofo 陷入债务困境。

一票否决权（Veto Right）在股权融资文件中也会被称为"保护性条款"。常表现为，公司的某些重大事项须经某些股东（或其委派的董事）的同意。投资人以高估值投资进入创业公司，却在股权比例对应的投票话语权上处于弱势，很难通过手中的投票权来有效捍卫自己的利益。因此，从投资安全性角度考虑，希望借助 Veto Right 这类法律机制对自身利益进行叠加保护。

一票否决权是公司治理中的一种议事规则，是股权布局中对控制权安排的一种方法。一票否决权作为一种工具无所谓对错，也绝非洪水猛兽，不能一概拒绝，创始人是否应该给投资人一票否决权，取决于投资阶段、股权比例等多种因素。要合理设置一票否决权并确保有效性，可参考如下建议：

（1）在不违反法律法规强制性规定的前提下，可以按照股东意思自治原则设置一票否决权，但仅限于有限责任公司。股份有限公司是开放式公司，需要更注重保护公众利益，《公司法》不允许股东就股份公司的董事会表决方式自主约定，不能在股份公司董事会设置"一票否决权"。

（2）实务中，可能出现股权融资协议存在一票否决权条款，但因为遗漏或工商登记限制的原因，导致在目标公司章程中并不存在相关规定，甚至可能出现股权融资协议与公司章程相冲突的情形，从而在投资人要求行使一票否决权时产生争议和纠纷。因此，应尽量确保股权融资协议与公司章程的一致性，并在章程中增加类似于"章程未约定事宜，股东可以另行书面约定"的准用性兜底条款。

（3）一票否决权应限于重大事项，创始人可合理限制缩小投资人的一票否决权范围，对于早期的投资人建议不要轻易给予一票否决权。

（4）一票否决权作为一种特殊权利安排与上市公司治理所要求的"规范运行"存在冲突，因此，拟上市公司及其股东间存在的特殊权利安排一直是 A 股 IPO 审核的红线和禁区，证监部门对此有比较明确的否定态度。因此，一票否决权条款在目标企业 IPO 申报前应予清理。

攻略 40：创始人在融资中保持控制权的策略

在创业的江湖上，企业创始人和资本方控制权之争不断上演。在企业的成长过程中，企业创始人会不断地通过增资扩股引入外部资本，以获取发展所需的资金。当企业股权逐渐分散，就容易出现创始人控制权旁落的败局。当持有股权比例不足以与外来投资者股权抗衡时，创始人需要考虑如下策略保护其控制权：

　　股东会层面，创始人可通过创新制度设计，将股权与表决权分离，并将表决权集中，实现表决权控制。目前来说，创始人有效集中表决权的方式有股票权委托、一致行动协议、有限合伙实体和员工持股实体等持股平台以及境外的"双层股权结构"等形式。

　　董事会层面，创始人可以通过董事会成员任免权、对公司重大事项否决权等方式加强自己在董事会的影响力，取得在董事会的控制地位。

　　除此之外，创始人还可以通过对法定代表人、公章、营业执照、公司印鉴等进行控制，以实现对公司经营权的控制。

第二节　债权融资

债权融资，是指企业通过借贷的方式进行融资。比如常见的银行贷款、公司债券、信托贷款、企业间借贷、金融租赁、银行保理、内部筹措等。近年来，由于国内企业融资手段和渠道相对单一，特别是对于一些中小企业而言，通过民间借贷的方式融资已成为其重要发展手段。但由于企业资金需求较大，其借款方式、范围极容易超出法律允许的界限，稍有不慎就会深陷非法集资犯罪的深渊。

一、贷款融资合规

银行贷款是企业融资的重要来源。在经济下行压力较大、局部金融风险逐步显现的经济背景下，企业一旦因各种原因造成清偿能力欠缺时，将会带来贷款违约风险。具体如下：

1. 贷款费用风险。无论企业贷款的目的如何，都必然发生贷款费用，主要表现为借款人各种利息费用。

2. 企业违约风险。贷款到期时，如无后续资金，此类企业将会出现违约风险，沉重的信贷债务和违约责任也会给企业带来极为不利的影响。

3. 关联企业互保、连环担保问题突出，放大了系统性风险。特别在经济下行、行业疲软的背景下，潜在的系统性风险较大，形成一荣俱荣、一损俱损的局面。

4. 企业家个人生活受到影响的风险。

创始团队通过企业进行贷款融资时，为了获取资金，往往将自己的全部身家押上，一旦出现清偿不能，将给企业家本人和家庭带来巨大的法律风险。

5. 构成刑事犯罪的风险

企业贷款过程中如果提供虚假资料，不仅需要承担民事责任，还有可能构成骗取贷款罪和贷款诈骗罪，企业相关人员面临巨大法律风险。

二、民间借贷融资合规

（一）民间借贷融资

民间借贷是企业通过与银行等金融机构以外的具有富余资金的企业或自然人等主体签订借款合同获取资金的一种方式。对于企业而言，向亲戚朋友借款、向公司员工借款、向非金融企业借款、通过 P2P 网络借款平台借款都属于民间借贷范畴。

根据 2015 年 9 月 1 日起实施的《最高人民法院关于审理民间借贷案件适用法律若干问题的规定》（以下简称《民间借贷司法解释》）第 11 条规定，法人之间、其他组织之间以及它们相互之间为生产、经营需要订立的民间借贷合同，除存在《合同法》第 52 条、《民间借贷司法解释》第 14 条规定的情形外的民间借贷合同都受法律保护。

司法解释为企业从民间融资的借贷双方提供了法律保障，有利于缓解企业"融资难""融资贵"的现状，企业间因经营需要可拆借资金，但不能专业放贷，也不能套取金融机构信贷资金又高利转贷给其他企业。法律只保护企业因生产经营急需偶然为之的借贷，不允许以经常放贷为主要业务，或者以此作为其主要收入来源，防止企业未经金融监管部门批准从事专门放贷业务从而造成金融市场秩序紊乱。

（二）民间借贷的合规风险

1. 民间借贷不得违反法律法规规定的禁止性规定

目前法律禁止性规定主要体现在《合同法》第 52 条和《民间借贷司法解释》。

《合同法》第 52 条是有关合同无效的法定情形。在下列情形下，合同无效：

（1）一方以欺诈、胁迫的手段订立合同，损害国家利益；

（2）恶意串通，损害国家、集体或者第三人利益；

（3）以合法形式掩盖非法目的；

（4）损害社会公共利益；

（5）违反法律、行政法规的强制性规定。

《民间借贷规定》第 14 条规定的合同无效情形包括：

（1）套取金融机构信贷资金又高利转贷给借款人，且借款人事先知道或者应当知道的；

（2）以向其他企业借贷或者向本单位职工集资取得的资金又转贷给借款人牟利，且借款人事先知道或者应当知道的；

（3）出借人事先知道或者应当知道借款人借款用于违法犯罪活动仍然提供借款的；

（4）违背社会公序良俗的；

（5）其他违反法律、行政法规效力性强制性规定的。

需要指出的是，《民间借贷司法解释》虽然对企业之间为生产经营需要进行的资金拆借不再一律认定为无效，但企业如果以贷款牟利为常业仍然是违反《合同法》《商业银行法》和《贷款通则》等法律法规的强制性规定的，仍然是无效的。

2. 民间借贷时利息不得预先在本金中扣除

借贷双方签署借贷合同，如约定借款 100 万元，但出借人在放款时只向借款人支付了 90 万元，10 万元扣下预先作为利息，这种情况在民间借贷中十分常见，俗称"砍头息"。这种预先扣除利息的做法很难获得法院认可，如果利息已在本金中扣除，法院通常会认定实际出借金额为本金。

3. 企业间借贷的利率约定要符合《民间借贷司法解释》的利率要求，遵循"两区三线"规则

根据该规定第 26 条，民间借贷利率的规定有三个层面：其一，人民法院支持出借人请求借款人按照借贷双方约定的利率未超过年利率 24% 的支付利息；其二，约定利率超过年利率 36%，超过部分的利息约定无效；其三，约定 24%—36% 这一部分，法院不保护，但当事人愿意自动履行，法院也不反对，当事人要求返还已付这部分利息，法院不予支持。

出借人与借款人既约定了逾期利率，又约定了违约金或者其他费用的，出借人可以选择主张逾期利息、违约金或者其他费用，也可以一并主张，但总计超过年利率 24% 的部分，人民法院不予支持。

4. 民间借贷的刑事犯罪风险

企业民间融资一般属于民事法律领域的范畴，但在特定情况下有可能

构成刑事犯罪。除了企业被处罚金外，企业的法定代表人和直接负责的相关人员需要承担刑事责任。企业之间的借贷主要涉及的罪名有非法集资和非法吸收公众存款罪。

5. 网络融资的法律风险

根据《民间借贷司法解释》第22条的规定，通过网络平台为借贷双方提供媒介服务受法律保护。网络平台具有方便、快捷的特点，使拥有闲散资金的人和中小企业能更加方便地结合，但网络借贷平台相关法律制度不完善，网络借贷信用评价体系不完善，网贷平台资信状况参差不齐，缺乏政府监管，存在巨大法律风险。

合规攻略

攻略41：银行贷款融资的风险控制

为防范贷款清偿不能的风险，创业公司应当合理评估企业当前的融资需求，贷款中严格遵循银行贷款程序规定，如实提供贷款材料，避免盲目举债，陷入清偿不能的债务危机。

办理贷款时，应"贷比三家"，选准贷款银行，减少因贷款高息而造成负债增大的法律风险；在向金融机构借款过程中，一定要关注和弄清不同贷款方式下的利率价差，如果条件允许，应锁定利率较低的贷款方式。在贷款期限问题上，尽力确定资金需求期限，避免因贷款期限选择不当而支付高额利息或其他可能风险。另外，签署贷款协议时，需要谨慎落签贷款协议，避免无条件接受银行"不平等"条件，加大息费成本。

此外，办理贷款时不要为了融资采取虚假证明文件等方式骗取银行贷款，由此而引发骗取贷款、票据承兑、金融票证罪、高利转贷罪、合同诈骗罪等刑事法律风险。

攻略42：避免企业间借贷融资爆雷

企业间借贷属于广义的民间借贷，《民间借贷司法解释》对企业间借贷的效力原则上给予肯定，对企业间借贷松了绑，但并不意味着企业已经可以肆无忌惮地进行资金融通，以借贷为常业赚取高额利息的民间借贷合同仍将被法院认定为无效，并且会受到金融监管机构的严厉打击。同时，企业间借贷更需要防范金融票据诈骗、合同诈骗和非法集资的刑事犯罪的法律风险。因此企业间借贷融资应规范操作，避免因企业间借贷融资爆雷：

（1）企业在融资过程中不能有不实陈述、提供虚假资料、编造不存在借款用途等做法。融资资金要用在生产经营上，即便经营亏损或资金周转困难，不能及时兑付本息引发纠纷，一般也只会限于民事责任，不会引发刑事法律风险。

（2）企业需考虑自己的偿还能力进行企业间借贷。企业家要根据自身固定资产、经济收入等情况，判断融资额度，以免过度举债，而陷入清偿不能的困境，这不仅会给创业公司带来资金链的压力，甚至会让企业资不抵债、濒临破产，也会使创始人个人陷入四面楚歌的困境。

（3）借款时要签署规范的借款协议。出借人必须与借款人订立书面的借款协议，载明借贷双方的姓名、借款种类、币种、数额、时间、期限、用途、利率、还款方式、保证人和违约责任等条款，签字盖章，双方各执一份。条款表述要清楚明确，没有歧义。已签署的合同要妥善保存，以避免将来发生争议。

（4）借款约定利率要合法。借贷双方可以根据借款的用途及其收益，共同约定一个合理的利率，且利率的范围应遵守《民间借贷规定》的24%与36%的两区三线规则。

（5）凡是打借条的，在归还借款时一定要把借条收回，或让对方出具收条。

第五章

公司财税合规

　　财税合规问题最容易给企业带来致命伤害，同时也最容易被创始人忽略。几乎多数初创企业都多少存在如下财税硬伤：公司设立出资重大瑕疵、不完全纳税的商业模式、公司两套账、资金往来混乱无序、现金收支缺乏管理、不规范的税务处理，等等。对创始人来讲，每一个不规范的财务处理背后，都是艰辛创业路上的一个坎。千里之堤，毁于蚁穴。创始人在推动公司业务发展的同时，必须时刻关注财税事宜，定期进行财税健康检查，预先知晓风险。

第一节　公司财务管理

企业财务管理就是对企业资金运动的管理，也即如何管好财务，达到收支平衡，让企业始终有充足的资金流，并且不断带来效益。财务管理是企业最后一道合规防线。建立完善的财务管理制度和内控体系，充分发挥财务的监督和控制作用，可以杜绝违规经营行为，降低违规成本，避免监管处罚和财产损失。

一、依法设置会计账簿、配备会计人员

财会制度是一个企业健康发展与持续经营的重要制度。如果缺乏健全的财会制度和必要的法律保障手段，就很容易造成管理失控、资金流失。

《会计法》规定，各单位必须依法设置会计账簿，并保证其真实、完整，不得以虚假的经济业务事项或资料进行会计核算，同时由单位负责人对本单位的会计工作和会计资料的真实性、完整性负责。故会计核算必须真实、完整、规范、合法。

企业做账建账包括填制会计凭证、登记会计账簿、编制财务会计报告等工作。企业结合自身实际情况，可以设置会计机构或在有关机构中设置会计人员。一般情形下，初创型企业如果不具备设置会计机构的条件可以不设置，应当委托经批准设立从事会计代理记账业务的中介机构代理记账。需要注意，从事会计工作的人员必须取得会计从业资格证书。如设置会计机构，必须要配备具备相应资质的人员。

二、财务记账合规

财会记账就是根据审核无误的原始凭证（公司经营期间的所有收入、成本、费用、发票），按照国家统一会计制度，通过指定的记账法在账簿中序时地、分类地登记经济业务。

公司财务记账首先是公司管理需要，公司账务可以十分明确地反映实

际经营状况；其次是企业报税需要，税务要求一般纳税人必须建立规范的会计核算，准确核算进、销项税额，并且及时进行纳税申报；再次，《税收征收管理法》明确规定，公司必须在领取营业执照起15日内设立账簿。

企业要严格管理制度，加强对会计人员的管理，确保会计人员严格按照客观、公正的原则，帮助企业准确核算，建立账簿，并编制资产负债表、损益表、商品盘点表等财务报表。企业的销货收入，不论是存款还是现金，必须坚持按日清点，登记收入明细账，月终清结，凭此向税务机关申报纳税。

《会计法》第13条第3款规定，任何单位和个人不得伪造、变造会计凭证、会计账簿及其他会计资料，不得提供虚假的财务会计报告。第43条规定，伪造、变造会计凭证、会计资料，编制虚假财务会讣报告，构成犯罪的，依法追究刑事责任。有的企业忽视原始凭证的取得、填制以及审核管理，导致出现不合规格的凭证，例如伪造、变造甚至隐匿会计凭证。还有的企业为逃避税收，不根据法律、法规的要求设置会计账簿，或者私设账目甚至做出完全虚假的账目，以此来隐瞒收入或者虚报支出、转移资金。这些行为都会给企业及创始人带来重大合规风险。

《会计法》第4条规定，单位负责人对本单位的会计工作和会计资料的真实性、完整性负责。从单位负责人与会计人员之间对于本单位会计工作的职责划分来看，单位负责人是本单位会计工作的领导者和管理者，会计机构、会计人员是本单位会计工作的执行者和被管理者。单位的负责人一般是本单位的"一把手"和最高负责人，统管本单位所有的工作，包括会计工作。公司创始人属于单位负责人，而会计人员是做假账的直接执行者。所以，从上述法律条文可以看出，公司做假账，作为当事人的财务人员、主管领导或法定代表人均应对此承担法律责任。

三、会计资料保管合规

会计资料是指会计凭证、会计账簿和财务报告等会计核算专业材料，是记录和反映企业经济业务的重要史料和证据。作为企业财务收支及有关经营管理信息活动的载体，会计资料是评判企业信用情况的重要资料。会计资料的真实性、完整性直接关系到股东、债权人利益，也间接影响到国家宏观经济决策和资源调配的有效性。

基于会计资料的重要性，《会计法》和《会计档案管理办法》均要求企业对会计凭证、会计账簿、财务会计报告和其他会计资料建立会计档案的立卷、归档、保管、查阅和销毁等管理制度，保证会计档案妥善保管、有序存放、方便查阅，严防毁损、散失和泄密。

会计档案的保管期应当符合法定保管期限。会计档案的保管期限分为永久和定期两类。其中，月季度财务报告需要保管 3 年；银行余额调节表、银行对账单保管 5 年；原始凭证、记账凭证、汇总凭证、总账、明细账、日记账、辅助账簿、会计移交清册等保管 15 年；现金和银行存款日记账保管 25 年；年度财务报告、会计档案保管清册、会计档案销毁清册永久保管。

会计资料的销毁涉及会计资料的完整性，必须遵守法定程序。一般来讲，保管期届满的会计档案可以依法进行销毁。销毁会计档案时，应当由档案人员和会计人员共同监督销毁。在销毁会计档案之前，应当按照会计档案销毁清册所列内容清点核对所有销毁的会计档案，在销毁后，需在会计档销毁清册上签名盖章，并向企业负责人报告监督销毁情况。需要注意的是，对于保管期满但还涉及未结清债权债务的原始凭证和涉及其他未了事项的原始凭证不得销毁。

国家对于实施隐匿、销毁会计资料的企业或个人，根据违法行为严重程度不同，可依法追究行为人行政责任甚至刑事责任。依据《会计法》的规定，对违法行为人的行为可由县级以上人民政府予以通报，并对企业并处 5000 元以上 10 万元以下的罚款；对企业直接负责的主管人员和其他直接责任人员可以处 3000 元以上 5 万元以下的罚款。

根据《刑法》规定，隐匿或者故意销毁依法应当保存的会计凭证、会计账簿、财务会计报告，情节严重的，处五年以下有期徒刑或拘役，并处或单处 2 万元以上 20 万元以下罚金。单位犯前款罪的，对单位判处罚金，并对其直接负责的主管人员和其他责任人员，依照前款的规定处罚。根据相关司法解释规定，隐匿、销毁会计资料涉及金额在 50 万元以上的或为逃避依法查处而隐匿、销毁或者拒不交出会计资料的，属于情节严重的情形，应当追究刑事责任。

四、公司印章管理

公司设立后需要刻制印章的，应当凭市场监督管理部门核发的营业执照，向公安部门提出申请，经公安部门审批同意后，发给公章刻制证明，公司在规定的期限内到经营公章刻制业务的单位刻制印章。

印章在公司各项经营活动中发挥巨大作用。印章在使用形式上代表公司或法人的意志，因此印章的不当使用会给公司带来潜在的风险和损失。因此，企业应根据印章类别进行严格管理。

（1）公章：公司效力最大的一枚章，是法人权利的象征；凡是以公司名义发出的信函、公文、合同、介绍信、证明或其他公司材料均可使用公章。一般来说，公章的掌管者应该是公司创始人或其最信任的人，例如：董事长或总经理，或其指定的行政主管。

（2）财务章：通常与银行打交道的时候会用到，比如银行的各种凭据、汇款单、支票的用印。另外，也会用于财务往来的结算等。一般由企业的财务人员管理，可以是财务主管或出纳等。

（3）合同专用章：公司对外签订合同时使用，可以在签约的范围内代表公司，在合同上加盖合同专用章，公司需承受由此产生的权利义务。一般来说，创业初期也可以直接用公章盖合同，减少一枚公章可以减少风险（比如遗失、公章私用等）。合同专用章保管者可以是公司法务人员、财务部门或行政部门等。

（4）发票专用章：公司在购买和开发票时，需要加盖发票章才生效。印章印模里含有其公司单位名称、发票专用章字样、税务登记号。

（5）法定代表人名章：法人章主要用于公司有关决议，以及银行有关事务办理的时候用。保管者一般是法定代表人自己，也有让公司财务部门出纳人员管理的情况。

由于公司各种印章的权限不一，并可直接带来一定法律后果，因此所有文件加盖印章都必须得到重视。公司印章的保管，应实行印章专人保管、负责人印章与财务专用章分管的制度，并严格执行保管人交接制度。员工因工作需要使用各类印章时，必须提前办理审批及登记手续。对需要重新刻制的印章，应当报请公司管理层依照制度审批，并做好旧章作废、新章启用手续，并建议登报公告，以作为日后变更作废的依据。

如公司有多个联合创始人，合伙人极易就公司管理权限分配产生分歧，出现"章章大战""人章大战"等情况，导致公司僵局。公司应就各种印章的保管制定相应管理制度。

合规攻略

攻略 43：筑牢财务合规防线

财务管理是企业合规管理的重要防线。财务管理渗透在企业的每一个经营管理环节中，企业所有的经营活动最终都会反映在财务数据上，这些数据能够暴露出企业经营管理的漏洞和薄弱环节，为防范经营风险提示预警。财务管理是检验企业管理合理性和规范性最有效的工具。因此，好的企业都需要大力加强财务制度和财务管理流程的建设。

财务管理需要保证必要的成本投入。不要为了节省费用，减少财务人员的配置，避免出现会计兼任出纳、出纳管钱、管印鉴、公章、财务章等不合规的行为。还有，对财务人员必须进行法律合规风险的岗前培训，在员工手册里特别规定财务人员的在岗行为，从法律上明确财务人员违反财务制度的后果，让财务人员从上岗开始就要从心理上对财务岗的工作职责高度重视。

严格管理制度，加强对会计人员的管理。确保会计人员严格按照客观、公正的原则，帮助企业准确核算，建立账簿，并编制资产负债表、损益表、商品盘点表等财务报表。应建立财务监督检查制度，聘请财务顾问对企业的财务状况每年开展不定期的检查，年终进行财务审计。

此外，还可与财务人员签订内部协议，规定财务人员在公司不知情的情况下出现业务上的违法行为，财务人员的赔偿责任等风险防范措施，从而对财务人员的行为进行法律的约束和规范。

攻略 44：应收账款的管理与风险控制

创业公司在交易和合同履行中，出现欠款的情况是常见的。应收账款是企业向产品购买方或接受劳务方采取赊销的方式销售产品或提供劳务，从而产生的一项债权性资产。简单说，就是做完了服务、提供了产品，对方没给钱，但是承诺会还的那一部分。根据会计准则，在权责发生制下，由于企业应收账款的大量存在，虚增了账面上的利润，所以一定程度上会夸大企业的经营成果；同时，企业还需要用自有的流动资金来垫付各种税金和各种费用，反倒加速了企业的现金流出。当前企业利润普遍微薄，当应收账款占较大比例时，足以影响公司的正常经营，甚至影响到公司的生死存亡。

如何控制、管理好应收账款并防范公司坏账风险呢？

第一，做好记账。要记好客户的名称，以及往期的信用，为企业管理好应收账款提供相关的信息，及时和完整地提供客户信用状况，以便制定合理的要账策略。

第二，做好对账单。对账单是日后出现坏账时，证明对方欠款的重要证据之一，在制作上需要严格要求，对对账金额要有清晰的计算依据，对账单应加盖公司公章以保证其具有法律效力。

第三，要及时催款。最常见的催款方式是催款函，催款函不仅可以起到督促还款的作用，也是在法庭上证明欠款事实的证据之一。依《民法总则》的规定，欠款的普通诉讼时效为三年，若通过催款函进行过催收，则诉讼时效发生中断，诉讼时效从对方收取催款函之日起重新起算，起到延续诉讼时效的作用。催款函邮寄后，应将催款函复印件及快递底单留底，同时打印对方的签收情况，以便日后起诉时提交证据。

第四，做好坏账处理。企业对坏账的处理有直接核销法和备抵法两种，比较而言，备抵法更符合配比原则与谨慎性原则，因而在创业公司更加受到青睐。坏账核销时，应准确地判断是否为坏账，坏账的核销至少应经两人之手。准确地判断坏账及其多寡并不是一件容易的事情，而两人以上的经手为防止舞弊提供可能。在应收账款明细账中应清晰地记载坏账的核销，对已核销的坏账仍要进行专门的管理，只要债务人不是死亡或破产，只要还有一线希望都不能放弃。对已核销的坏账又重新收回要进行严格的会计处理，先做重现应收账款的会计分录，后做收款的会计处理。

攻略 45：警惕公章被伪造的陷阱

根据《最高人民法院关于在审理经济纠纷案件中涉及经济犯罪嫌疑若干问题的规定》第 5 条规定，行为人盗窃、盗用单位的公章、业务介绍信、盖有公章的空白合同书，或者私刻单位的公章签订的合同，应当被认定为无效。伪造企业印章的个人应当承担刑事责任，但企业则应根据被伪造印章行为中的过错程度来对外承担相应的赔偿责任。

对于企业印章是否被他人伪造，应当由企业来举证证实。但在实践中，企业为了方便，备存多个印章的现象普遍存在，只有在行为人没有制作企业印章权限的情况下，冒用企业名义，非法制作企业印章的行为，才构成伪造企业印章罪。因此，并非说与企业备案的印章不一致的印章都会被认定为伪造。所以为防止被伪造公章产生的法律风险，企业应当做好如下措施：

（1）企业刻制印章前应当向公安部门申请备案，并刻制带有防伪标志的印章。

（2）完善内部印章保管、使用规章制度，做到印章专人保管和每次用章登记，通过核对文件上的印章是否在登记台账之内，来鉴别伪造公章。

（3）避免一章多刻。公司只有一枚公章，将会大大降低鉴别伪造公章的难度。若公司存在多枚印章的情形，应当保留对外公开使用的记录，而伪造的印章通常不会在多处公开使用。

（4）签署法律文件时，尽量采取"印章＋签名"的方式签订合同，增加防伪程度。

（5）企业更换印章并销毁旧印章的，应当做好旧印章、印鉴的存档和启用新印章的公示，防止造假者以假印章代替旧印章。

（6）若发现印章被伪造，应当及时向公安机关报案，依法追究伪造人的法律责任，防止损害结果的扩大。

第二节 公司税务管理

随着金税三期系统的上线，税收系统的征管数据实现了进一步的整合，税务部门已经可以实现全税种纳税信息的对比分析，日常监管评估或大数据的风险指标对比也将常态化进行。国地税机构合并后，税务稽查工作统一选案、统一检查、统一审理、统一执行，全税种、全业务的风险应对模式，令税务稽查更全面、更高效。面对越来越严格的税务管理环境，企业不能再抱侥幸心理，强化税务合规管理势在必行。

一、税务管理程序环节

依法纳税是每个公民应尽的法律义务，作为创业者更不例外。创业者作为纳税人应该依法纳税，依法纳税的前提是办理税务登记，创业者在依法办理税务登记后按照有关法律法规的规定设置账簿，根据合法、有效凭证记账，进行核算，并在法定的期限内办理税务申报及缴纳税款。

（一）税务登记

税务登记是指纳税人依据法律法规的要求，向税务主管部门申请登记并接受税务主管部门纳税监管的一种法律制度。税务登记包括税务开业登记、税务变更登记和税务注销登记几种类型。按照我国《税务登记管理办法》的规定，从事生产、经营的纳税人领取工商营业执照的，应当自领取工商营业执照之日起三十日内申报办理税务登记，取得税务登记证。为鼓励"大众创业，万众创新"，建立程序更为便利、内容更为完善、流程更为优化、资源更为集约的市场准入模式，国家相继出台了"三证合一""五证合一""两证整合"的政策和措施，全面推行"一照一码"登记模式。登记制度改革并非将税务登记取消了，税务登记的法律地位仍然存在，只是政府简政放权，将此环节改为由市场监督管理部门一口受理，核发一个加载法人和其他组织统一社会信用代码的营业执照。企业在发生应税行为需要办理涉税事项时，可以持"一照"在其住所地任一国税局办税服务厅办理信息补录、核定税种及划分主管税务机关等报到业务。当企业近期无应税行为发生、不用进行纳税申报或申领（代开）发票时，可暂不办理国税报到事宜。

（二）发票管理

发票是指在购销商品、提供或者接受服务以及从事其他经营活动中，开具、收取的收付款凭证。企业应当按照规定开具、使用、取得发票。

1.依法领购发票

发票是重要的财务会计凭证。企业应根据经营需要依法领购发票。需要领购发票的单位和个人，应当持税务登记证件、经办人身份证明、按照国务院税务主管部门规定式样制作的发票专用章的印模，向税务机关办理发票领购手续。主管税务机关根据领购单位和个人的经营范围和规模，确认领购发票的种类、数量以及领购方式，在5个工作日内发给发票领购簿。

单位和个人领购发票时，应当按照税务机关的规定报告发票使用情况，税务机关应当按照规定进行查验。

2.依法开具、取得、使用发票

企业在销售商品、提供服务及对外发生经营活动收取款项时，应当向付款方开具发票；在购买商品、接受服务以及从事经营活动支付款项时，应当向收款方取得发票。

开具发票时，应当按照规定的时限、顺序、栏目全部联次一次性如实开具，并加盖发票专用章。取得发票时，不得要求变更品名和金额。不符合规定的发票，不得作为财务报销凭证，任何单位和个人都有权拒收。

使用电子计算机开具发票，须经主管税务机关批准，并使用税务机关统一监制的机外发票，开具后的存根联应当按顺序装订成册。任何单位和个人不得转借、转让、代开发票；未经税务机关批准，不得拆本使用发票；不得自行扩大专业发票使用范围。禁止倒买倒卖发票、发票监制章和发票防伪专用品。

发票限于领购单位和个人在本省、自治区、直辖市内开具。任何单位和个人未经批准，不得跨规定的使用区域携带、邮寄、运输空白发票。禁止携带、邮寄或者运输空白发票出入境。开具发票的单位和个人应当建立发票使用登记制度，设置发票登记簿，并定期向主管税务机关报告发票使用情况。开具发票的单位和个人应当在办理变更或注销税务登记的同时，办理发票和发票领购簿的变更、缴销手续。

3.依法保管发票、接受发票检查

开具发票的单位和个人应当按照税务机关的规定存放和保管发票，不得擅自损毁。已经开具的发票存根联和发票登记簿，应当保存 5 年。保存期满，报经税务机关查验后销毁。

此外，使用发票的单位和个人，有义务配合接受税务机关依法检查，如实反映情况，提供有关资料，不得拒绝、隐瞒。税务机关在发票管理中有权进行下列检查：检查印制、领购、开具、取得和保管发票的情况；调出发票查验；查阅、复制与发票有关的凭证、资料；向当事各方询问与发票有关的问题和情况；查处发票案件时，对与案件有关的情况和资料，可以记录、录音、录像、照相和复制。

（三）纳税申报、缴纳管理

1.依法纳税申报

纳税人必须依照法律、行政法规规定或者税务机关依照法律、行政法规的规定确定的申报期限、申报内容如实办理纳税申报，报送纳税申报表、财务会计报表以及税务机关根据实际要求纳税人报送的其他纳税资料。

扣缴义务人必须依照法律、行政法规规定或者税务机关依照法律、行政法规的规定确定的申报期限、申报内容如实报送代扣代缴、代收代缴税款报告表以及税务机关根据实际需要要求扣缴义务人报送的其他有关资料。

纳税人、扣缴义务人可以直接到税务机关办理纳税申报或者报送代扣代收代缴税款报告表，也可以按照规定采取邮寄、数据电文或者其他方式办理上述申报、报送事项。

纳税人、扣缴义务人不能按期办理纳税申报或者报送代扣代缴、代收代缴税款报告表的，经税务机关核准，可以延期申报。经核准延期办理规定的申报、报送事项的，应当在纳税期内按照上期实际缴纳的税额或者税务机关核定的税额预缴税款，并在核准的延期内办理税款结算。

2. 依法缴纳税款

纳税人、扣缴义务人按照法律、行政法规规定或者税务机关依照法律、行政法规的规定确定的期限，缴纳或者解缴（代为扣缴）税款。税务机关征收税款时，须给纳税人开具完税凭证。纳税人因有特殊困难，不能按期缴纳税款的，经省、自治区、直辖市国家税务局、地方税务局批准，可以延期缴纳税款，但最长不得超过 3 个月。

纳税人未按照规定期限缴纳税款的，扣缴义务人未按照规定的期限解缴税款的，税务机关除责令限期缴纳外，从滞纳税款之日起，按日加收滞纳税款万分之五的滞纳金。

二、税务管理的合规风险

（一）违反发票管理规定的合规风险

违反发票管理法规的行为，将面临严厉的行政处罚。我国《发票管理办法》规定了严格的违反发票管理行为的处罚办法。

有下列情形之一的，由税务机关责令改正，可处 1 万元以下的罚款，有违法所得的予以没收；应当开具而未开具发票，或者未按照规定的时限、顺序、栏目，全部联次一次性开具发票，或者未加盖发票专用章；使用税控装置开具发票，未按期向主管税务机关报送开具发票的数据；使用非税控电子器具开具发票，未将非税控电子器具使用的软件程序说明资料报主管税务机关备案，或者未按照规定保存、报送开具发票的数据的；拆本使用发票的；扩大发票使用范围的；以其他凭证代替发票使用的；跨规定区域开具发票的；未按照规定缴销发票的；未按照规定存放和保管发票的。

跨规定的使用区域携带、邮寄、运输空白发票，以及携带、邮寄或者运输空白发票入境的，丢失发票或者擅自损毁发票的，由税务机关责令改正，可以处 1 万元以下的罚款；情节严重的，处 1 万元以上 3 万元以下的罚款；有违法所得的予以没收。

虚开、非法代开发票的，由税务机关没收违法所得；虚开或代开金额在 1 万元以下的，可以并处 5 万元以下的罚款；虚开或代开金额超过 1 万元的，处 5 万元以上 50 万元以下的罚款；构成犯罪的，依法追究刑事责任。

私自印制、伪造、变造发票，非法制造发票防伪专用品，伪造发票监制章的，由税务机关没收违法所得，没收、销毁作案工具和非法物品，并处 1 万元以上 5 万元以下的罚款；情节严重的，并处 5 万元以上 50 万元以下的罚款；对印制发票的企业，可以并处吊销发票准印证；构成犯罪的，依法追究刑事责任。

有下列情形之一的，由税务机关处 1 万元以上 5 万元以下的罚款；情节严重的，处 5 万元以上 50 万元以下的罚款；有违法所得的予以没收：转借、转让、介绍他人转让发票、发票监制章和发票防伪专用品的；知道或者应当知道是私自印制、伪造、变造、非法取得或者废止的发票而受让、开具、存放、携带、邮寄、运输的。

对违反发票管理规定两次以上或者情节严重的单位和个人，税务机关可以向社会通告。

违反发票管理法规，导致其他单位或者个人未缴、少缴或者骗取税款的，由税务没收违法所得，可以并处未缴、少缴或者骗取的税款一倍以下的罚款。

（二）未依法纳税的合规风险

创业者在从事经营活动中应当严格依法纳税，若出现以下违法行为，有可能要承担由此带来的合规风险：

1.违反税务管理基本规定的风险

纳税人有下列行为之一的，由税务机关责令限期改正，可以处 2000 元以下的罚款；情节严重的，处 2000 元以上 1 万元以下的罚款：未按照规定的期限申报办理税务登记、变更或者注销登记的；未按照规定设置、保管账簿或者保管记账凭证和有关资料的；未按照规定将财务、会计制度或者财务、会计处理办法和会计核算软件报送税务机关备查的；未按规定将其全部银行账号向税务机关报告的；未按照规定安装、使用税控装置，或者损毁或者擅自改动税控装置的。

纳税人不办理税务登记的，由税务机关责令限期改正；逾期不改正的，经税务机关提请，由市场监督管理机关吊销其营业执照。

纳税人未按照规定使用税务登记证件，或者转借、涂改、损毁、买卖、伪造税务登记证件的，处 2000 元以上 1 万元以下的罚款；情节严重的，处 1 万元以上 5 万元以下的罚款。

2. 违反账簿、凭证管理规定的风险

扣缴义务人未按照规定设置、保管代扣代缴、代收代缴税款账簿或者保管代扣代缴、代收代缴税款记账凭证及有关资料的，由税务机关责令限期改正，可以处 2000 元以下的罚款；情节严重的，处 2000 元以上 5000 元以下的罚款。

3. 未按规定如期纳税申报的风险

纳税人未按照规定的期限办理纳税申报和报送纳税资料的，或者扣缴义务人未按照规定的期限向税务机关报送代扣代缴、代收代缴税款报告表和有关资料的，由税务机关责令限期改正，可以处 2000 元以下的罚款；情节严重的，可以处 2000 元以上 1 万元以下的罚款。

4. 偷税的风险

纳税人伪造、变造、隐匿、擅自销毁账簿、记账凭证，或者在账簿上多列支出或者不列、少列收入，或者经税务机关通知申报而拒不申报或者进行虚假的纳税申报，不缴或者少缴应纳税款的，是偷税。对纳税人偷税的，由税务机关追缴其不缴或者少缴的税款、滞纳金，并处不缴或者少缴的税款 50% 以上 5 倍以下的罚款；构成犯罪的，依法追究刑事责任。

扣缴义务人采取前款所列手段，不缴或者少缴已扣、已收税款，由税务机关追缴其不缴或者少缴的税款、滞纳金，并处不缴或者少缴的税款 50% 以上 5 倍以下的罚款；构成犯罪的，依法追究刑事责任。

5. 不申报、虚假申报的风险

纳税人、扣缴义务人编造虚假计税依据的，由税务机关责令限期改正，并处 5 万元以下的罚款。

纳税人不进行纳税申报，不缴或者少缴应纳税款的，由税务机关追缴其不缴或者少缴的税款、滞纳金，并处不缴或者少缴的税款 50% 以上 5 倍以下的罚款。

6. 逃避税款追缴的风险

纳税人欠缴应纳税款，采取转移或者隐匿财产的手段，妨碍税务机关追缴税款的，由税务机关追缴欠缴的税款、滞纳金，并处欠缴税款 50% 以上 5 倍以下的罚款；构成犯罪的，依法追究刑事责任。

7. 骗取出口退税的风险

以假报出口或者其他欺骗手段，骗取国家出口退税款的，由税务机关追缴其骗取的退税款，并处骗取税款 1 倍以上 5 倍以下的罚款；构成犯罪的，依法追究刑事责任。对骗取国家出口退税款的，税务机关可以在规定期间内停止为其办理出口退税。

8. 抗税的风险

以暴力、威胁方法拒不缴纳税款的，是抗税，除由税务机关追缴其拒缴的税款、滞纳金外，依法追究刑事责任。情节轻微，未构成犯罪的，由税务机关追缴其拒缴的税款、滞纳金，并处拒缴税款 1 倍以上 5 倍以下的罚款。

9. 不扣缴或少扣缴的风险

纳税人、扣缴义务人在规定期限内不缴或者少缴应纳或者应解缴的税款，经税务机关责令限期缴纳，逾期仍未缴纳的，税务机关除采取强制执行措施追缴其不缴或者少缴的税款外，可以处不缴或者少缴的税款 50% 以上 5 倍以下的罚款。

扣缴义务人应扣未扣、应收而不收税款的，由税务机关向纳税人追缴税款，扣缴义务人处应扣未扣、应收未收税款 50% 以上 3 倍以下的罚款。

10. 不配合税务检查的风险

纳税人、扣缴义务人逃避、拒绝或者其他方式阻挠税务机关检查的，由税务机关责令改正，可以处 1 万元以下的罚款，情节严重的，处 1 万元以上 5 万元以下的罚款。

合规攻略

攻略 46：企业"两套账"的合规化处理

企业两套账又叫内外账，一套账对内，给老板看，相对真实，叫内账；内账用财务数据反映经营情况，利用财务数据进行管理。一套账对外，叫外账；外账通常会采取少计收入，多计成本费用的方法来进行会计核算。

外账最主要的特点是，收入低，库存大，通过少计收入来少交增值税与企业所得税。典型的操作是，无票收入、私户转账。发生销售时，因为客户不需要发票，企业可以采取现金收款或要求客户转账到老板指定的个人账户的方式，"隐瞒"这笔收入。现在税务局已经联合银行开始监控老板个人账户了，通过私户大额资金收款即可发现隐瞒收入的线索。

两套账也有不为偷税而设，比如企业想融资，就通过外账做高收入与利润以吸引投资人。最典型的操作是虚增收入与成本费用不入账。虚增收入可以通过现金流与往来款进出发现。虚增收入如果涉及虚开发票，金税三期系统很容易发现。成本费用不入账，也可以通过其他应收款挂账诊断出来。

企业编制两套账的做法，是不符合我国《会计法》及税法规定的，会计人员承担着极大的风险。企业要想做大，避免财务违规风险，两账合一势在必行。

两账合一需要将所有信息重新统一为一套财务管理系统，进行统一的会计核算，完整真实地体现公司的各项业务。具体应注意以下几点：

（1）外账和内账都为不完整的账目，在最核心的销售、采购、生产方面应以仓库和生产线的 ERP 系统数据为基础，对外账缺失部分进行补充调整，相关销售采购往来款的差异部分确认为股东代收代付，最后的净额需要股东偿还或公司支付。

（2）两套账合一时预计产生的税负成本和股东还款要尽快处理。在合并后因补充确认的无票收入，确认的无票采购会产生的增值税、所得税需要尽快缴纳。

（3）通过存货盘点和固定资产盘点确定公司的核心资产数量及采购时间，按正确的核算方法确定资产清单，以事实为基础调整财务账目。

攻略 47：发票使用违规的涉税风险

按照我国"以票控税""以票控账"的税务管理体制，发票管理是企业财务工作的重中之重。金税三期上线后，实现了数据统一共享，税务监管部门能够清楚掌握发票相关的收入、成本、费用等数据。企业只有强化发票管理力度，确保票税合规，才能在最严稽查环境中安枕无忧。

经营者在交易时应有防范意识，仔细审核交易相对方销售业务的真实性、发票真伪、发票来源合法性、纳税人资格等。其中，交易发票的出票人必须是合同交易相对方，而不能是合同外的其他主体，否则涉嫌虚开发票。

交易时，经营者要尽量通过银行账户将货款汇至供货企业银行账户，如发现对方提供的银行账户与发票上注明的信息不符，就应当引起警惕。

经营者如果对取得的发票存有疑点，应当暂缓抵扣进项税金，及时向主管税务机关求助、查证。一般税务机关可以通过协查系统，向供货方企业所在地的税务机关发送协查函，请对方税务机关进行调查，落实发票的性质、来源和业务的真实性。在核实发票无误后，再进行抵扣。

企业在购进货物时要重视保存有关交易文件，一旦交易相对方故意隐瞒有关销售和开票真实情况，恶意提供增值税专用发票，经营者可依法追究交易相对方的法律责任。

攻略 48：合规税务筹划的常用方法

我国创业者财税知识基础普遍较为薄弱，很多企业想方设法少缴税，以降低经营成本，殊不知盲目的节税操作极易坠入税务犯罪陷阱。合理避税并不是偷税漏税，而是指在法律允许的情况下，以合法的手段和方式来达到"节税"的税收利益的经济行为。

常用的税务筹划方法有：

（1）利用优惠政策。这是税法对某些纳税人和征税对象给予鼓励和照顾的一种特殊规定。比如，免除其应缴的全部或部分税款，或者按照其缴纳税款的一定比例给予返还等，从而减轻其税收负担。

企业在利用税收优惠政策进行税务筹划时应注意尽量挖掘信息源，多渠道获取税收优惠政策。一般来说，信息来源有税务机关、税务报纸杂志、税务网站、税务中介机构和税务专家等几个渠道。企业充分利用优惠政策，应在税收法律、法规允许的范围之内进行筹划，不能采用非法的手段。企业应尽量与税务机关保持良好的沟通，要确保筹划方案获得税务机关的认可。

（2）利用延期纳税。企业实现递延纳税的一个重要途径是采取有利的会计处理方法，对暂时性差异进行处理。延期纳税如果能够使纳税项目最多化、延长期最长化，则可以达到节税的最大化。

（3）转让定价筹划，是税务筹划的基本方法之一，被广泛地应用于国际、国内的税务筹划实务当中。跨国公司都在用，尤其是转让无形资产。为了保证利用转让定价进行税务筹划的有效性，筹划时应注意：一是进行成本效益分析。二是考虑价格的波动应在一定的范围内，以防被税务机关调整而增加税负。三是纳税人可以运用多种方法进行全方位、系统的筹划安排。

（4）企业要合理安排支出，改善企业的经营管理，善于利用会计处理进行"节税增收"。税收筹划是一项技术含量很高的活，要求筹划人员不仅精通税法和会计知识，还要通晓投资、金融、贸易及其他行业知识，企业可以通过聘请专业人员来进行税收筹划，预防税收法律风险。

攻略49：应对税务专项检查的策略

税务专项检查不同于日常检查，检查将会触及企业的各个方面和层次，在检查范围、检查力度、监督管理、定性处理等方面的标准和要求都比较高。通过专项检查会暴露出企业隐含的许多涉税问题。对于专项检查，被查企业要高度重视，并采取必要的应对措施。

首先，在查前要做好自查自纠工作，尽早排除涉税风险。在接受检查前，应根据企业自身经营特点、财务核算清算和纳税申报情况，认真排查企业可能存在的涉税风险点，尽量采取补救措施，切不可抱有侥幸心理。

其次，税务机关在进行检查时，都要依法下达《税务检查通知书》，检查应由两名以上检查人员共同实施，并出示《税务检查证》，如果没有出示，企业可以拒绝检查。若企业与检查人员存在利害关系，也可以要求相关检查人员回避。

再次，被查企业通常都是在收到《税务行政处罚事项告知书》之后才进行陈述申辩，其实在税务机关做出处罚决定前，随时可以陈述申辩，申辩时也可以提供证据和法律依据，争取在被处罚之前澄清事实，避免错案发生。若税务稽查人中采取违法手段进行调查取证，企业也可以及时进行申辩。

最后，行政处罚做出后，被查企业除享有陈述申辩的权利外，还享有听证、复议和诉讼的权利，企业应在规定时间内及时行使救济权利。需要注意，若企业存在未按期缴纳或解缴税款的行为，对少缴纳的税款需要加收万分之五的滞纳金，因此企业对听证、复议和诉讼把握不是特别大的话，应当尽早缴纳税款，以尽量减少滞纳税款的时间。

第六章

公司人力资源合规

　　近年来，我国不断修订和颁布了《劳动法》《劳动合同法》《就业促进法》《社会保障法》等法律法规及一系列劳动用工方面的司法解释，强化了对劳动者合法权益的保护。劳动者的法律观念在增强，维权意识也在不断提高。然而，许多企业创始人对研发、市场和融资极为重视，却对劳动用工所涉合规风险所知甚微，疏忽人事用工管理，以致劳动仲裁诉讼风险频发，陷入劳动纠纷的泥沼。北京市第二中级人民法院的一份数据报告显示，企业在劳动纠纷中的败诉率高达 70%。面对愈发激烈的市场竞争环境以及不断催生的劳资矛盾，人力资源合规愈发体现出了重要意义。如果企业创始人不关注劳动合规问题，将可能付出惨痛的代价。

第一节　规范入职流程

企业招聘、员工入职流程中，当 HR 物色到能够胜任岗位的理想人选后，并非一劳永逸，入职过程中放松懈怠、流程瑕疵可能会导致招聘的夭折，亦有可能会带来一系列的劳动法律风险。

一、发放录用通知

劳动者通过考核后，企业应该发出一个录用通知，也即"offer"。offer 一旦到达拟聘用的劳动者之手，劳动者选择接受并与公司订立劳动合同后，双方就建立了劳动关系。

在发送录用通知之前，企业应当完成录用前的所有审查手续如身份证、学历证、上岗证的审核，工作经历的背景调查、体检等，确定其符合录用条件才能发送。一旦发送，也要讲究诚信，与劳动者及时签订劳动合同。如果要撤回或撤销录用通知书，一定要符合法律规定的条件。

录用通知书中应明确应聘者应予承诺入职的期限，并明确失效条件，如"应聘者未在通知书规定的时间内入职，本录用通知作废"。如收到录用通知书的应聘者不能按期书面确认，公司有权取消此职位或另招新人。

二、办理入职

（一）准备好新员工入职手续办理所需表单，并负责落实各项工作：①安排办公位，申领电脑、电话；②发放办公用品；③开通邮箱账号、调试电脑设备等。

（二）要求员工提供下列材料：

①入职登记表；②身份证；③照片；④学历证明；⑤离职证明（避免双重劳动关系和商业间谍）；⑥体检报告／健康证明。

（三）给员工办理入职手续

①介绍岗位职责和工作流程；

②发放介绍公司情况及管理制度的《规章制度》或《员工手册》（需安排员工签字）；

③签订《劳动合同》；

④员工的转正评估与试用期。

（四）入职审查

对拟录用人员进行必要的入职审查和规范化管理，不仅是企业提高人力资源管理的重要手段，更重要的是能够防范后续用工中存在的风险。

（1）身份审查。身份审查是预防单位违法用工的必要手段。根据我国《劳动法》的规定，除了文艺、体育和特种工艺外，对于未满16周岁的未成年人不得录用。审查户籍、暂住证等来确认员工是农业还是城镇户口，以便于确定社保等福利待遇的标准。

（2）资格审查。单位聘用员工都会有学历、经验、技能、资格的要求。对于能够证明这些资格的文件、材料认真进行审核，是保证聘用员工胜任工作岗位的重要方式，防止有求职者采取欺诈手段来骗取录用。

（五）约定试用期

转正评估关系到企业决定是否录用此劳动者，而试用期能够让企业进一步考察新员工的实际工作能力。企业与员工约定试用期时一定要注意以下几点：

（1）不得单独订立试用期合同

试用期必须包含在劳动合同期限内。如果劳动合同只约定试用期，那么试用期是不成立的。以完成一定工作任务为期限的合同不能约定试用期。

（2）不得超期约定、随意延长试用期

劳动合同期限三个月以上不满一年的，试用期不得超过一个月；劳动合同期限一年以上不满三年的，试用期不得超过二个月；三年以上固定期限和无固定期限的劳动合同，试用期不得超过六个月。如果企业超期试用，要按试用期满月工资标准，按照已经履行的超过法定试用期的期间向劳动者支付赔偿金。

（3）不能重复试用

同一用人单位与同一劳动者只能约定一次试用期。重复试用期间，用人单位可能面临每月支付"双倍工资"。

（4）试用期也要为劳动者缴纳社保

如果试用期期间没有缴纳社保，发生工伤事故或者员工患重大疾病，单位得自掏腰包。劳动者也能以单位未给缴纳社保为由解除劳动合同，要求经济补偿金。

（5）试用期不得随意解除劳动合同

《劳动法》规定，劳动者在试用期间被证明不符合录用条件的，用人单位可以单方解除劳动合同，但是用人单位需要举证证明劳动者不符合录用条件。因此，用人单位应当与劳动者事先约定明确具体的录用条件。

（6）解雇决定须在试用期内做出

用人单位以员工不符合录用条件为由解除劳动合同的决定应该在试用期内做出，试用期满后用人单位以此为由解除劳动合同的，属于违法解除劳动合同，需要向劳动者支付经济赔偿金。

合规攻略

攻略50：招聘录用条件的规范设计

企业自主或通过专业机构招聘人才，经常会使用录用条件或岗位说明书等形式来标定职位要求，以挑选和面试符合企业要求的各类人才。这个可能写入招聘广告、录用须知、入职申请表等诸多文本中的录用条件并非可有可无。比如，在录用员工的时候，用人单位没有设置相关的录用条件或岗位说明书，会使得在试用期解除劳动合同变得十分困难。因此，企业一定要明确界定录用条件，并有效公示，才能发挥应有的作用。

（1）明确界定录用条件。录用条件包括普遍性条件和特殊性条件。普遍性条件即大部分企业和岗位的员工都应该具备的基本条件。比如诚实守信，在应聘的时候如实告知自己与工作相关的信息，包括自己的教育背景、身体状况、工作经历，等等。所谓特殊性条件即每个企业、每个岗位或者职位都有自己的特殊要求。有学历的要求，有获得相应证件的要求，有技术要求，有岗位职责的描述，有健康的要求，等等。普遍性录用条件可以通过规章制度进行明确规定。特殊性录用条件则可以通过招聘广告、劳动合同与规章制度结合起来进行明确界定。

（2）对录用条件的公示不可或缺。公示就是让员工知道单位的录用条件，并且用人单位要有证据证明员工知道了本单位的录用条件。要形成这类证据有如下方法：通过招聘广告来公示，并采取一定方式予以固定，作为仲裁的证据；招聘员工时向其明示录用条件，并要求员工签字确认；劳动关系建立以前，通过发送聘用函的方式向员工明示录用条件，并要求其签字确认；在劳动合同中明确约定录用条件或不符合录用条件的情形；在规章制度中对录用条件进行详细约定，并将该规章制度在劳动合同签订前进行公示，同时在规章制度中完善考核制度，明确考核标准。

攻略 51：设置员工业绩目标的合规要点

业绩目标的制定是企业进行绩效管理的基础。企业在制定员工业绩目标时应当与法律规定相结合，通过具体的岗位设置、职业素养、主客观要求等多方面的要素设计，将具体细致的岗位要求和企业劳动人事管理相结合，更好地管理和指导员工从事岗位本职工作。企业在制订业绩目标时，应当注意如下要点：

（1）业绩目标计划由企业根据经营计划、岗位职责和员工能力确定。企业应当制订全面的岗位职责说明，用人单位制订的业绩目标计划应当建立在岗位职责的基础上，将短期目标、中期目标和长期目标相结合，全面概括并细化对员工各方面的要求。

（2）业绩目标制订应当与员工进行充分的沟通，并要求员工予以确认。企业制订的业绩目标计划应当明确告知劳动者，并将有关文件交由员工签署，以确认其知晓。

（3）业绩目标应当明确而细致，具有可操作性。企业制订业绩目标时应当使员工易于理解，便于考核。具体的任务和数量、质量要求应清楚明确，避免模糊歧义，否则在业绩评估时很难有效操作。

在司法实践中，根据业绩考核判别员工是否胜任工作时，工作任务的量化分析较易成为判定是否不能胜任工作的依据，上级对下级无法量化的主观性评估则难以获得司法部门的认可。

（4）明确告知员工无法完成目标的法律后果，明确告诉员工不能完成计划会承担何种法律责任，这样可以预防并指导员工的行为。

攻略52：实施提成工资制的注意事项

提成工资制，是企业根据员工业绩的一定比例计发员工劳动报酬的工资计算方式。对于销售人员，款到提成制是一种高效的激励方式。企业在制定规章制度或订立合同实施提成工资制时应注意以下事项：

（1）明确提成制度的具体含义及提成计算方式。企业采取提成工资制的，应当在劳动合同中明确约定该员工的薪资计算方式是提成工资制。同时，企业还应明确规定或约定相关提成基数、提成比例及相应计算公式。比如，提成基数是以销售款为准、以折算销售款为准还是以每笔实际利润为准，提成比例是固定比例提成制、累进比例提成制、固定额度提成制还是浮动额度提成制，计算方式是简单的基数乘以比例还是基数加权乘以比例，等等。

（2）明确提成给付时间和给付方式。提成制度不仅包括提成计算方式，同时还包括提成给付时间和方式。给付时间可以是"约到提成"即凭销售合同申请给付提成，也可以是"款到提成"即凭财务到账记录领取提成。给付方式可以是现金，或在月薪中支付，或者按实际销售时间给付。

（3）明确不能达到基准提成指标时的薪资待遇。在采取提成制度时，企业往往会规定一个最低提成销售额，也即员工必须完成此最低指标方可申请提成。但应注意，不能将员工实得的基础薪资约定为零。在员工提供了正常劳动的情况下，即使该员工没有任何销售业绩或者销售业绩未达标，企业也需要支付工资，且不低于当地最低工资标准。

第二节 签订规范的劳动合同

签订劳动合同是用工管理的首要和关键的环节。从实践看，许多劳动争议都是在劳动合同订立时被隐藏的瑕疵导致的。如果把住了这个关口，就能有效地避免无效劳动合同的出现，防止劳动争议的发生，从而稳定劳动关系。

一、劳动合同的条款

劳动合同是企业和劳动者之间确定劳动关系、明确双方权利义务的法律文书。劳动合同内容要确保合法、合理、合规。

制定符合要求的劳动合同文本是用人单位除规章制度之外的重要管理手段。一个规范的劳动合同版本，可以充分确定劳资双方的权利义务关系，规范劳动合同履行中的全部要素，有利于建立和谐的劳动关系。根据企业自身特点设计一个符合管理需要的个性化文本，成为规范企业劳动关系的首要任务。

劳动合同的条款分为必备条款和可备条款。

必备条款是指一份合法有效的劳动合同中必须载明的条款。必备条款包括：①用人单位的名称住所和法定代表人或者主要负责人；②劳动者的姓名、住址和证件号码；③劳动合同的期限；④工作内容和工作地点；⑤工作时间和休息休假；⑥劳动报酬；⑦社会保险；⑧劳动保护、劳动条件和职业危害和防护；⑨其他事项；

可备条款中，用人单位可以与劳动者就试用期、培训服务期、保守商业秘密和竞业限制、补充商业保险和福利待遇等事项进行约定。

劳动合同约定违约金和赔偿金必须合法。订立劳动合同时，企业用于劳动者职业技能培训费用的支付和劳动者违约时培训费的补偿可以在劳动合同中约定，但约定劳动者负担的培训费和赔偿金的标准不得违反劳动部《违反＜劳动法＞有关劳动合同规定的赔偿办法》等法律法规的规定。

二、劳动合同的签订

根据《劳动合同法》的规定，企业应当从用工之日起一个月内与员工签订劳动合同。对于续订劳动合同的，应当注意从原劳动合同期限届满次日起一个月内与员工办理劳动合同续签手续。

劳动合同的签订要遵循合法、公平、自愿和协商一致的原则，确保双方意思表示真实，不存在欺诈、胁迫或乘人之危的情况。同时，签订的劳动合同形式上也要符合法律要求的基本规范，比如应要求员工本人在公司当面签署，避免合同被员工带走后找他人代签字的情况。

根据劳动法律规定，劳动合同签订之后用人单位和劳动者应各执一份。若企业出于多方面考虑未将劳动合同交付给劳动者的，劳动行政部门可以要求责令改正，给劳动者造成损失的，还应当承担赔偿责任。因此，企业在劳动合同签订之后最好让员工出具收到劳动合同的证明，从而避免法律纠纷产生。

劳动合同履行过程中，企业如根据自身经营和人事管理的需要，对于原劳动合同进行变更的，应当事先取得劳动者的同意，并签署劳动合同变更协议。

企业应当建立劳动合同台账管理制度，妥善保存劳动合同，并及时查找并发现快到期及已经到期的劳动合同，及时与劳动者续签或者终止劳动合同。

合 规 攻 略

攻略 53：签署劳动合同应避开的七大雷区

劳动合同是劳资双方建立劳资关系的纽带。然而，企业在与劳动者签订劳动合同时，一些有意或无意的不规范之举，不仅侵犯了劳动者的合法权益，也将企业置于危险的境地。以下雷区可为企业敲响警钟：

雷区一：不注意审查劳动者的主体资格

用人单位和劳动者的主体资格符合法律、法规规定，是双方建立劳动关系关键要素之一。用人单位在招用劳动者时，应查验员工身份证件，以杜绝使用童工问题；对于外国人来华用工应申请获得《外国人就业许可证》；还应对劳动者组织健康体检，特别是对一些特殊职业人员（如厨师）必须进行体检，办理相关证件，以确保其身体健康。

雷区二：劳动合同九项条款不完备

劳动合同存在的最基本要求是为了证明双方的劳动关系。根据《劳动合同法》第十七条的规定，劳动合同应当具备九个条款，这些条款都应当在劳动合同中进行约定。一旦员工的岗位、报酬等内容发生变化，或者企业发生合并分立的情况，应当及时变更劳动合同的相关条款。

雷区三：漏签劳动合同

劳动者接受 offer 后，企业应当尽快与劳动者签订劳动合同。不签订劳动合同，或超过一个月没签，劳动者可以要求双倍工资的赔偿，员工最多可要求支付 11 个月的双倍工资。与有劳动关系的人员均需签署劳动合同，包括联合创始人。曾有某创业型科技企业，人事制度不完善，未与作为"联合创始人"的技术总监签署合同，发生创业分歧之后，该离职的技术总监以未签劳动合同为由要求该企业支付未签劳动合同两倍工资差额。

另外需要注意：试用期未签订劳动合同，劳动合同期满后未订立劳动合同，劳动者仍在原用人单位继续工作，也都适用双倍工资赔偿的规定。劳动合同的管理上需要做到及时续签与妥善保管，避免遗失和被员工有意拿走。如果公司管理不严，导致合同遗失，那么当员工向企业主张双倍工资差额时，企业无法拿出有效证明，只能接受败诉的结果。

雷区四：不面签劳动合同

公司在与劳动者签订劳动合同的时候，应当尽可能地要求劳动者在公司当面签订，以确保劳动合同上的签名是劳动者亲笔所签。实践中，常有一些公司将合同交给劳动者，告知劳动者拿回去签字，于限定的时间内交回公司，这样做对公司来说存在很大风险。若劳动者把合同交给他人代签名，由于劳动者实际上并没有在劳动合同上签字，就有可能导致劳动合同无效的后果，视为公司与劳动者之间没有签订劳动合同，公司便须向劳动者支付双倍工资差额。

雷区五：违法约定试用期

依《劳动合同法》的约定，用人单位不得超期约定、随意延长试用期；同一用人单位与同一劳动者只能约定一次试用期。若实际试用期超过法律规定的期限，用人单位应当按劳动者试用期满月工资为标准，按照已经履行的超过法定试用期的期间向劳动者支付赔偿金。

雷区六：违法约定违约金

依照《劳动合同法》的规定，用人单位收取违约金只有两种情形：为劳动者提供专项培训费用对其进行专业技术培训，并约定服务期，劳动者违反服务期约定的，应按规定向用人单位支付违约金；与用人单位约定竞业限制条款的人员，如违反竞业限制约定的，应当按照约定向用人单位支付违约金。除上述两种情形外，用人单位不得与劳动者约定由劳动者承担违约金。

雷区七：不按规定签署无固定期限劳动合同

劳动者在该用人单位连续工作满10年以上或连续订立2次固定期限劳动合同再次续订合同时，应当订立无固定期限劳动合同，否则也有可能面临员工双倍工资的仲裁要求。如劳动者不同意签署无固定期限合同，用人单位需要设计一份通知书，明确体现出是劳动者不同意订立无固定期限劳动合同，劳动者签名，并由单位存档。

攻略54：劳动合同与劳务合同之辨

在企业运营过程中最常用的两种用工形式是劳动关系和劳务关系。很多公司的人力总监分不清两种用工形式的区别，导致发生劳动争议风险。

劳动合同的劳动者在劳动关系确立后成为用人单位的成员，须遵守用人单位的规章制度，双方之间具有领导与被领导、支配与被支配的隶属关系，企业向员工支配工资并为其缴纳社保。劳务合同的一方无须成为企业方的成员即可为企业提供劳动，双方之间的地位自始至终是平等的，企业只需要支付劳务费，并不需要为员工缴纳社保。

如果是劳动关系，应该签订劳动合同。如果属于劳务关系，则应该与其签订《劳务合同》《返聘协议》或《实习协议》，劳务合同中应明确注明"未与公司构成劳动关系，乙方无权向甲方主张作为劳动者所享有的包括社会保险在内的任何权利"。企业应当根据用工形式的不同选择适合的合同来签订，避免盲目适用合同版本带来不必要的成本增加。

名为劳务合同但具备劳动合同的性质，仍有被认定为劳动关系的风险。根据劳动和社会保障部《关于确立劳动关系有关事项的通知》（劳社部发〔2005〕12号）中规定："用人单位招用劳动者未订立书面劳动合同，但同时具备下列情形的，劳动关系成立：（一）用人单位和劳动者符合法律、法规规定的主体资格；（二）用人单位依法制定的各项规章制度适用于劳动者，劳动者受用人单位的劳动管理，从事用人单位安排的有报酬的劳动；（三）劳动者提供的劳动是用人单位业务的组成部分。"用人单位通过订立所谓的劳务合同、雇佣合同、承包合同等方式，意图规避劳动关系的建立，这样既不能推卸用工责任，也无法规避用工风险，反而还可能因未签订有效的书面劳动合同而导致承担未签订书面劳动合同二倍工资的违法后果。

攻略55：劳动合同变更的实操建议

调岗调薪、变更工作地点、变更劳动条件或劳动标准、单位合并或分立等情形下，均有可能发生劳动合同的变更。若不能合规进行劳动合同变更，极容易引发劳动争议。

用人单位与劳动者在协商一致的基础上变更劳动合同，具备双方合意的基础，受法律保护，可有效降低劳动用工风险，避免劳动争议。

在员工患病或非因工负伤医疗期满后不能从事原工作、劳动者不能胜任工作、劳动合同签订时所依据的客观情况发生重大变化时，企业可依法律的规定变更劳动合同。用人单位在操作时，需要注意搜集和保存法定情形发生的证据。

用人单位在制定劳动合同或内部规章制度时，应该考虑劳动合同内容变更的实际可操作性，对于工作岗位、劳动报酬、工作地点等敏感性条款，在制定合同时应该特别关注。对于在什么条件下，用人单位可以将劳动者调整到什么岗位，相应的薪酬调整如何，以及可以将员工的工作地点具体变更至哪里等的约定，都应当充分考虑，做出明确具体的约定。如合同和制度没有做出明确的约定，则变更劳动合同时应注意合理性，避免员工不能理解从而请求劳动仲裁机构撤销用人单位的调整决定。

攻略 56：劳动合同续签的实操要点

劳动合同的续订是指劳动合同期满后，当事人双方经协商达成继续签订劳动合同的法律行为。用人单位在续订劳动合同时，要注意续订劳动合同应遵循的规则以及续订劳动合同的时机。

（1）用人单位续订劳动合同，员工的劳动条件及待遇不应降低。针对圆满完成工作岗位要求或业绩的员工，还可适当提高劳动条件及待遇以吸引员工续订劳动合同。

（2）用人单位应主动为满足条件的员工签订无固定期限劳动合同。在员工在单位连续工作满十年或连续订立二次固定期限劳动合同等情形下，应与员工签订无固定期限劳动合同，否则用人单位可能面临向员工每月支付二倍工资的代价。若员工不愿意签署无固定期限劳动合同的，则应要求员工出具不愿续签无固定期限劳动合同的书面文件，以作为证据留存。

用人单位在续订劳动合同时要把握告知劳动者的时间：过早告知，劳动者可能会因劳动关系确定存续而懈怠；过晚告知，劳动者可能会认为无法续签而跳槽其他用人单位。结合实践，一般在劳动合同届满前一个月告知劳动者可以续签劳动合同为宜。用人单位应督促员工在一个月内做出答复，如员工同意续订，则用人单位应在原劳动合同期届满前签订新的劳动合同。

第三节　制定员工手册

员工手册是企业和员工之间的法律，贯穿人力资源规划、招聘、培训、绩效管理、薪酬福利和员工关系管理的始终。员工手册的制定，一方面可以加强员工的责任感，另一方面更能对员工的日常工作行为起到指引作用。员工手册如设置不当，可能会导致公司承担诸多违法成本。

一、员工手册的组成部分

员工手册是指导企业员工行为的准则，是员工在企业内部从事各项工作、享受各种待遇的依据，这是员工所必须遵守的基本法则。

员工手册是新员工了解公司的窗口，也是企业规范化管理的利器。制定一本合法的员工手册是法律赋予企业的权利，也是企业在管理上的必需。

一般而言，员工手册应当包含以下方面：

（1）董事长致辞。

（2）公司介绍。

（3）员工管理制度。主要包括聘用制度、工作时间、薪资福利、休假、培训、考勤加班、奖惩原则等。

（4）行为规范部分。是企业对员工日常行为的基本要求，包括日常的行为规范、工作规范、保密制度、奖惩制度等。

（5）附则。主要是针对一些条款的补充说明，以及对本手册解释权、修订做出说明等。

二、员工手册的制定

虽然用人单位依法享有规章制度的制定权，但也应当依法进行，不能随意制定及变更。为了保证制定的规章制度合法合理，防止用人单位滥用权利而侵害劳动者的合法权益，用人单位制定的《员工手册》应当具备一定的法律要件才能生效。

（一）制定主体

《劳动法》和《劳动合同法》都明确了用人单位应当依法建立和完善劳动规章制度。由此可见，员工手册的制定主体应为用人单位，而不是用人单位的某个部门。故建议即便是用人单位的某个部门制定的规章制度，也应该以用人单位的名义进行发布。

（二）制定程序

用人单位在制定、修改或决定员工手册时，应履行如下程序：

1. 民主程序制定。

第一步：应当经职工代表大会或者全体职工讨论，提出方案和意见；

第二步：与工会或者职工代表平等协商确定。

2. 公示程序。即公示或者告知劳动者。

用人单位在制定员工手册时，规章制度中对劳动者做出的有关劳动报酬、工作时间、休息休假、劳动安全卫生、保险福利、职工培训、劳动纪律、以及劳动定额管理等重大事项的处理决定时，很可能存在对劳动者不具备约束力、导致用人单位败诉的法律风险。

每当国家制定颁布了新的法律法规，《员工手册》的内容已和法律法规相违背时，或者用人单位的生产经营有了重大变化时，《员工手册》就应及时进行修订。

典型案例：员工手册签收疏忽败诉案

朱某于2003年入职某汽车配件企业，任销售职位，月薪12000元。2009年，朱某所在部门更换了新的部门经理，新的部门经理对朱某表现不满，加之其他工作中的冲突欲将朱某辞退。2010年初，部门经理认为朱某提交的工作记录是假的，与实际不符。而公司员工手册中恰有一条与该行为相符，且依据员工手册公司可以解除劳动合同。公司遂以严重违纪为由将朱某辞退，并向其发出《劳动关系解除通知书》。

朱某对公司的做法表示不同意，与公司协商未果后，朱某提起劳动仲裁，要求公司支付违法解除劳动合同赔偿金、年假补偿等共计20

余万元。

但公司员工手册存在一个重大瑕疵：公司的员工手册在向员工公示时，员工签收表上仅显示员工的名字和签名，没有显示抬头，无法证明员工签收到的文件是员工手册。员工正是抓住了企业这一漏洞，对于员工手册签收予以否认，使得企业无法证明其员工手册已经向员工公示。最终劳动仲裁委认定企业为违法解除劳动合同，需向朱某支付赔偿金。

（转载自 HR 经理人杂志《员工手册签收，"小疏忽"引发"大风险"》）

合规攻略

攻略 57：制定员工手册的合规之道

一部行之有效的员工手册是企业实现有效管理的武器；反之，一部无效的员工手册常会诱发劳动争议并成为企业败诉的直接原因。企业制定员工手册只有同时满足实体要件和程序要件的要求方为合规。

（1）实体要件

员工手册的制定主体应合法。实践中，很多用人单位制定规章制度是由某个业务部门、股东会、董事会，总经理或某个分管领导拟定并发布公示，此类员工手册因制定主体不适格，属于无效或未生效的规章制度。因此，员工手册即使最初是由某个部门制定，也应以公司的名义发布。

员工手册的内容要合法。不仅要符合国家法律、行政法规及政策规定，还应该合理公平、符合社会道德，否则将被视为内容不合法。比如有制度中规定"加班属于完成未完成工作行为，一律不发加班费"就属于违法条款，是无效的。还有一些过分苛刻的规章制度，例如"顶撞上级领导直接开除""迟到一次直接开除"等，一般很难得到司法裁判机关的认可，最终会被认定为无效条款。

（2）程序要件

员工手册的制定首先应经过民主程序。根据《劳动合同法》的规定，涉及劳动者切身利益的规章制度或重大事项时，应当通过民主决策程序制定，方为程序合法。如下几种形式可以作为企业履行民主决策程序的证明：

①征集意见表方式。员工手册制定后，向员工发放《征求意见表》，通过回收表单的方式来听取员工的意见。

②召开全体职工代表大会的方式。在会议上部分代表发言，记录下员工意见，并当场协商决定。会议要通过员工签到表让参会员工签字。

③分部门讨论，收集意见后交 HR 汇总。

其次，员工手册应当经过公示程序。很多企业对员工进行处罚时，员工称不知道公司有相关规定，导致员工手册对员工不能发生效力，劳动仲裁时经常导致企业败诉。

《员工手册》的公示方式有多种。比如：制作《员工手册》领取表，在表单上让员工签字领取；将《员工手册》放置在企业内部网络平台，每个员工都可以通过公司网站进行查询、查看；将《员工手册》通过电子邮件，向每位员工送达；对员工进行任职培训，培训内容包括《员工手册》中的规章制度。在培训时，员工都要签到；培训结束进行考试，答卷上署名。无论哪种公示方式，都要留存向劳动者公示的证据，且该证据要具有证明效力。在条件和成本控制允许的范围内，尽量采取纸质文档保存的办法。采用无纸化形式进行公示时，企业应要求员工对该规章制度的告知邮件或者公示通告进行回复或通过技术手段记录员工浏览规章制度的情况，并且在公司服务器上及时保存。

攻略 58：企业对员工经济处罚的效力

经济处罚是指劳动者违纪的情况下，企业在物质上对其予以一定的惩罚。法律赋予了用人单位在组织生产、经营活动中，与劳动者共同协商构建内部管理制度的权利，但是这种权利应当在法律的框架范围内行使。罚款是计划经济时代的产物。国有单位对劳动者的经济处罚权，已经随着《企业职工奖惩条例》的废止而丧失了法律基础。《劳动法》和《劳动合同法》仅规定了劳动法的赔偿责任，并未赋予用人单位进行经济处罚的权利。

用人单位对劳动者要实施经济性处罚，不能直接采取罚款方式，而是应通过绩效考核的方式在工资结构上加以调整，通过企业的规章制度固定下来。如劳动者出现违反制度的行为，用人单位可以通过降低绩效评分的方式扣减工资。企业可以通过组合运用教育、通报批评、档案记录、考核晋升等方法对劳动者进行有效管理。特定情况下经济赔偿也可以代替经济处罚，但也要慎之又慎，必须做到有法可依。

攻略 59：公司调岗合规的对策

有些公司为了节省劳动用工成本，通过对员工调岗、减薪，以达到节省费用甚至"变相裁员"的目的，却不知道法律对于公司调岗和减薪有着非常严格的规定和要求。

工作内容和薪酬待遇，都是劳动合同的必备条款，如要变更，需要公司与员工双方达成一致方可实施。公司单方面做出变更的，员工可以公司未按约定提供劳动条件或者足额支付劳动报酬为由，与公司解除劳动合同并要求公司支付经济赔偿金。为规避此风险，建议采取如下对策：

（1）在公司效益不景气或公司对员工的岗位必须予以调整时，公司应尽量与员工协商达成一致，并达成书面协议；达不成书面协议单方调岗时，应特别注意程序的正当性，充分保障员工的知情权，不激化矛盾。

（2）公司应当制定详细的与调岗调薪有关的规章制度，完善员工工作能力考核标准，相关的制度和标准需要公示，让员工知悉。

（3）以员工不能胜任工作为由调岗时，必须要保留有关员工"不能胜任"工作的证据，如工作会议记录、决议、考核结果等。有的公司经常向员工发放各类证书，这类证书反而会成为员工证明自己工作优秀的有力证据之一。因此，公司发放证书要适度，不要泛滥。

（4）对于调整后的岗位，应当注意调整前后岗位的相似度，至少确保调整后员工的薪酬待遇与原岗位基本相当。

攻略 60：加班费的合规实操攻略

有家互联网公司在年会上高调宣布，公司未来将实施"996 工作制"，即从早 9 点工作到晚 9 点，一周工作 6 天，此举引起舆论质疑。加班文化在创业公司较为普遍，而且，为了控制经营成本，加班费往往也不到位。因此，加班问题是导致用人单位与劳动者之间发生劳动争议的重要原因。

为了控制加班费的成本、定纷止争，企业应当掌握如下实务操作技巧：

（1）加班需审批，未经批准不视为加班

用人单位应当在规章制度、员工手册、劳动合同中明确约定劳动者加班前应当向有审批权限的人员书面提出申请，批准通过后方可加班。未经批准劳动者自行工作超过标准时间的，不视为加班。这样就可以避免劳动者为了赚取加班费在工作已经完成的情况下留岗或劳动者因个人原因未完成工作任务而加班，使得用人单位支付不必要的加班费用。

（2）规范管理考勤，记录最少保留两年

用人单位要对考勤记录进行规范管理，确保考勤记录真实、客观地反应加班情况，避免劳动者虚构考勤数据而承担根本不存在的加班费用。加班费属于工资的一部分，因拖欠劳动报酬发生的争议不受仲裁时效限制，因此考勤记录应尽量长时间保存。不具备长时间保存条件的，至少也需要依据《工资支付暂行规定》保留两年以上。

（3）灵活工作，利用调休规避加班费

根据我国《劳动法》的规定，如果劳动者在休息日进行加班，用人单位可以安排其他日期进行调休，进行了调休的劳动者不享受加班工资。但法定节假日进行工作的，不得安排调休抵扣加班费。

（4）实行不定时工作制免除加班费

用人单位中一些岗位如高管，其工作时间相对灵活，没有明显的上下班时间，符合我国法律规定的不定时工作制条件的，用人单位可设置不定时工作制，以免除上述岗位的加班费。

第四节　员工离职管理

员工离职阶段涉及劳动合同的解除、经济补偿的支付、社保的转移、档案的转移以及工作交接等各方面，而且员工离职的原因也是千差万别，处理不好极容易产生劳动争议。这就要求企业加强员工离职中的合规管理，掌握一些关键点及处理技巧，以便能够顺利完成劳动合同的解除以及工作的交接。

一、员工离职的类型

（一）双方协商解除劳动合同

用人单位与劳动者协商一致，可以解除劳动合同。协商解除劳动合同没有规定实体、程序上的限定条件，只要双方达成一致，内容、形式、程序不违反法律禁止性、强制性规定即可。若是用人单位提出解除劳动合同的，用人单位应向劳动者支付解除劳动合同的经济补偿金。

（二）劳动者单方解除劳动合同

具备法律规定的条件时，劳动者享有单方解除权，无须双方协商达成一致意见，也无须征得用人单位的同意。具体又可以分为两种情况。

一是提前通知解除。劳动者提前30日以书面形式通知用人单位，可以解除劳动合同；劳动者在试用期内提前3日通知用人单位，可以解除劳动合同。这实质上是法律明确赋予了劳动者辞职的权利。员工想跳槽，只要员工履行通知义务即可，而无须其他任何实质性的条件。这对企业来讲，员工的跳槽就意味着公司的绝对损失。

二是即时解除。是指用人单位在存在过错的情况下，劳动者无须提前通知用人单位即可以在通知用人单位的同时解除劳动合同，或者在特别情形下可以立即解除劳动合同而无须事先告知用人单位。用人单位存在过错的情形包括：

（1）未按照劳动合同的约定提供劳动保护或劳动条件的；

（2）未及时足额支付劳动报酬的；

（3）未依法为劳动者缴纳社会保险费的；

（4）用人单位的规章制度违反法律、法规的规定，损害劳动者权益的；

（5）因《劳动合同法》第26条第1款规定的情形致使劳动合同无效的；

（6）法律、行政法规规定劳动者可以解除劳动合同的其他情形。

用人单位以暴力、威胁或者非法限制人身自由的手段强迫劳动者劳动的，或者用人单位违章指挥、强令冒险作业危及劳动者人身安全的，劳动者可以立即解除劳动合同，不需事先告知用人单位。

（三）用人单位单方解除劳动合同

用人单位的单方解除权即具备法律规定的条件时，用人单位享有单方解除权，无须双方协商达成一致意见。主要包括过错性辞退、非过错性辞退、经济性裁员三种情形。

一是过错性辞退。即劳动者有过错的情形时，用人单位有权单方解除劳动合同。过错性辞退，企业不需要支付经济补偿金。劳动者过错情形如下：

（1）在试用期间被证明不符合录用条件的；

（2）严重违反用人单位的规章制度的；

（3）严重失职、营私舞弊，给用人单位造成重大损害的；

（4）劳动者同时与其他用人单位建立劳动关系，对完成本单位的工作任务造成严重影响，或者经用人单位提出，拒不改正的；

（5）因《劳动合同法》第26条第1款第一项规定的情形致使劳动合同无效的；

（6）被依法追究刑事责任的。

二是非过错性辞退。即劳动者本人无过错，但由于主客观原因致使劳动合同无法履行，用人单位在符合法律规定的情形下，履行法律规定的程序后有权单方解除劳动合同。

非过错性解除劳动合同在程序上具有严格的限制。具体是指，用人单位应提前 30 日以书面形式通知劳动者本人或者额外支付劳动者 1 个月工资后，才可以解除劳动合同。此外，用人单位还应当支付劳动者经济补偿金。

三是经济性裁员。是指用人单位为降低劳动成本、改善经营管理，因经济或技术等原因裁减 20 人以上或者不足 20 人以上但占企业职工总数 10% 以上的劳动者。

经济性裁员具有严格的条件，具体包括：

（1）依照《企业破产法》规定进行重整的；

（2）生产经营发生严重困难的；

（3）企业转产、重大技术革新或者经营方式调整，经变更劳动合同后，仍需要裁减人员的；

（4）其他因劳动合同订立所依据的客观经济情况发生重大变化，致使劳动合同无法履行。

用人单位以经济性裁员方式单方解除劳动合同的，应当提前 30 日向工会或者全体职工说明情况，听取工会或者职工的意见后，裁减人员方案经向劳动行政部门报告批准后，方可实施经济性裁员。

（四）禁止性解除

《劳动合同法》第 42 条规定了某些情形下用人单位不得解除与劳动者的劳动合同，这就是解除劳动合同的消极条件，也称为禁止性解除。该制度体现了对处于弱势地位的劳动者的倾斜保护。

禁止性解除的情形包括：

（1）从事接触职业病危害作业的劳动者未进行离岗前职业健康检查，或者疑似职业病病人在诊断或者医学观察期间的；

（2）在本单位患职业病或者因工负伤并被确认丧失或者部分丧失劳动能力的；

（3）患病或者非因工负伤，在规定的医疗期内的；

（4）女职工在孕期、产期、哺乳期的；

（5）在本单位连续工作满十五年，且距法定退休年龄不足五年的；

（6）法律、行政法规规定的其他情形；

企业若违反禁止性解除的规定解除劳动合同的，要承担相应的不利后果。首先由劳动者选择继续履行合同或解除合同；解除合同的，企业要承担违法解除赔偿（经济补偿金的双倍）、因违法解除所造成的劳动者工资、医疗费用等损失。

需要说明，禁止性规定是对用人单位解除劳动合同的限制和禁止。如果劳动者自己提出解除劳动合同，则用人单位不再受该规定的约束。

二、离职手续办理

离职手续的办理是用人单位与劳动者终止劳动关系的重要程序，只有离职手续办理完毕后，用人单位与劳动者之间的劳动关系才算是真正意义上的结束。劳动合同终止或解除后，用人单位应当及时为劳动者办理离职手续，避免因此而引起的劳动纠纷。

用人单位与劳动者解除劳动关系的，要批准并为劳动者办理解除劳动合同手续，出具解除或者终止劳动合同的证明，办理档案和社会保险关系转移手续，依法应当向劳动者支付经济补偿的，在劳动者办结工作交接时支付。

用人单位应当规范离职管理，严格履行如下手续：

1. 指定特定的人员与离职员工办理离职手续。在工作交接中，要注意员工的办公文件、财务、资料信息等，并填写交接单，记载各个交接事项，由双方签字。

2. 为离职员工出具"离职证明"。离职证明上记载员工在公司工作的起止时间、离职原因等。离职证明一定要由员工签收或送达劳动者。

3. 在劳动合同解除或终止后 15 日内，办理档案和社会保险关系转移手续。

4. 离职交接完成后依法向劳动者支付应该支付的经济补偿金等费用。

5. 对于相关的离职文本资料存档保存。

合规攻略

攻略61：辞退员工防控劳动争议的处理技巧

辞退是用人单位解雇员工的一种行为。根据原因的不同，可以分为重大违纪辞退和预告性辞退（提前30天通知或支付代通知金方式辞退员工）。员工辞退不当会直接激化与企业的矛盾，产生劳动争议。可采取如下方法最大限度避免辞退员工的劳动争议风险：

（1）将辞退员工变成员工辞职。对于严重犯错等过错而被辞退的员工，人力资源部可以让员工意识到辞退对其接下来职业生涯产生影响为由，让其辞职；对于不适合企业发展的员工，人力资源部除了上述办法外，还可承诺按照辞退给予补偿，从而引导员工辞职。企业辞退员工是劳动争议的高发领域，而将辞退变成员工辞职后，能够规避很多的法律风险。

（2）辞退是公司对员工最严厉的一种惩罚方式，主动辞退劳动者、决定解除双方劳动关系，应符合相关法律规定。在无法定可以解雇事由的情况下，公司不能单方面解雇员工，否则需要向员工承担经济赔偿。所以公司在做出解雇决定前，一定要收集好证据，有理有据，缓慢处理，不可操之过急。

（3）做出解除决定之后需将相关文书送达员工，并详细说明解雇的依据。如果解雇通知书中没有明确解雇依据，则视为公司没有向员工尽到告知的义务。如果因为员工离开或其他原因而被拒收，就需要保留已向员工送达的证据。否则，员工一旦否认收到了该决定文书，企业又没有保留曾送达的证据，仲裁机构和法院会因为该决定没有送达而不予认可。

攻略62：员工"严重违纪"的法律界定

以"严重违纪"为由辞退员工，公司不需要支付经济补偿金，是很多企业老板和HR喜欢采用的解除劳动关系的方式。但若用不好，反而会惹来争议纠纷，导致构成违法解除劳动合同，支付赔偿金。

《劳动合同法》规定，劳动者"严重违反劳动纪律或者用人单位规章制度的"，用人单位可以解除劳动合同，并且不给予经济补偿。但该法并未明确规定什么情况属于"严重违反"规章制度，也未规定什么情况下属于给企业造成"重大损害"。因此，企业规章制度中，应当对这两个概念进行量化。例如，可以规定，合同期内累计 5 次违反规章制度或劳动纪律的视为严重违纪；严重失职，营私舞弊导致经济损失 10000 元以上的，属于造成"重大损害"。这样的量化规定有利于处分员工时企业收集证据，从而避免出现企业主观认为员工已严重违纪却得不到仲裁支持的情况。

但是，规章制度对"严重违纪"的界定要注意把握合理边界，否则，即使做了规定也难以被仲裁机构采纳。首先，违纪程度界定要合理，要考虑员工主观态度、事实、情节、后果等多种因素来确定员工违纪的程度；其次，违纪涉及范围规定要适当，对劳动者行为的约束范围不能无限制扩大，比如对员工的一些禁令不能由工作时间扩大至下班后。再次，处罚规定要合理。有的制度规定员工去洗手间超过规定次数视为严重违纪，有的制度将员工跟领导顶嘴视为严重违纪，这些规定很有可能在劳动仲裁中被认定为缺乏合理性。

攻略 63：实施"末位淘汰"的正确姿势

所谓末位淘汰制度就是用人单位根据本单位的总体目标和具体目标，结合各岗位的实际情况，设定一定的考核指标体系，以此指标对员工进行考核，对考核结果靠后的员工进行淘汰的绩效管理制度。末位淘汰制度可以激发员工积极性，淘汰工作能力较差的员工，大幅提高公司效益，实践中被很多公司采用。

末位淘汰从法律上来讲，就是用人单位以劳动者考核处于末位为由单方解除与劳动者的劳动合同。但末位淘汰并不属于《劳动合同法》规定的用人单位可以单方解除劳动合同的情形。考核处于末位并不等于不能胜任工作。《劳动法》上的"不能胜任工作"是指不能按要求完成劳动合同中约定的任务或者同工种、同岗位人员的工作量。用人单位不得故意提高定额标准，使劳动者无法完成。而在末位淘汰制下，每个考核周期必然会出现考核成绩处于末位的情况，但考核处于末位的劳动者并不意味着不能按要求完成劳动合同中约定的任务或者同工种、同岗位的工作量。很有可能劳动者完成的工作量提高了，但考核成绩仍然处于末位，这种情况实际上相当于用人单位提高了定额标准，导致劳动者无法完成。

即便是劳动者不能胜任工作，根据《劳动合同法》的规定，用人单位还必须对其进行调整工作岗位或者是培训以后，劳动者仍不能胜任工作的，用人单位才能终止劳动合同。

因此，用人单位依据末位淘汰制度辞退员工极容易构成违法解除劳动合同。那么企业如何正确地淘汰表现较差的员工呢？可以借鉴华为处理"末位"员工的办法，手段包括劝退、协商解除劳动合同、到期终止、不加薪、调岗、外派等，但不包括单方解除劳动合同。

第五节 缴纳社保、公积金

2018 年 3 月，中共中央印发的《深化党和国家机构改革方案》中明确，各项社会保险费交由税务部门统一征收。2018 年 7 月 20 日，中共中央办公厅、国务院办公厅印发了《国税地税征管体制改革方案》，明确从 2019 年 1 月 1 日起，将基本养老保险费、基本医疗保险费、失业保险费、工伤保险费、生育保险费等各项社会保险费交由税务部门统一征收。虽然地方上暂缓执行，但未来社保由税务部门统一征收将是主流趋势。社保税管模式下，企业社保合规压力激增。

一、什么是五险一金?

"五险"即社会保险，又称社保，包括养老、医疗、失业、工伤和生育五项险种。社会保险由国家通过立法强制实施。缴纳社保是企业和单位必须履行的责任。

"一金"即住房公积金，是用人单位及其在职职工长期缴纳的，为员工买房、装修、租房所用的储蓄资金。

我们平时听到的"六险""两金"，其实是在五险一金的基础上增加了补充商业保险和企业年金。补充商业保险通常包括补充医疗保险以及意外伤害保险；企业年金是企业自愿为员工提供的补充性养老储蓄资金。

很多创业企业为了节约成本，少缴甚至不为员工缴纳五险一金，这将面临很大风险：

（1）企业不为员工缴纳五险一金的，将被加收高额滞纳金和罚款。

根据《社会保险法》以及《住房公积金管理条例》，企业不按时足额为员工缴纳社保的，将被加收万分之五的滞纳金，甚至是处以欠缴数额一倍以上三倍以下的罚款；逾期不缴纳公积金的，将被处以 1 万元以上 5 万元以下的罚款。

现实中，如果员工因为企业没有为其正常缴纳社保而提起劳动仲裁，那败方基本都是企业。

（2）企业拒不参加社会保险给员工造成损失的应当承担赔偿责任。

如果因为企业不参加社会保险导致员工无法正常享受社会保险待遇，那么这些原本应当由社会保险基金向员工支付的各项费用，包括养老金、医药费、失业金、生育津贴、工伤补助等一系列费用都必须由企业承担。

（3）不仅员工可以随时解除劳动合同，企业还需要向员工支付数月工资的经济补偿。

（4）五险一金是招揽人才最基础的条件。不合规缴纳社保将可能导致优秀人才流失。

未来社保交由税务统一征收后，因税务部门掌握企业完整的员工数和工资总额，用人单位申报后，税务机关依据缴费文件的规定，可自动生成参保单位及个人的缴费基数，企业虚报社保缴费基数的问题会得到有效解决。加之金三系统上线使得信息系统透明化，对之前社保的"逃、漏、少"，"征、管、查"的能力、力度、强度加强，实现归口管理和透明管理，企业用工合规压力激增。

二、如何为员工办理五险一金

实行"五证合一"后，新成立的企业在办理工商注册登记时，同步完成企业的社会保险登记。

（一）社保、公积金开户

企业需要在成立之日起 30 日内去社保局及公积金中心办理社保、公积金开户。社保开户后会拿到《社保登记证》，公积金开户后会取得单位公积金登记号。

（二）增减员

单位每月都必须把企业新增的员工添加进单位的五险一金账户中，并把已经离职的员工从账户中删除。社保、公积金账户为两个独立的账户，增减员工的操作在两个账户中都必须进行。

（三）确认缴费基数

单位每月需要为员工申报正确的五险一金缴费基数，以确保五险一金的正常缴纳。五险一金的缴费基数以员工上年度平均工资或入职首月工资为准。

（四）五险一金缴费

如果企业、银行、社保／公积金管理机构三方签订了银行代缴协议，则五险一金费用将在每月固定时间从企业银行账户中直接扣除。当然企业也可以选择通过现金或者支票的形式前往五险一金管理机构现场缴费。

企业为员工办理社保有两种方式：①雇佣专员；②社保外包。企业可以比较成本来进行选择。

合规攻略

攻略 64：合规社保筹划的策略

社保费用是国内企业人力成本的重要组成部分，社保费率的高低很大程度上影响着企业的盈利能力。未来社保由税务统征后，企业用工成本无疑将会大幅增加。合规是企业经营的红线和底限，企业可通过精心测算、科学筹划实现成本降低，但不能以牺牲合规的代价来实现用工成本的降低。社保筹划具体有如下策略：

（一）人员按需配置

当前，企业用工成本高企，企业需要综合测算用工成本，减员增效，按需配置人员。严格把控用人进人，多用优秀人才、复合型人才，合理把控企业的用工成本。

（二）优化薪资结构、推行薪酬外包

在工资总额维持不变的情况下，合理优化薪酬结构，减少基本工资，增加可以不列入缴费基数的福利项目，如防暑降温费、计划生育补贴、婴幼儿补贴及劳动保护的各种支出等，但应注意，单位计提的福利费用不得超过职工工资的 14%。另外，社保基数每年进行一次调整，对于新进员工，单位按首月全月工资作为缴费基数，可通过降低首月工资标准、差额部分次月补发的形式降低缴费基数。

也有公司将员工的工资进行拆分，一部分由原来的公司以工资名义发放，另一部分由其他公司以劳务费的名义进行发放，如此用人单位只需按由其发放的工资部分为员工缴纳社保。此种方式有被认定为"以劳务之名行逃避社保之实"，也有被税务稽查风险。

（三）调整用工方式，变劳动关系为非劳动关系，变标准劳动关系为非标准劳动关系。

依《劳动法》的规定，用人单位无须为非劳动关系的人员缴纳社保，因此，单位录用劳动派遣人员、退休人员、在校实习生、兼职人员等非劳动关系的人员，原则上无须为其缴纳社保。另外，非全日制用工，虽然也是劳动关系，但只需缴纳工伤保险，无须为劳动者缴纳养老保险、医疗保险。

（四）组织裂变、业务外包，创新企业的经营模式

探索适合本企业发展的组织结构革新，降低经营成本。比如采取内包模式，公司内部分裂出一部分人员，分别成立小微企业，并以小微企业的名义承接企业分配的业务，从而降低企业的直接人工成本。还有业务外包模式，即将公司非主营业务、核心业务外包给公司外第三方专业服务机构完成，避免公司直接聘用人员自己完成，降低社保缴纳成本，更好地专注于核心业务、主营业务，提升公司经济效益。

（五）统筹对比，寻找社保洼地

全国各地社保缴费比例不尽相同，有些地区缴费比例相对较高，也有部分地区社保缴费比例相对较低。用人单位可统筹对比，选择在社保洼地注册成立公司并招录员工，之后再通过人员借调的形式将员工借调至实际用工地工作，以降低用工成本。

攻略65：应对社保缴纳基数合规的挑战

在过去，少缴或者按照最低基数缴纳五险一金成为创业公司降低用工成本的普遍做法。据2018年中国企业社保白皮书调查，我国社

保基数完全合规的企业不足三成。但未来社保交由税务统一征收后，漏缴、少缴社保将难再有空间，企业社保基数合规面临严峻挑战。

有的员工不要求按实发工资标准缴纳社保，而是要求按最低标准缴纳社保，单位将其余部分以工资形式发放给员工。这种放弃按实发工资作为社保基数缴纳社保的承诺，根据《劳动合同法》，签订劳动合同时约定不缴纳五险一金，属于用人单位免除自己的法定责任、排除劳动者权利，违反法律强制性规定，因此属于无效条款。用人单位和劳动者参加社会保险并依法缴纳社会保险是法定义务，双方均不得承诺放弃。

少缴或按照最低基数缴纳社保有违规处罚风险，按正常实发工资缴纳社保企业又将面临较高的人力成本。那么，在不违反现有法规的条件下，是否有一些合规的办法能够降低社保基数呢？实践中已有一些筹划的方法可以借鉴。比如，调整工资结构，将一部分工资收入以非工资项目体现，可以设置出差补助、劳保费、职工福利等；还有将工资中的一部分以费用的形式来体现，比如替员工租房、租车、旅游、教育费用等项目，既解决了员工的一些实际问题，这部分费用还不计入工资项目；还可以通过第三方平台购买福利，比如购买电影院、商超、加油站等地方销售的消费卡，由单位购买发给员工使用，变相给员工发放现金。

攻略66：非全日制用工的合规路径

社保税管模式下，非全日制用工成为很多公司降低社保用工成本的重要方式。

非全日制劳动用工是指，以小时计酬为主，劳动者在同一用人单位一般平均每日工作时间不超过4小时，每周工作时间累计不超过24小时的用工形式。非全日制除了无须缴纳社保（仅缴纳工伤保险）外，还无须对非全日制用工的员工支付加班费，并可以随时解除与员工的劳动关系而无须支付任何经济补偿金。但公司在适用非全日制劳动用工时，需要根据法律的要求，结合司法机关的判案规则，严格操作。如果操作不当，可能会被视为全日制劳动用工，产生的法律后果是：用人单位支付双倍工资、加班费、经济补偿金、未休年假补偿金等。

公司在适用非全日制劳动用工的具体操作方式上，一定要注意以下几点：

（1）除了公司与员工需要签订非全日制劳动合同外，还必须要求员工签订同意书或申请书。

（2）考勤表中详细记录上下班时间。每月要分两次发放工资，月工资总数不能低于当地最低工资标准。

（3）若员工在公司每天的工作时间超过4个小时，那么超出部分的酬劳应以奖金或额外工作酬劳的名义与基本工资一起发放。

（4）非全日制劳动合同中不得约定试用期。

另外还需要注意的是，非全日制用工并不能完全替代全日制用工，不得滥用非全日制用工故意损害员工的合法权益。

第六节 保密和竞业限制

2017 年 10 月 1 日开始实施的《民法总则》，首次明确将"商业秘密"纳入知识产权客体予以保护。商业秘密已经同专利权、著作权、商标权等一样，成为企业核心竞争力的重要载体。然而，相对于其他知识产权的立法和实践保护，商业秘密的保护一直是最薄弱的环节，在涉及商业秘密侵权方面仍存在"防范难、取证难、成本高、周期长、赔偿低、效果差以及赢了官司，丢了市场"等一系列问题。企业应学会对自身的商业秘密全方面保护，保护企业核心的竞争力。

一、商业秘密保护

商业秘密是指不为公众所知悉、能为权利人带来经济利益，具有实用性并经权利人采取保密措施的技术信息和经营信息。劳动法层面的保密，是指对于在为用人单位提供劳动的过程中，接触到用人单位商业秘密的劳动者，应于在职或离职后保守商业秘密。

为保护公司商业秘密，用人单位可以与劳动者在劳动合同中约定保密条件，也可以与有关知识产权权利归属或竞业限制协议合订为一个协议，还可以单独签订一个保密协议。

保密协议的主要内容一般应当包括保密义务的范围、用人单位和劳动者双方的权利义务、保密期限、侵犯商业秘密的赔偿责任等。用人单位可以在劳动者入职时签署保密协议，也可以在劳动者入职之后开始接触用人单位的商业秘密和与知识产权相关的信息时，与劳动者协商签订。

需要明确的是，劳动者所保密的内容应限于用人单位的商业秘密和与知识产权相关的信息，而不是用人单位的一切相关信息。

商业秘密的构成要素包括三个层面：（1）保密性，是指该信息是不能从公开渠道直接获取的，如网页或者书籍；（2）实用性，是指该信息具有确定的可应用性、能够为权利人带来现实的或者潜在的经济利益或者竞争优势；（3）采取了保密措施，是指权利人采取了诸如订立保密协议、建立保密制度或者其他合理的保密措施。只有同时具备了三个要素才属于劳动者应当承担保密义务的商业秘密。

依劳动法律法规规定了用人单位可以与劳动者约定就相关信息承担保密义务，而并未规定用人单位因此应当向劳动者支付保密费，因此用人单位不支付保密费并未违反法律法规的禁止性规定。当然，企业也可以与劳动者在保密协议中约定支付保密费，以此作为鼓励劳动者积极为用人单位保守商业秘密。

不过，用人单位不能与劳动者约定违约金。根据《劳动合同法》的规定，除违反竞业限制和服务期约定情形外，用人单位不得与劳动者约定由劳动者承担违约金，保密协议亦不能约定违约金。如果劳动者违反保密协议的约定侵犯用人单位商业秘密的，用人单位可以向劳动者主张侵权责任，要求劳动者承担损害赔偿责任。若因此给用人单位造成重大损失的，还应当根据《刑法》第219条承担刑事责任。

二、竞业限制

创业中，人才流失是最可怕的，核心员工离职会给公司造成很大损失，甚至会直接导致创业败局。竞业限制就是为了防止核心员工跳槽泄密而设置的解决方法。

竞业限制，是指用人单位与劳动者约定在解除或终止劳动合同后一定期限内，劳动者不得到与本单位生产或者经营同类产品、从事同类业务的有竞争关系的其他用人单位任职，或者自己开业生产或者经营同类产品或同类业务。简单讲就是：劳动者不能到原单位的竞争对手那里去工作，也不能成为原单位的竞争对手。

竞业限制协议中也要保证员工的权利。法律规定竞业限制时间最长为2年，在这期间用人单位必须按月支付员工竞业限制补偿金，法律没有具体数额规定，各地有具体的规定。如北京地区为员工上年平均工资的20%到60%。如果约定太低，员工会以"显失公正"为由要求补偿。

很多企业对竞业限制存在误解，比如认为签订《保密协议》就能签订《竞业限制协议》，不论职位高低，一律签订《竞业限制协议》，导致员工离职后要支出额外的合理补偿。

根据《劳动合同法》第 24 条的规定，竞业限制的人员限于用人单位的：

（1）高级管理人员

公司经理、副经理、财务负责人、上市公司董事会秘书和公司章程规定的其他人员。

（2）高级技术人员

高级研究开发人员、技术人员、关键岗位的技术工人等容易接触到商业秘密的人员。

（3）其他负有保密义务的人员

其他可能知悉企业商业秘密的人员，如市场销售人员、财会人员、秘书等。建议在入职时就签订竞业限制协议，避免员工离职时不签或拒签。

除了用人单位与承担保密义务的劳动者约定的竞业限制之外，还有部分特定人士承担的竞业限制义务是由法律直接规定，而无须双方约定的，也被称为竞业禁止义务。根据《公司法》的规定，企业的董事和高级管理人员未经股东会或者股东大会同意的，不得为自己或者他人谋取属于公司的商业机会，自营或者为他人经营与所任职公司同类的业务，也不得与本公司订立合同或者进行交易。根据《合伙企业法》的规定，合伙人不得自营或者同他人合作经营与本合伙企业相竞争的业务。由上述规定可知，竞业禁止是法定义务，不能约定而解除，竞业禁止是针对在职的董事、高级管理人员，公司也不需要向其支付补偿。违反竞业禁止规定所得收入当归公司所有。这些方面与竞业限制都是有明显区别的。

典型案例：腾讯游戏前员工离职后创业被判赔 1940 万元

曾参与开发多款知名游戏的徐某某 2009 年入职腾讯科技（上海）有限公司（下称"腾讯"），从事网络游戏开发运营工作。在腾讯的 5 年间，他参与开发了《轩辕传奇》等游戏。根据徐某某与腾讯所签订的《保密与不竞争承诺协议书》，竞业限制范围包括九类业务领域和 50 家公司。腾讯支付股票期权，作为承诺保密与不竞争的对价。如果徐某某违约，则需返还股票期权及相应收益。当他于 2014 年正式离职腾讯后，便自立门户，运营起自己成立的沐瞳公司。徐某某以该公司名义开展业务，开发了《魔法英雄（MAGIC RUSH）》《无尽对决（Mobile Legends）》等多款游戏，主要投放海外市场。腾讯方面认为，这些游戏构成了与腾讯游戏的竞争，徐某某违反了《保密与不竞争承诺协议书》，由此将他告上法庭。后来，上海市第一中级人民法院终审认定徐某某违反了竞业限制约定，并支付约1940万元的巨额赔偿给腾讯，创同类案件最高赔偿纪录。

（据南方都市报《赔1940万！腾讯前员工开发海外版王者荣耀被判违反竞业限制》一文整理）

合规攻略

攻略67：防止核心员工跳槽带走商业秘密

在创业的江湖中，由于核心员工跳槽而造成的泄密事件时有发生。据商业秘密保护网的统计，企业内部涉密人员侵犯商业秘密案件占全部商业秘密案例的82.5%。人员流动是企业发展过程中无法避免的问题，但应防止员工离职而泄密。如何才能有效防止核心员工跳槽带走商业秘密，实操中有如下对策：

（1）在企业规章制度中明确保密义务

首先，通过规章制度，要让企业核心员工所掌握的核心资料或信息成为"商业秘密"，界定商业秘密的保护范围。企业可根据自身情况将本企业生产工艺、产品配方、设计图纸、财务账目、研究报告、实验数据等重要技术信息和经营信息，全部列入商业秘密保护范围。

其次，对商业秘密进行密级划分并实施分级保护。企业应该在核心部门或者区域建立保密制度，设置员工接触权限，根据保密级别不同设置不同开放权限。使用时必须及时、完整登记。

再次，根据企业不同的岗位及职责要求，将保密责任具体落实到各员工，在公司规章制度中明确具体的保密义务，对涉密员工的整个任职过程进行规范制约。

（2）与核心员工签订保密协议并加强保密培训

企业与员工签订保密协议或在劳动合同中约定保密条款时，需要根据不同的对象以及其知悉的商业秘密约定不同的保密内容。此外，对员工进行保密教育培训也必不可少。通过培训向员工传达保密法律法规，对人员泄密的法律后果进行提前告知，将人员泄密风险降到最低。

（3）做好员工离职交接，避免泄密

要求员工在离职前提交离职申请表，办理交接手续，交清涉密资料，同时与企业签订保密协议，防止员工离职带走商业秘密。

（4）给予离职员工以创业支持

在符合公司发展理念的情况下，给予"核心员工"创业支持，直接支持其进行创业，由其独立负责公司的分支机构和再投资公司的机构。这样，既可实现"核心员工"独闯一片天，又可使其掌握的商业秘密限制在可控范围内。如万科集团就出台了《万科集团内部创业管理办法》，支持司龄超过2年的员工离职创业，诸多万科系"创客"成为万科生态系统的"花草"。

攻略68：企业竞业限制的实操建议

在激烈的市场竞争中，员工离职后无论是自主创业，还是跳槽到竞争对手处工作，都可能给企业带来商业秘密流失的直接或潜在威胁。很多用人单位为维护其在某一领域的竞争优势地位，避免商业秘密的泄漏，纷纷在劳动合同中写入竞业条款或与劳动者另行签订竞业限制协议。殊不知，竞业限制适用不当，也会存在较大的法律风险。如果公司只是简单地套用模板、盲目地设定条件，缺乏精心的制度设计和具有针对性的法律评估，忽略方案演练和应急预案，企业的竞业限制制度将流于形式，导致企业的核心人才、商业资源与商业秘密等遭遇竞争对手的"围猎"。

企业竞业限制的设计应注意如下方面：

第一，在员工入职、晋升时，企业应主动识别员工是否属于需要实施竞业限制义务的人员，针对不同员工设置不同类型的协议文本，避免"一刀切"。

第二，企业起草竞业限制协议时，应充分考虑各类风险，切忌模棱两可的表述或遗漏重点，确保充分运用意思自治原则，保护企业利益。

竞业限制协议约定的主体、时间、范围必须明确具体且不得违反法律强制性规定。根据《劳动合同法》规定，竞业限制的人员限于用人单位的高级管理人员、高级技术人员和其他负有保密义务的人员，竞业限制不能适用于企业的所有员工。

竞业限制时间的长短涉及补偿金的支付时间，从经济角度看并不是越长越好，需要根据本行业的特点、所掌握的信息的重要程度等多种角度综合考虑，但最长不得超过两年。

竞业限制的范围是竞业限制协议的必备条款，也是竞业限制条款的必备内容，应当约定明确。竞业限制的范围一般为与本单位生产或者经营同类产品、同类业务的竞争关系的其他单位，为了更好地保护用人单位的合法权益，可将考虑将"同类"约定为"同类、相似、相关"等词语，并在可能的范围内明确有竞争关系的其他单位的名称，以及产品、业务、行业的名称。另外，竞业限制协议可以在不违反法律法规的情况下，约定竞业的地域限制。原则上竞业限制的地域，应当以能够与用人单位形成实际竞争关系的地域为限。

第三，应该明确约定竞业限制经济补偿数额，并在劳动合同终止或解除后按月支付，否则竞业限制条款存在无效或被解除的风险。实践中存在着员工故意注销银行账号、更换联系方式来躲避企业的经济补偿金，所以企业在竞业限制中应该明确约定员工离职后接受经济补偿金的银行账号并约定员工更换后的通知义务。

第四，违约金应该在竞业限制协议中明确约定，但不得过高。根据《劳动合同法》第23条的规定，劳动者违反竞业限制约定的，应当按照约定向用人单位支付违约金。但并未规定违约金的计算方法，这就需要企业在制定竞业限制协议中提前将违约金的数额进行约定。需要注意的是该违约金不能过高，根据《最高人民法院第八次全国法院民事商事审判工作会议（民事部分）纪要》第28条，用人单位和劳动者在竞业限制协议中约定的违约金过分高于或者低于实际损失，当事人请求调整违约金数额的，人民法院可以按照《合同法》违约责任的规定进行相应的调整。

第七章

公司知识产权合规

　　当今世界，知识产权日益成为企业发展的战略性资源和市场竞争力的核心要素。2018 年 4 月 26 日世界知识产权日的主题是"变革的动力"。知识产权推动的社会变革和自身创新，对企业知识产权的合规管理提出了更高要求，合规促发展的重大价值在知识产权领域将日益凸显。

　　加强知识产权保护是保障企业核心竞争力和研发投入获得回报的重要保障，也是企业合规运营的重要组成部分。企业应坚定知识产权保护的理念，关注目标市场的知识产权执法、司法环境的动态变化，谙熟行业知识产权环境，主动研究和运用国内外知识产权保护制度和竞争规则，提高知识产权保护意识。企业应重视保护自身的知识产权，尊重他人的知识产权，力求做到知己知彼。企业可通过专业化的合规控制防范知识产权风险，减少知识产权纠纷，增进知识产权效益。

第一节　商标权的合规管理

商标素有企业"黄金名片"之称，是维系企业产品与顾客之间联系的纽带。它凝聚着企业的信誉、文化、顾客的信赖及情感诉求以及对企业及其产品的忠诚等诸多内涵，是企业竞争优势的重要来源之一。近几年来，一系列受关注度极高的商标案件越来越多，企业商标权的合规保护已经成为企业知识产权合规管理的重要组成部分。

一、商标权保护的价值

商标是公司为了把自己的商品或服务与他人区别开而使用的标记，如品牌名、logo、企业字号等。

随着经济的发展，商标可使用的范围不断扩大，商标已从简单的商品标识，演变为具有特定含义的无形资产；商标标示商品来源的功能日益退化，而其表彰商业信誉、品质保障和广告宣传的经济功能日益显著。

商标注册就是向商标局提出申请，在某个特定服务或产品上拥有某个品牌名的专有使用权。注册商标对于企业有如下价值：

（1）商标是公司的重要无形资产

注册商标后，随着公司不断发展，品牌影响力扩大后，所带来的品牌价值都可以记为公司的财产。企业品牌积累的良好声誉转化为市场竞争优势，可以增强企业产品和服务开拓、占领、巩固市场的能力。

（2）商标是公司发展的必要证书

公司在发展过程中，会遇到很多情形要提供给第三方商标证书，在发展早期就获得商标证书可以帮助公司节约时间和精力。

以下情形都需要拥有商标注册证书等文件才可以进行：

①申请微博、微信公众账号的官方认证；

②申请入驻京东、天猫等电子商务平台；

③搜索引擎推广品牌词保护，比如百度推广经常会有竞争对手购买自己的品牌关键词，向百度提供商标证书后可以要求对方停止购买。

（3）便于对外宣传，提升品牌

公司的品牌积累了公司的商誉，也是产品/服务质量的保证，通常企业在对外宣传时，很多时候都要使用商标。

（4）拥有注册商标专用权

注册商标后能够确保自己在特定服务和产品拥有注册商标专用权，别人在相同/类似服务和产品上使用相同/近似的商标会涉嫌构成商标侵权，可以去起诉要求其停止商标侵权行为，并索要相应赔偿。一旦他人将该商标抢先注册，该商标使用人就不能再继续使用该商标了，还可能被诉侵权，赔偿高额损失。

（5）注册商标专用权质押融资

注册商标专用权质押是指商标注册人以债务或者担保人身份将自己所拥有的、依法可以转让的商标专用权作为债权的担保。商标权质押，有利于缓解中小企业融资难的问题，同时使中小企业真正了解自己在市场中的商标竞争优势，进一步增强企业创新和树立商标意识，保持较长时期的市场优势。

二、公司哪些标识应该注册为商标

可以申请为商标的标识包含很多种，常接触的文字、图形、字母、数字等及以上各要素的组合，都可以作为商标申请注册。

通常公司字号、品牌名称、网站名称、域名、logo 等都可以通过选择注册为商标来进行保护。

为了防止企业的商标被恶意注册，企业还可以做一些防御性商标注册。比如，五粮液集团共计注册了近三千个商标，除了市面上的"五粮液"外，还申请了"五狼液""六粮液""七粮液""八粮液"等。阿里巴巴集团注册了"阿里爸爸""阿里妈妈""阿里叔叔"等"亲属"商标。

三、如何注册商标

（一）确认需要注册的商标类目

商标共有 45 个大类，需要按照类别对商标进行保护。如，第三十五类包括广告、商业经营、商业管理、办公事务；第四十一类包括：教育、提供培训、娱乐、文体活动。

（二）商标名称查询

商标查询是指商标申请人提出注册申请前，对其申请的商标是否与在先的权利商标有无相同或相似的查询工作。提交申请前的查询工作可以使申请人做到心中有数，避免不必要的浪费。

将品牌名称注册为商标，需要在确定品牌名称阶段综合考虑商标审查的各种要求。通常按如下方式操作，可提升商标注册的成功率：

第一，品牌名称不能含有法律明文禁止的字词：

①含有国家名称、国际组织名称等官方性质标志或者近似的，如中国××等；

②直接表明所使用商品的通用名称、型号、主要原料、功能、用途等；

③有伤风化或者有其他不良影响的；

④夸大宣传并带有欺骗性的。

第二，根据经验判断是否缺乏显著性。显著性是指易于区别其他商标的商品、服务的可识别性和独特性，通俗来说就是普通消费者可以凭借该商标特征与其他的商品或服务区别开来。

第三，查询是否已经被注册，如果品牌名称在要注册的类别相同品牌名称已经被他人注册为商标，那么该品牌名称在该类别很难再获准注册了，为了避免"撞车"则需要考虑想新的品牌名称了。

第四，进一步判断是否有近似商标，将品牌名称告知商标代理机构，由代理机构再次进行专业查询，代理机构会结合是否有近似商标、是否符合相关规定等多方面去考量给出大致的通过率。如果存在近似商标，那么会被告知不建议注册，并给出相应修改建议。

（三）准备申请材料

申请商标注册，应当按照商品和服务分类表填报。每一件商标注册申请应当向商标局提交《商标注册申请书》1份、商标图样1份。商标申请人可以通过一项注册事宜就多个类别的商品申请注册同一商标。每件商标申请办理任何一项注册事宜都视为一件申请，应提交办理相应事宜的申请书。

（四）确定申请内容并提交

多数商标以纯文字为主，直接申请就可以。如果是简短的英文字母组成，则需设计。

部分公司的商标是组合商标，包含文案、图形等多种元素。这种情况建议根据查询结果进行判断：

1. 一般情况下建议将商标拆开，把组成商标的各个元素单独申请，例如将文字部分和图形部分拆开后分别申请，因为组合商标申请时，审查员会按照不同的元素单独去审查。如果其中某个元素无法注册，就会导致整个商标无法通过注册。

2. 如果商标某个组成元素可能被认为缺乏显著性，则需组合申请。

需要注意的是，将组成商标的各个元素单独申请，容易产生缺乏显著性的问题。在此情形下，则需要考虑将各个元素组合在一起来申请。

另外，在财力允许的情况下，为了实现品牌的全面保护，也可以考虑各个元素单独申请和组合申请同时提出。

提交商标申请，申请人可直接到商标局办理，也可以委托国家认可的商标代理机构办理。申请商标注册还应当缴纳商标费用。

（五）商标局受理

提交申请后，会经历形式审查、实质审查、公告期三个阶段。形式审查后，商标局会发给申请人《受理通知书》，通知申请人商标已受理，并告知其申请日。商标受理通知书，一般一个月左右就能拿到。实质审查是商标局指定审查员对经过审查、编定申请号的商标注册申请，就商标的合法性所进行的检查、检索、分析对比、调查研究，并相应地做出予以初步审定或驳回的一系列工作。经实质审查后，商标局对于符合《商标法》有关规定的，做出允许其注册的决定，并在《商标公告》中予以公告，公告之日起3个月无人提出异议的或虽有异议但不成立的，该商标予以注册，同时刊登注册公告。公告后颁发注册商标证书。整个注册流程大约13个月，具体完成时间需视商标局进度而定。

任何商标都不可能保证100%会注册成功。主要受两方面影响，一是商标的审查标准具有一定主观性，受到商标审查员知识结构、经历等影响；二是一个商标从提交到网上能查到信息有3个月的空白期，通称盲查期。如果盲查期内有相同或近似的商标已在申请中，也是无法被查询到的。

四、商标的使用维护

商标注册成功后并不代表就会一直拥有该商标权，对商标权的运营也是需要企业注意的，下面是很多公司经常疏忽的注意事项：

1. 收集商标使用证据

商标注册后，如果3年没有使用，可以被其他人申请撤销，从而使得他人获得该商标及其权利。所以在使用过程中，要收集体现该商标使用的相关证据，如合同、发票、宣传资料等表明自己在长期使用该商标。

2. 正确使用商标

①注册商标必须使用在核定使用的商品和服务上，比如自己的商标申请在手机类别，那么实际商业行为中将商标使用在服装上就不属于正确使用，不会受到相应保护。

②注册商标专用权以核准注册的商标为限，也就是说，假如你注册的商标名称是"滴滴打车"，从使用上讲，"滴滴叫车"则不属于"滴滴打车"这一注册商标的正确使用，也不会受到保护。

3. 更新商标备案信息

当企业名称或地址发生变更时要及时对商标信息进行变更，包括续展等。

五、公司是否需要注册国际商标

是否注册国际商标主要看自己公司的业务是否需要，因为商标专用权具有地域性特征，在中国受保护的商标，其在国外并非当然受保护。如果公司在发展规划中有进入国际市场的规划，那么在早期就应该进行商标布局。中国驰名商标"海信"在德国就遭到了博世西门子公司的抢注，西门子公司向海信集团要价 4000 万欧元，后经多方努力，海信集团最终以 50 万欧元赎回。

国际注册的方式有两种，一种是逐一国家注册，即企业到各国商标主管机关分别办理商标注册申请手续；第二种是马德里国际注册申请。

《商标国际注册马德里协定》简称《马德里协定》，是为了简化申请人在其他多个国家内商标注册手续的国际协定，条约由美国、欧盟、日本、韩国、德国、英国等共计 53 个成员国共同缔结而成，现在我国适用马德里国际申请的同属协定和议定书缔约方有 52 个国家，纯议定书缔约方有 45 个国家。

典型案例：苹果与唯冠 iPad 商标之争

2000 年，唯冠台北公司注册了 iPad 电脑等多种电子产品的欧洲与世界其他各地的商标。2001 年 6 月和 12 月，唯冠科技（深圳）公司先后申请注册了两项 iPad 中国商标。2006 年苹果在英国以撤销闲置不用商标等理由将台湾唯冠告上法庭，最终以台湾唯冠胜诉而告终。2009 年 12 月，苹果用 3.5 万英镑的价格获得了 iPad 的海外商标权。不过，唯冠科技称，iPad 的中国大陆商标权归属于其所有。2010 年 4 月，深圳中级人民法院受理了苹果诉唯冠商标权权属纠纷案，经过三次开庭审理，苹果一审败诉，赔偿和商标权属要求被驳回，随后苹果公司向广东省高级人民法院提起上诉。2012 年 7 月，苹果公司与深圳唯冠公司达成和解，苹果公司支付 6000 万美元一揽子解决 iPad 商标纠纷。
（据人民法院报《苹果公司与深圳唯冠公司："iPad"商标权属纠纷案》一文整理）

⚖ 合规攻略

攻略 69：商标布局的攻守道

商标遵循在先注册保护原则，具有排他性，需规避权利冲突或排除在先权利障碍才能得以获权。所以从这个角度来说，商标是一种"稀缺的不可再生的资源"。如何更加有效地获得商标专用权，乃至在自身已有权利范围内形成"强保护"，对于企业的长远发展有着极为重要的作用。

企业在自身核心商标已经获权或者已经有非常大的把握获取的情况下，商标布局即可展开。从商标布局发出时起，其最初的作用为起到"预防"的作用，也就是"未雨绸缪"；在"防御工事"构建好之后，紧接而来的便是"反守为攻"，将商标变成企业商业竞争的利器。

商品的分类保护和布局上，可以遵循使用范围、发展范围、保护范围和禁用范围四个维度。

使用范围通常与企业的核心业务相关。比如，化妆品行业核心保护类别为第 3 类，所以厂家首先要保障在该类别上获权。这就属于防御的范畴。

发展范围，是指目前虽然尚未涉及，但日后随着企业的发展可能涉及的领域，或者虽然并不会完全涉及，但若被他人申请注册，将很可能产生实际使用中的混淆。比如，第 1 类：制化妆品用茶提取物、制化妆品用抗氧化剂、制化妆品用维生素等；第 7 类：化妆品生产设备；第 42 类：化妆品研究。化妆品厂家在这些商品或服务上进行布局，可以防止其他竞争对手使用。另外，针对将来可能延伸发展的电商业务相关类别也有必要进行布局：如 9 类（计算机相关类别）、第 35 类（广告、替他人推销）、第 38 类（通讯服务）、第 39 类（物流相关类别）等。

保护范围，即企业在经营中不会涉及，但是如果被他人注册和使用，将会导致淡化自身商标显著性，降低自身品牌的商业价值。仍以化妆品厂家为例，也可以在第 5 类（药品、保健品）、第 29 类（奶和奶制品）、第 30 类（植物类食品）、第 31 类（新鲜水果、蔬菜）、第 32 类（饮料、啤酒）、第 33 类（白酒）进行注册，从源头上布局，强化自身的品牌优势，形成有利于自己的攻势。

禁止范围，即企业经营中不会涉及，但若被他人注册和使用，将会严重丑化自身商标、损害自身市场声誉。比如，他人在第 5 类（失禁用尿布）、第 11 类（坐便器）、第 45 类（殡仪服务）等商品或服务上恶意注册，对于讲究美誉度的化妆品厂家来说将是非常不利的。提前布局禁止范围，则可能击退来犯的其他商业对手的恶意攻击。

商标布局既要满足现实需要，也要考虑长远发展规划，预先进行全面筹划和安排，占据有利地位，方能进可攻、退可守，实现企业的竞争优势。

攻略 70：企业玩转商标管理的策略

商标作为品牌的载体，关乎企业的核心竞争力和商誉，在市场竞争中发挥着越来越重要的作用。如何更有效地管理商标、增强商标的影响力、确保商标使用合规成为企业商标管理的必修课。商标管理的成效直接关系到整个企业的运营和发展。加强企业商标管理，需要重点做好如下工作：

（一）明确自身和竞争者商标情况，制定商标保护体系框架

商标检测是了解竞争对手的方式之一，可以防止近似商标获得注册。在企业信息网可以查询竞争者的企业名称，在商标网可以查询竞争者的商标注册情况，对于商标注册情况需要由有经验的商标代理机构去分析，如此便可知道竞争对手的发展方向、发展速度。

可以根据自身商标注册情况、企业的发展阶段和竞争对手的情况，制定商标管理体系框架。企业创立初期在核心类别注册即可；当企业有了一定的知名度之后，为防止傍名牌可考虑跨类申请商标；随着企业的进一步发展壮大，公司在原有的商标基础上进行商标布局，包括系列商标申请、全类申请、国内国外商标申请、各个子品牌之间的关联和呼应等，还包括对于行业新兴领域稀缺商标资源的占领。

（二）商标申请、续展工作

企业在推出新品牌之前应提前做好商标注册，企业应根据自身的经营范围准确选择商标类别，做好商标申请，取得属于公司的核心商标专用权，同时做好防御注册和联合注册。最终形成将核心商标用近似商标和类似商品包裹起来的格局，有效保护核心商标，同时为公司以后的产品系列储存商标。企业在商标缴付、续展等方面应注意保持已注册商标的有效性。

（三）商标的异议、撤三和无效宣告工作

对于近似商标可依据《商标法》的规定提起异议，尽早消除近似商标对于公司品牌的影响。系列商标异议同时为以后商标申请及异议提供案件支持。

根据我国《商标法》规定：注册商标成为其核定使用的商品的通用名称或者没有正当理由连续三年不使用的，任何单位或者个人可以向商标局申请撤销该注册商标。企业对于在先障碍商标进行尝试性撤三，如果对方没有足够的使用证据，在先障碍商标将被撤掉。

新商标法实施后，异议程序核准注册将直接发商标注册证，不再有后续复审及诉讼程序，所以只能无效宣告。商标被宣告无效的，该注册商标专用权视为自始即不存在。

（四）商标转让

有些不能异议掉的商标有可能被购买，商标转让需做好商标调查，近似商标须一起转让，同时注意被转让人的使用证据（过往使用有关的文件或声明），防止受让的商标有权利瑕疵。

（五）商标使用管理

商标注册成功只是第一步，商标的使用是商标的核心，商标使用证据在商标诉争中至关重要。商标的使用证据足够充分不仅可以免于撤三，更为重要的是在认定近似商标、申报知名商标时可以作为有力证据。

企业应建立商标使用档案，足以形成完成的证据链，还原市场推广情况，呈现市场知名度状况；应注意商标标识的印刷，保留印刷的证据；市场部门活动推广时，应保留一些客观性、中立性的证据以备用；注意公司加强员工培训，讲解商标使用的基本知识，建立《商标管理制度》，提高公司员工对于商标的认识；对于关联公司或者连锁企业而言，未使用的商标印刷材料应及时销毁或者收回。

（六）商标侵权投诉和诉讼

针对商标侵权行为，主要有行政查处和诉讼程序两种方式。行政查处，一般力度大、行动快，对制假者和售假者打击迅速能有效制止侵权行为的蔓延，但一般很难获得足额的经济赔偿。诉讼方式可以要求侵权行为人对其实施的侵权行为给被侵权人造成的损失予以赔偿，但诉讼程序相对复杂，需要在专业维权律师的协助下实施。

第二节　著作权的合规管理

著作权亦称为版权。版权保护在中国起步较晚，盗版及侵权行为在网络环境下比比皆是。而事实上，国家一直未放松对版权环境的治理。自2005 年起，国家版权局持续开展"剑网行动"，针对视频、音乐、软件等重点领域，集中强化对网络侵权盗版行为的打击力度，关闭了数千个侵权盗版网站，诸多非法违规的第三方电视视频 App 被勒令下架。今天，盗版视频和音乐在互联网上基本上已经难觅踪迹了。创业者应加强版权意识，切勿将盗版作为商业模式，不要让自己的创业项目一诞生就触及法律的底线。

一、著作权保护的价值

著作权分为软件著作权和作品著作权两大类，软件著作权主要是公司所开发的 App、网站、后台等类型的计算机软件产品。作品著作权主要是美术作品、文字作品、摄影作品、词曲、视频、其他汇编等多种类型的作品。

对于互联网公司，计算机软件著作权尤为重要。公司所开发的软件、手机 App、网站程序等都可以登记为软件著作权。此外，公司的 icon、短视频、文字作品、图形商标的 logo 等可以登记为作品著作权。

"互联网+"的创业大潮下，版权合规管理重要性凸显。2010 年优酷启动上市，盗版成了最大的障碍；2011 年，迅雷申请上市，收到涉嫌侵权的诉讼共 244 件，预计索赔总金额约 340 万美元；2015 年快播因盗版被举报引来了"杀身之祸"。对于创始人来说，避免"山寨"他人和被他人"山寨"都是版权合规管理中的需要重视的课题。

二、著作权登记

我国商标权和专利权的产生实行"审批制"，而著作权的产生则实行"登记制"。当作品（包含计算机软件）完成后，该作品的著作权已经自然产生。作品完成人到版权中心进行著作权登记，只要符合版权中心的条件和要求，都可以顺利完成登记并获得官方的著作权证书，不存在被驳回的情形。

著作权证书是著作权人证明自己拥有相应权利最直接和最有公信力的证据，能够使著作权人的权利在最短时间内得到法律保护。如果没有登记著作权，一旦发生侵权纠纷，就会需要提供大量的证据来证明其权利，不利于维权。同时著作权证书也是企业或个人在知识产权方面的一种权威的资质证明，是企业申请政府相关扶持资金的必备条件。此外，登记软件著作权还将有助于企业获得政府政策扶持：

（1）拥有一个发明专利或软件著作权是申请高新技术企业的必要条件。成为高新技术企业后可以享受相关税收优惠。

（2）当软件申请下来软件著作权登记后，再继续做软件评测报告，即可享受相关税收减免优惠政策。

（3）可以有资格去申请国家相关创新资金等项目的资金扶持。

需要注意的是，公司应该在作品完成时就登记著作权，并且越早登记对后期维权越有利。

三、软件著作权登记

软件著作权登记共有四个步骤：

第一步，网上注册阶段，需要登录版权中心网站注册账号登记相关信息；

第二步，填报申请表和准备登记材料，去国家保护版权中心报交；

第三步，提交申请后，版权中心会现场发放受理通知书，通知书有说明领取证书时间；

第四步，按照约定时间，通常是申请后约 30 个工作日，前去领取著作权登记证书。

四、著作权侵权

著作权侵权是指他人未经权利人许可，直接或间接利用作品，对著作权人的专有权构成侵犯的行为。

我国《著作权法》第47条规定了普通的侵犯著作权的行为应承担的法律责任，包括了侵犯著作权人人身权利的行为和侵犯作者经济权利的行为两种情形。此类侵权一般不涉及或者较少涉及社会公共利益，无须国家强制力量的介入，只承担一般性的法律责任，承担包括停止侵权、消除影响、赔礼道歉、赔偿损失等民事责任。

《著作权法》第48条则规定了对社会秩序和公共利益损害较大，除了承担47条规定的民事责任外，还可以由著作权行政管理部门责令停止侵权行为，没收违法所得，没收、销毁侵权复制品，并可处以罚款；情节严重的，著作权行政管理部门还可以没收主要用于制作侵权复制品的材料、工具、设备等；构成犯罪的，依法追究刑事责任。

典型案例：快播侵犯版权被处罚案

快播案为最严格保护著作权提供了一个经典案例。针对快播公司未经权利人许可，通过快播播放器向公众传播《北京爱情故事》等24部、近1000集影视剧作品，而这些影视作品属于腾讯独家版权，已经严重侵犯了腾讯公司的合法权益。2014年深圳市场监管局做出《行政处罚决定书》，对其未经许可侵犯他人合法权益、扰乱网络视频版权秩序、损害公共利益的行为，处以非法经营额8671.6万元3倍的罚款共计2.6亿元，创下了国内互联网行业行政处罚之最。

（据法制网《"快播"行政处罚案终审宣判，维持原判罚款2.5亿》一文整理）

合 规 攻 略

攻略71：著作权侵权函的应对之道

很多公司在日常经营活动中会收到"三件套"——字体、图片、软件的侵权警告函或律师函。尤其在企业融资和即将上市的关键时期，这类法律函件就会更加蜂拥而至。针对这类著作权侵权函，以下应对之道可供参考：

（1）组织企业内部进行自查。版权方发出的法律函一般都是批量发送的格式文件，在函件中可能没有具体指出企业在什么情况下侵犯了何种权利。因此，企业需要根据函件线索，查找在产品、包装装潢、网站、宣传材料、自媒体等哪个环节使用了对方知识产权，通过自查了解可能涉及的侵权范围及侵权规模。

（2）组织专家进行侵权判断。侵权判决需要结合具体案情进行分析，企业在遭遇此类情形时可聘请专业的知识产权律师进行评估。

（3）搜集、保存有利证据。查阅委托设计合同，搜集己方合法来源、合理使用等证据，以备未来抗辩。如果被控侵权的字体、图片等系委托第三方设计的，确认合同中是否对设计内容约定了权利担保条款，并准备付款记录、发票等履行证明。若属于委托设计，应与设计方取得联系，确认其是否购买正版字库、软件或美术素材，以及审查其获得授权的范围、有无包括商用等。

（4）停止侵权行为。对确认侵权的字体、软件、图片等，应及时停止侵权，删除、销毁侵权载体或寻求替代方案，以防版权方的证据保全。

（5）不主动联系。考虑到取证难度、律师费用以及诉讼程序等维权成本，版权方未必都会采取诉讼方式维权，而是籍由维权达到提高销售额的目的。因此，若侵权规模不大，可以采取消极回应的策略。

（6）可充分利用公开裁判文书系统，查找是否有权利方的在先维权案例，以及是否认可通过技术手段确认侵权方使用软件及侵权数量，来判断版权方采取诉讼方式维权的可能性。除了法院诉讼，版权方也有可能通过版权执法部门进行侵权查处，亦需要评估被行政处罚的风险。

（7）对于确实需要使用且无替代方案的版权产品，建议企业为规范经营之目的以合理价格获取使用许可。

攻略72：技术型企业版权保护的路径

版权是企业的重要无形资产，也是很多企业的竞争壁垒。很多创业者认为版权保护是文创企业的财富，却不了解技术型企业也需要加强版权保护，产品和创意很容易被他人模仿和复制，给企业带来严重损失。

技术型企业可以通过如下几种途径加强版权保护：

第一，对于软件，可以申请版权登记保护。但软件需要不断更新与升级，对于升级后的软件，也要及时申请对应不同升级版本的软件著作权。

第二，对大数据可以通过汇编作品保护。著作权主要是对大数据形成的汇编作品进行保护，主要保护大数据当中体现的选择、编排、数据库的体系和结构，而不是对数据内容本身进行保护。

第三，针对经营中的作品可以考虑版权登记保护。比如企业设计的 logo，既可以作为商标注册保护，也可以申请版权保护。对于游戏作品，可以对游戏中的代表人物的形象版权登记，游戏软件运行过程中的图片、动画、播放音乐，甚至还有故事情节都可以分别构成"美术作品""电影作品""音乐作品"等。

第四，可以通过技术手段保护企业版权。比如，在软件中加入特殊指令以防止软件被非法拷贝或利用，在软件中使用口令加密技术，在未从著作权人处得到口令时，软件将自动中止运行。

第五，可以通过权利管理信息防侵权。比如，软件在安装时自动弹出最终用户许可协议或者版权警告等，防止侵权。

第三节　专利权的合规管理

很多企业以技术起家，这些技术优势在创业初期得到投资机构的认可，取得爆发式增长。然而，若创业者一开始没有对自己的核心技术进行专利布局，一旦自身技术被他人抄袭，甚至被他人抢先进行专利布局，则未来公司发展的天花板将提前到来。巨头如 Facebook，刚开始专利布局没有与业务增长匹配，直到 2012 年全力准备 IPO 的时候遭到了竞争对手的专利诉讼。企业创始人应当高度重视和把握专利权中可能涉及的合规风险，在产品研发、专利权申请、专利授权后的使用、专利侵权及维权等各个环节做好布局，防控法律风险。

一、专利权保护的价值

专利权是一种法定权利，需要通过申请获得。成功获取后，权利人在法定期限内在中国境内获得独占使用权，他人未经权利人许可不得使用。

我国专利分为发明、实用新型、外观设计三种类型。

发明是指对产品、方法或在其改进所提出的新的技术方案，保护期为20年。

实用新型是指对产品的形状、构造或者其结合所提出的适于实用的新的技术方案，保护期为 10 年。一般对日用品、机械、电器等产品的简单改进比较适用于申请实用新型专利。

外观设计是指对产品的形状、图案或者其结合以及色彩与形状、图案的结合所做出的富有美感并适于工业应用的新设计，保护期为 10 年。互联网公司通常会涉及的图形用户界面（GUI）也属于外观设计保护范畴。

申请专利保护的价值如下：

（1）市场保护：专利最好是在向市场公开前就申请，申请并获得专利授权后即可受到法律保护，在专利权保护期限内可垄断市场，防止竞争对手模仿。当发现电商平台，如天猫上有产品模仿自己的技术时，可以向电商平台出示专利证书，要求平台下线相关侵权产品。

（2）获得收益：拥有专利权后，可以通过许可他人使用专利或者转让专利等获得收益。

（3）税收优惠：拥有专利后可以帮助公司进一步申请高新技术企业，创新基金，获得国家补助及税收优惠，降低公司经营成本。

（4）彰显实力：突出拥有专利权是公司在市场宣传中彰显实力的重要方式。很多互联网公司在举办发布会和投放广告时都会宣传自己获得多少专利，既可以证明自己的实力，也能获得顾客的认可。

（5）防止被他人抢先申请：他人抢先申请后，会导致自己也不能再使用，否则将面临侵权赔偿风险。

二、怎样获得专利权

（一）申请主体要求
发明人、单位、专利申请权受让人、外国人均可成为专利申请主体。

（二）专利内容要求
需要符合专利三性要求，即新颖性、创造性、实用性。

新颖性，指该发明或者实用新型不属于现有技术，也没有任何单位或者个人就同样的发明或者实用新型在申请日以前向国务院专利行政部门提出过申请，并记载在申请日以后公布的专利申请文件或者公告的专利文件中。

创造性，是指与现有技术相比，该发明具有突出的实质性特点和显著的进步，该实用新型具有实质性特点和进步。

实用性，是指该发明或者实用新型能够制造或者使用，并且能够产生积极效果。

（三）专利授权时间
发明专利2年左右，实用新型6—12个月，外观设计专利6个月左右。

（四）如何在国外申请专利

越来越多的企业走出国门，因此做好专利的国际布局非常必要。在国外申请专利的途径主要有两种，即目的国直接申请和PCT国际申请。

直接申请是指申请人直接向目的国专利行政机构提交专利申请文件，目的国专利行政机构按照本国的法律对该专利申请进行审查，对于符合专利授权条件的授予专利权。

PCT国际申请是指申请人可以向国家知识产权局提交一份国际专利申请，由世界知识产权组织的国际局进行国际公开，并由国际检索单位进行检索。PCT国际申请可以指定进入多个国家，而不必向每一个国家分别提交专利申请，为专利申请人向外国申请专利提供了便利。

三、专利使用维护

（一）别忘了续费

专利需要每年缴纳年费来维持专利有效。所以，专利授权后，专利权人需要每年在当年专利申请日之前缴纳下一年度的专利年费。

（二）在保护期限内及时实施专利技术

专利有保护年限，发明专利的保护期限为20年，实用新型和外观设计专利的保护期限为10年，均自专利申请日起算。专利保护期限届满后，专利权人将不再享有专利权。因此，专利权人需要根据自己公司的业务发展，及时实施专利技术，充分利用专利权的商业价值。

（三）及时更新备案信息

专利权人转让或地址变更时要及时向专利局提出变更申请，专利发生质押或许可时也应该及时到专利局进行许可备案。

四、专利侵权的认定

（一）视为专利侵权的情形

未经权利人许可，以生产经营为目的制造、使用专利产品、许诺销售专利产品、销售专利产品，以生产经营为目的进口专利产品，使用专利方法以及使用、许诺销售、销售、进口依照该专利方法直接获得的产品的行为，假冒他人专利的行为均可能构成专利侵权。

（二）不视为专利侵权的情形

购买专利产品，使用的、销售的、许诺销售的、进口的；在专利申请前，已经制造了相同产品的，可以在原有范围继续制造、使用；通过中国国境的外国运输工具，自身设备需要使用有关专利的；为提供行政审批所需要的信息，制造、使用、进口专利药品或者专利医疗器械的，以及专门为其制造、进口专利药品或者专利医疗器械的；以上情况都不视为专利侵权。

（三）专利侵权赔偿标准

专利侵权可按权利人的实际损失计算，实际损失难以计算的，按侵权人的获益计算，以上均难以计算的，根据案情赔偿 1 万—100 万元。

合规攻略

攻略 73：公司五大专利认知误区

专利是保护技术成果的重要工具。创始人若对专利保护产生错误认识，将会导致企业专利布局失效，不仅无法起到保护的作用，反而使技术遭到更便利的窃用，成为大家共享的免费午餐。常见误区如下：

误区一：专利申请就是为了保护自己的技术成果

专利申请当然是为了保护自己的技术成果，但专利保护的本质是设置市场壁垒，仅仅就自己的技术成果内容进行专利申请布局，很难起到设置市场壁垒的目的。

构筑市场壁垒，需要考虑企业市场经营循环全过程，而不能只局限于一个环节。比如，生产设备制造商，既要考虑自身生产工艺中的专利保护，也要考虑可能采购零部件的专利保护。不仅考虑自己的技术成果本身，更要考虑市场中的竞争对手如何进行专利布局。需要了解竞争对手在面对自己的专利产品时，可以做哪些改变，通过哪些替代性的技术方案避开或越过专利壁垒。此外，针对自己不使用的技术，也可以考虑申请周边专利，以此来构筑市场参与壁垒，避免市场份额被切割。

误区二：专利申请越快授权越好

国家专利局的加急审查程序能够满足企业专利申请加快授权的诉求，因此，许多企业很喜欢发明专利申请加急审查程序。然而，对于专利申请正常化的企业来说，加急审查程序只是非常状态下一个应急手段，不到万不得已，不宜采用。

加急授权一方面会导致费用提高，另一方面专利必须提前公开，这可能会影响企业专利申请的时间筹划。还有更为重要的是，由此可能会导致保护范围缩水。加急审查要求申请人必须放弃主动修改期，这不仅要求专利申请初稿的高质量，还要求申请人对于专利保护市场的准确预期，这往往是很难做到的。同时，专利授权也意味着分案机会和国内优先权的消失。这些都可能造成目标专利的保护范围缩水。

误区三：实施自己的专利不会产生侵权风险

专利是一种排他权，专利权的"排他"范围和效力决定一项专利的价值。在某些情形下可能会导致专利受到其他专利排他权的限制。比如，申请滞后，让对手抢了先机，自己的专利反而成了对手专利的从属专利；再比如，针对关键技术仅申请一项或太少量专利，让对手从容地"捡漏"，形成外围专利或补充专利；还比如，专利申请质量低劣，专利保护方案与实际营销产品方案南辕北辙，产品反而踏入他人专利保护范围，构成专利侵权。

误区四：专利申请多多益善

毫无目地地申请大量专利，结果导致授权效率低，产生大量垃圾专利，浪费时间和成本。专利布局并不是胡乱申请一堆专利，而是要根据竞争对手或行业的现状，通过谋篇布局来确立自己的优势。专利申请时，申请文件的撰写，包括权利要求书、说明书等，专利保护的范围不宜过宽，宽泛容易被驳回；保护范围过窄，则容易使专利权人得到的保护缩小。对此，专利人应选择有水平的专利代理机构进行专利布局分析，再提交申请专利，这样才能构筑专利壁垒，全方位保护自己权益。

误区五：技术秘密保护优于专利保护

有些公司认为，一旦自己的技术方案交给代理机构代为办理申请，就会存在技术泄密的可能性；还有人一听到专利保护制度是"以公开换保护"，就认定一旦自己的技术方案被公开，马上会被陌生人"抄袭""盗用"，从而因噎废食而不进行专利申请。

其实，现实中技术秘密很难保密，更难追责。"技术秘密"不能对抗专利，一旦他人研制出相同的技术并申请专利，技术秘密也就无知识产权可言，无论从技术上还是市场上都将陷于被动。

攻略74：企业强化专利管理的策略

专利技术既是企业保护自身利益不被侵犯的手段，更是占据市场优势对抗竞争者的武器，专利权是企业发展的生命线和护身符。专利管理是针对企业的专利申请、审批、信息利用、风险控制、运营等一系列活动进行的管控。有效的专利管理才能让企业保持长久的竞争优势。

强化专利管理，具体可包括如下方面：

第一，引进专业管理人才，建立专利决策管理部门。企业固然需要加强技术研发团队的投入，对专利管理团队的投入也必不可少。企业专利管理工作具有很强的专业性、技术性、法律性特点，因而对从事专利管理的人员有较高的专业性要求。专利部门人员应该具有理工科及法律和经营管理等多方面的专业知识。

第二，健全专利保护体系。应由企业高层领导牵头，制定企业的专利战略，建立以企业专利管理部门为依托，以技术开发部门、产品实施部门、法律部门为支撑的有机体系。同时，建立严密的保密体系，在制度上要保证企业专利不被泄密。对于任何侵犯专利的行为应通过各种手段进行法律救济与防御，以免技术泄露。

第三，重视计算机网络技术运用。企业专利检索网是一种极其有效的科技信息源，通过专利信息检索分析可以得知某一技术领域的专利状况，用以决定本企业研发的突破口和关键点，选择正确的研发方向；通过专利信息检索分析还可以了解国内外同行业的技术发展动态和发展趋势，用以确定企业专利发展的战略定位。

第四，注重专利申请技巧。企业首先应该决定是申请专利还是作为商业秘密保护，专利保护并不是唯一的，更不是万能的。同时在申请专利时，也存在不同时间阶段的战略要求。在撰写专利申请文件时，也要注意综合运用一些技巧。

攻略 75：量体裁衣设计知识产权解决方案

知识经济时代，知识产权在企业发展与竞争中的作用逐渐凸显。企业无论在初创期还是成熟期，知识产权已经成为每个致力于长远发展的中国企业所必须要面对的现实问题。但对于不同发展阶段的企业来说，需要根据阶段特点制定有针对性的、阶段性的知识产权解决方案。

在公司发展早期，出于成本考虑，通常会选择一家靠谱的知识产权代理机构进行合作，把公司所涉及的商标、著作权、专利等事项交给代理机构去完成，公司需要做的就是保持跟代理公司的密切沟通，确保自己的相关权益得到尽快保护。

如果公司进入成熟期而且有大量的知识产权项目需要保护，那就需要搭建公司自有的知识产权团队，因为自有团队会对公司整体的业务发展有更全面的认识，可以进行更好的知识产权布局，如提前申请专利、商标以及相应的域名等工作。此阶段，应基于企业未来发展规划，从大方向加速知识产权布局，占领更多技术领域及商业领域的市场和技术的制高点。

当企业知识产权积累到一定阶段，应该进行精细化管理，对于自有专利进行系统的评估与分级，进行知识产权的运营及运作，让知识产权不再辅助于商业发展，而是主导商业发展，甚至让知识产权成为一项新的商业运作模式。

知识产权保护是一项长期、系统性的工作。公司的一件产品可能会包含商标、著作权、专利等多方面知识产权保护，所以选择适合的知识产权解决方案非常重要。创业公司尤其应做好知识产权的统筹规划，灵活运用国内外的知识产权保护政策和法规，将知识产权这一无形财产的价值发挥到最大。

第八章

刑事合规风险

对于创始人而言，刑事风险最为凶险。一般商事风险通常并不会让创始人伤筋动骨，即使创业失败也会有东山再起的机会。但是刑事风险，创始人失去的却是人身自由，甚至是生命。近年来，胡润百富榜被戏称为"杀猪榜"，国美创始人黄光裕、华美国际创始人张克强、金螳螂集团创始人朱兴良、湖北联谊实业集团创始人高宏震、雨润集团创始人祝义财等多名企业家因触碰法律红线，一夜之间身陷囹圄，失去了财富、名誉、自由乃至生命。

创始人的刑事合规风险与企业伴生，无时无处不在，从企业工商登记到投资融资、生产经营、公司治理到破产清算，都存在着刑事法律风险。我国《刑法》条文452条，连同修正案，共有罪名470余个，其中，企业创始人可能触犯的罪名不下于20个，司法实践中比较常见的也有近10个。企业的成长和发展有高峰、有低谷，企业创始人作为市场最活跃的主体，在领导企业运行过程中，难免会遭遇各种风险。但唯有刑事风险，才会铸成创始人无法挽回的真正败局。

第一节　善始还要善终——公司设立及破产清算刑事合规风险

我国对公司、企业的设立实行登记制度，只有经登记主管部门审核登记，取得营业执照，公司、企业才合法成立。公司出现终止情形时，也应当依法完成注销登记、公司清算等程序。企业的设立和破产清算环节主要涉及虚报注册资本罪、虚假出资罪、抽逃出资罪、妨害清算罪、虚假破产罪五个罪名。企业的设立和清算如同人的出生和死亡，要做到善始善终，创始人应尽量去掉浮躁，消除任何可能存在的隐患，远离这些刑事风险。

一、虚报注册资本罪

注册资本不仅是公司运作的物质基础，也是公司对外承担债务的物质保障，具有标志公司信用的特殊功能。创立公司时，创始人比较容易犯的错误就是采取各种手段来"规避"注册资本的门槛，例如找代理公司垫资后撤回垫资款、利用"熟人"或"关系"办理假验资或者是验资完成后将资金撤出等，却浑然不知已经触犯了刑法。

2013年，我国《公司法》做出重大修改，将注册资本"实缴登记制"改为了"认缴登记制"。《公司法》的修改对《刑法》上的罪名认定产生了一定的影响，实行认缴登记制的公司不再适用虚报注册资本罪，但虚报注册资本罪仍有适用的空间。根据《商业银行法》《保险法》《外资银行管理条例》等法律、行政法规及国务院决定的特殊规定，商业银行、保险公司、外资银行、证券公司、信托公司、基金管理公司等仍实行注册资本实缴登记制，此类公司使用虚假证明文件或者采取其他欺诈手段向市场监督管理部门申请公司登记的，仍有可能触犯虚报注册资本罪。

虚报注册资本罪，是指申请公司登记使用虚假证明文件或者采取其他欺诈手段虚报注册资本，欺骗公司登记主管部门，取得公司登记，虚报注册资本数额巨大，后果严重或者有其他严重情节的行为。

虚报注册资本罪妨害了国家对公司的登记管理制度。虚报注册资本的行为使公司的实际偿债能力与注册资本不符，使得未来债权人的利益处于不能清偿的危险中，侵害了未来债权人的利益。

虚报注册资本罪的客观方面包括手段行为与目的行为。其中，手段行为是行为人使用虚假证明文件或采取其他欺诈手段虚报注册资本。常见的欺诈手段有：（1）向登记主管部门提供虚假的、伪造的证明文件；（2）使用虚假的股东姓名、虚构公司住所；（3）以注册代办机构垫资的方式取得公司登记，等企业注册完成之后，由中介机构抽走资金等。如果欺诈登记的行为被登记主管部门发现，并未取得公司登记的，不构成本罪。但由于欺诈登记的行为违反了《公司法》等法律、行政法规的规定，相关单位和个人将会面临行政处罚。

本罪的犯罪主体是申请公司登证的人或单位。根据《公司法》的规定，有限责任公司"申请登证的人"是"由全体股东指定的代表或者共同委托的代理人"，股份有限公司"申请公司登记的人"是董事会。

▶▶ **入刑标准：**

（1）超过法定出资期限，实缴注册资本不足法定注册资本最低限额，有限责任公司虚报数额在30万元以上并占其应缴出资数额60%以上的，股份有限公司虚报数额在300万元以上并占其应缴出资数额30%以上的；

（2）超过法定出资期限，实缴注册资本达到法定注册资本最低限额，但仍虚报注册资本，有限责任公司虚报数额在100万元以上并占其应缴出资数额60%以上的，股份有限公司虚报数额在1000万元以上并占其应缴出资数额30%以上的；

（3）造成投资者或者其他债权人直接经济损失累计数额在10万元以上的；

（4）虽未达到上述数额标准，但具有下列情形之一的：

①两年内因虚报注册资本受过行政处罚二次以上，又虚报注册资本的；

②向公司登记主管人员行贿的；

③为进行违法活动而注册的。

（5）其他后果严重或者有其他严重情节的情形。

▶▶ **量刑标准：**

虚报注册资本数额巨大、后果严重或者有其他严重情节的，处三年以下有期徒刑或者拘役，并处或者单处虚报注册资本金额 1% 以上 5% 以下罚金。单位虚报注册资本的，对单位处罚金，对其负责的主管人员和其他责任人员，处三年以下有期徒刑或者拘役。

典型案例：周正毅虚报注册资本案

周正毅是一代传奇富豪，从开馄饨铺子到"阿毛炖品"，一步步爬上富豪榜。在鼎盛时期，其实际控制 4 家上市公司。然而这名上海首富却因小事违规而银铛入狱。周正毅于 1998 年 10 月至 2000 年 9 月间，采用将虚增的 7 亿余元资本公积转为实收资本的手法，使用虚假验资报告，欺骗公司登记主管部门，取得公司登记，把上海农凯发展（集团）有限公司的注册资本从 1 亿元增至 8 亿元，虚报注册资本 7 亿元。周正毅最终被以虚报注册资本罪判处有期徒刑 1 年。

（据北京商报《周正毅：蹿红于时代缝隙败落于漠视游戏规则》一文整理）

二、虚假出资、抽逃出资罪

虚假出资、抽逃出资罪，是指公司发起人、股东违反《公司法》的规定未交付货币、实物或者未转移财产权，虚假出资，或者在公司成立后又抽逃出资，数额巨大、后果严重或者有其他严重情节的行为。

虚假出资与抽逃出资是并列同条的选择性罪名，其保护的法益也是共通的，都是侵犯国家对公司的管理制度以及公司其他股东的利益。

2013 年《公司法》修改后，普通公司由注册资本"实缴登记制"改为"认缴登记制"，取消了公司注册资本的最低限额，降低了公司注册门槛，但依据有关法律和行政法规的规定，仍有部分类型的公司继续实行"实缴登记制"，如一些银行等金融机构。根据 2014 年 4 月 24 日通过的《全国人民代表大会常务委员会关于〈刑法〉第 158 条、159 条的解释》，虚假出资、抽逃出资将只适用于依法实行注册资本实缴登记制的公司，不适用于认缴登记制的公司。

本罪主体是特殊主体，即公司发起人或者股东。本罪的客观行为表现为公司发起人、股东违反《公司法》的规定未交付货币、实物或者未转移财产权或者在公司成立后又抽逃其出资。

违反《公司法》的规定未交付货币、实物或者未转移财产权，虚假出资的行为，主要表现为：

（1）以货币方式出资的有限责任公司股东，未在法定期限内将其认缴的货币足额存入准备设立的有限责任公司在银行开设的临时账户；

（2）以货币方式缴股的股份有限公司的发起人，未在法定期限内缴纳其以书面形式认缴的全部股款；

（3）以实物、工业产权、非专利技术或者土地使用权出资或者抵作股款的股东、发起人未在法定期限内依法办理其财产权的转移手续。

抽逃出资是在公司验资注册后，股东将所缴出资暗中撤回，却仍保留股东身份和原有出资数额的一种欺诈性行为。根据公司法司法解释三的规定，股东存在以下五种情形，可以认定为抽逃出资：将出资款项转入公司账户验资后又转出、通过虚构债权债务关系将其出资转出、制作虚假财务会计报表虚增利润进行分配、利用关联交易将出资转出、其他未经法定程序将出资抽回的行为。

股东如果是公司控股股东、法定代表人，有义务对资本抽出行为做出合理解释，提供资金转出行为相关的正常往来的证据。否则，若不能做出合理的解释将可能被推定为抽逃。为避免被错误认定为抽逃，股东应当健全财务账目管理制度，严格规范使用资金，避免擅自转出注册资本金。

▶▶ **入刑标准**：虚假出资或者在公司成立后又抽逃其出资，涉嫌下列情形之一的，应予追诉：

（1）超过法定出资期限，有限责任公司股东虚假出资数额在30万元以上并占其应缴出资数额60%以上的，股份有限公司发起人、股东虚假出资数额在300万元以上并占其应缴出资数额30%以上的；

（2）有限责任公司股东抽逃出资数额在30万元以上并占其实缴出资数额60%以上的，股份有限公司发起人、股东抽逃出资数额在300万元以上并占其实缴出资数额30%以上的；

（3）造成公司、股东、债权人的直接经济损失累计数额在10万元以上的；

（4）虽未达到上述数额标准，但具有下列情形之一的：

①致使公司资不抵债或者无法正常经营的；

②公司发起人、股东合谋虚假出资、抽逃出资的；

③两年内因虚假出资、抽逃出资受过行政处罚二次以上，又虚假出资、抽逃出资的；

④利用虚假出资、抽逃出资所得资金进行违法活动的。

（5）其他后果严重或者有其他严重情节的情形。

▶▶ **量刑标准：**

1. 自然人犯本条所定之罪，处五年以下有期徒刑或者拘役，并处或者单处虚假出资金额或者抽逃出资金额2%以上10%以下罚金。

2. 单位犯本罪的、对单位判处罚金、并对其直接负责的主管人员和其他直接责任人员处五年以下有期徒刑或者拘役。

三、妨害清算罪

公司清算作为一种程序性的制度，其出发点在于实现对股东、债权人、公司职工以至社会利益的维护与平衡，其归宿点是像医生切除坏死组织一样，使整个市场得到良好、健康发展。公司清算成为维护各方当事人尤其是债权人利益最为关键的法律制度之一，是程序正义的体现。妨害清算的行为并造成严重损害债权人或其他人的利益的后果的，则有可能承担刑事责任。

妨害清算罪，是指公司、企业进行清算时，隐匿财产、对资产负债表或者财产清单做虚伪记载或者在未清偿债务前分配公司、企业财产，严重损害债权人或者其他人合法权益的行为。

清算是公司走向消亡的重要一环，严重妨害清算的行为将构成犯罪。妨害清算罪侵犯了国家对公司、企业的清算秩序，也损害了债权人和其他相关者的利益。

常见的妨害清算行为有：

（1）隐匿财产，即采取各种方式隐匿、转移、私藏公司、企业的财产，并隐瞒不报，如将公司存款从甲银行转入乙银行另立账户，秘密隐藏。隐匿既可以是资金，亦可以是机器设备、生产成品等实物。

（2）对资产负债表或财产清单做虚伪记载。如夸大负债数额、作实际上并不存在的负债记载，对特定债权人做不符合事实的负债记载，减少公司、企业的收入，降低公司固定资产价格等。

（3）故意隐藏、毁损公司账册、财务会计报告及其他重要资料，导致无法清算或无法全面清算。

（4）在未清偿债务前，分配公司、企业财产。

本罪的主体为公司、企业。我国《刑法》对本罪实行单罚制，即只处罚直接负责的主管人员和其他直接责任人员。组成清算组成员的公司、企业董事、经理、财会人员由于对被清算公司、企业的财产拥有处分权或管理权，一般会被认定为是对清算活动直接负责的主管人员，构成妨害清算罪的风险最大。

公司清算工作冗繁复杂，是一个系统性的工作。清算组成员必须熟知清算工作的时间节点、方法、步骤、人员安排等细节工作，即使公司股东自行组成清算组，也需要一名精通公司清算的律师在背后帮助清算组推进公司清算工作进度，防控清算刑事合规风险。

▶▶ **入刑标准：**公司、企业进行清算时，隐匿财产，对资产负债表或者财产清单作虚伪记载或者在未清偿债务前分配公司、企业财产，涉嫌下列情形之一的，应予立案追诉：

（1）隐匿财产价值在 50 万元以上的；

（2）对资产负债表或者财产清单做虚伪记载涉及金额在 50 万元以上的；

（3）在未清偿债务前分配公司、企业财产价值在 50 万元以上的；

（4）造成债权人或者其他人直接经济损失数额累计在 10 万元以上的；

（5）虽未达到上述数额标准，但应清偿的职工的工资、社会保险费用和法定补偿金得不到及时清偿，造成恶劣社会影响的；

（6）其他严重损害债权人或者其他人利益的情形。

▶▶ **量刑标准：**公司、企业犯本罪的、对其直接负责的主管人员和其他直接责任人员，处五年以下有期徒刑或者拘役，并处或者单处 2 万元以上 20 万元以下罚金。

四、虚假破产罪

企业破产已成为企业法人退出市场的主要途径和方式。企业破产制度一方面优化了市场资源，保障债权人的合法利益，另一方面又可以帮助企业清理繁重的债务。然而不少经营者打着"破产"旗号逃避负债，甚至出现破产致富的"畸形"现象，但无论如何，最终难逃法律的制裁。

虚假破产罪，是指公司、企业通过隐匿财产、承担虚构的债务或者以其他方法非法转移、处分财产，实施虚假破产，严重损害债权人或者其他人利益的行为。

虚假破产既侵犯了国家对公司、企业的破产管理秩序，又侵害了债权人或者其他人的合法权益。

本罪的客观方面为公司、企业通过隐匿财产、承担虚假债务或者以其他方式转移财产、处分财产，实施虚假破产，严重损害债权人和其他人利益的行为：

一是必须实施了隐匿财产、承担虚构的债务或其他转移财产、处分财产的行为。隐匿财产，是指将公司、企业的资金、设备、产品、货物等财产全部或部分予以隐瞒、转移、藏匿。承担虚构的债务是指：捏造、承认不真实或不存在的债务。"其他转移、处分私分财产"是指《破产法》第35条所规定的私分或者无偿转让财产、非正常压价出售财产、对原来没有财产担保的债务提供财产担保、对未到期的债务提前清偿以及放弃自己的债权等行为。行为人只要实施了上述情形中任何一种转移或处分财产的行为，就符合了这一客观的行为要件。

二是必须实施了虚假破产。即是债务人在未发生破产原因的情况下，通过抽逃、隐匿或转移财产等手段，虚构伪造破产原因，申请宣告破产，以逃避债权人的追索，从而侵占他人财产的行为。这里的虚假破产是指企业未达到破产界限，伪造破产原因申请破产，而非真实破产。

三是严重损害了债权人和其他人的利益。即必须是给债权人和其他人造成重大财产损失的行为，才构成本罪。

这里的债权人是指因公司、企业举债而与公司、企业形成债权债务关系的金融机构、公司、企业债券持有人以及经济合同中享有债权的人等，"其他人"是指公司、企业的职工、国家税收部门等。以上三个客观方面的要件必须同时具备，缺一不可。

在实施虚假破产行为时，因为要转移、处分财产，达到虚假破产的目的，行为人往往会将大量资金隐匿或转移，然后伪造有关会计账簿，掩盖资金的真实流向，从而制造企业资不抵债的假象，再申请破产。这一过程中，往往伴随着其他的犯罪行为，诸如，挪用资金罪（挪用公款罪），职务侵占罪（贪污罪），徇私舞弊低价折股、出售国有资产罪，隐匿、故意销毁会计凭证、会计账簿、财务报告罪等，根据不同的情况，这些犯罪和虚假破产罪可能从一重罪处断，也可能数罪并罚。

▶▶ **入刑标准：**

涉嫌下列情形之一的，应予立案追诉：

（1）隐匿财产价值在 50 万元以上的；

（2）承担虚构的债务涉及金额在 50 万元以上的；

（3）以其他方法转移、处分财产价值在 50 万元以上的；

（4）造成债权人或者其他人直接经济损失数额累计在 10 万元以上的；

（5）虽未达到上述数额标准，但应清偿的职工的工资、社会保险费用和法定补偿金得不到及时清偿，造成恶劣社会影响的；

（6）其他严重损害债权人或者其他人利益的情形。

▶▶ **量刑标准：** 实施虚假破产，严重损害债权人或者其他人利益的，对直接负责的主管人员和其他直接责任人员，处五年以下有期徒刑或者拘役，并处或者单处 2 万元以上 20 万元以下罚金。

🔨 合规攻略

攻略 76：公司清算违规：注意妨害清算罪的刑责

近期，受国家经济形势以及税收新政、社保入税等政策影响，我国很多地方出现了公司清算注销大潮，未经清算办理注销或者不合规的清算注销则会给创始人带来无穷后患。

清算是公司走向消亡的重要一环。企业退出市场时，财产清理、债务清偿等清算活动都是消灭企业主体所必不可少的流程。我国《公司法》《企业破产法》等法律法规对公司清算做了详细的规定，严重妨害清算的行为将构成刑事犯罪。公司清算时，故意采取隐瞒或欺骗等方法，对资产负债或者财产清单做虚假记载，或者在未清偿债务前分配公司财产，以达到逃避公司债务的目的，这就会涉嫌构成妨害清算罪。

　　组成清算组成员的公司董事、经理、财务会计人员由于对被清算公司财产拥有处分权或一定管理权，一般会被认定为是对清算活动直接负责的主管人员和其他直接责任人员，构成妨害清算罪的风险也最大。因此，这类人员应当增强法律意识，按照相关法律、行政法规的规定，遵循清算活动的运作流程，杜绝蓄意妨害公司清算行为的发生。

　　另外，虽然妨害清算罪发生在公司进行清算时，但是在公司清算程序开始之前的一段时间内，实施上述行为进而持续到公司清算程序中的，也有被刑事立案的风险。

攻略77："金蝉脱壳"逃债：当心虚假破产罪风险

　　我国《刑法》中直接涉及破产的有虚假破产罪，此外，职务侵占罪、骗取贷款罪、贷款诈骗罪、妨害清算罪、隐匿、故意销毁会计凭证、会计账簿、财务会计报告罪、虚假诉讼罪，在破产程序中也是常见犯罪。

　　实践中，许多企业在无法逃避现有债务时，选择通过破产的方式，"金蝉脱壳"逃避债务，甚至因破产获取巨额利益。企业在选择破产时，应当慎重，只有达到资不抵债的条件时方可进行破产，否则实施虚假破产则可能会承担刑事责任。

　　企业应当知晓破产财产的范围，避免违法擅自处分。破产财产时限保护范围延伸至破产申请受理之前，即在法院受理破产申请前一年，债务人不得将财产无偿转让、以明显不合理价格交易、对无财产担保债务提供财产担保、放弃债权。另外，在破产申请前六个月，明显缺乏清偿能力时，不得对个别债权人进行清偿。

　　企业应当加强财产监督管理，妥善保管占有和管理的财产、印章和账簿、文书等资料。应设立专门工作部门负责制作资产负债表和财产清单，健全完善财会管理制度，保证相关数据真实准确，确保企业负责人对企业的资产状况有一个清晰的了解。

　　企业负责人应当了解破产相关法律法规，了解入罪边界，在企业破产实施中，应加强审核管理和员工培训，防止隐匿财产、虚构债务或其他转移财产、处分财产的行为和虚构破产原因的情况发生。

第二节　融资切勿触雷——企业融资刑事合规风险

融资是企业发展必不可少的一个环节，也是极易触犯刑事责任的一个环节。企业要维持正常的生产和经营，资金起到如同"血液"般的作用。经济上行时，企业扩大规模需要资金；经济发展出现颓势，解决债务负担更是需要资金。在当前去杠杆为主流趋势的经济环境背景下，企业融资举步维艰。一旦资金链断裂，企业就将面临运营停摆的窘境。融资是企业生存、发展、壮大不得不考虑的问题，有的企业家为了急于获得融资链而走险，稍不留神就会坠入非法吸收公众存款的沼泽和集资诈骗的陷阱。

一、融资环节犯罪

企业资金短缺急需融资来缓解资金压力，但银行等传统金融机构往往难以给予创业公司及时的支持，创业公司不得不从其他渠道来融资，有的创业者可能会病急乱投医，甚至采取非法手段来融资从而触犯刑法。融资环节的犯罪类型有：

（1）银行融资中刑事法律风险。违反银行贷款相关法律禁止性规定的，可能涉嫌贷款诈骗罪、高利转贷罪、骗取贷款、票据承兑、金融票证罪。

第一，行为人以非法占有为目的，通过编造引进资金、项目等虚假理由的；使用虚假的经济合同、证明文件的；或者使用虚假的产权证明做担保、超出抵押物价值重复担保等方式，骗取银行或者其他金融机构的贷款，数额较大的，可能构成"贷款诈骗罪"（《刑法》第193条）。

第二，以转贷牟利为目的，套取金融机构信贷资金高利转贷他人，违法所得数额较大的，可能构成"高利转贷罪"（《刑法》第175条）。

第三，以欺骗手段取得银行或者其他金融机构贷款、票据承兑、信用证、保函等，给银行或者其他金融机构造成重大损失或者有其他严重情节的，可能构成"骗取贷款、票据承兑、金融票证罪"（《刑法》第175条之1）。

（2）违反证券融资相关法律禁止性规定的，可能涉嫌擅自发行股票、公司、企业债券罪（《刑法》第 179 条）。

（3）民间融资中刑事法律风险。企业在资金短缺急需融资来缓解资金压力，但又无法通过正常途径获取银行贷款的时候，企业有可能采取其他非法手段获取资金。比如，非法吸收公众存款或者变相吸收公众存款，扰乱金融秩序的，可以构成"非法吸收公众存款罪"（《刑法》第 176 条）；如果是以非法占有的目的，使用诈骗方法非法集资，数额较大的，则可能构成"集资诈骗罪"（《刑法》第 192 条）。

二、贷款诈骗罪

面对融资难的客观现实，一些企业为了能顺利获得银行贷款，在递交申请材料时往往存在夸大履约能力、编造谎言等情形，这些行为都为后续被追责埋下了隐患。一旦发生因经营不善或市场行情变动导致贷款无法归还的情况，之前的欺骗行为都会被视为骗取银行贷款的证据，轻则构成骗取贷款罪，重则可能被以贷款诈骗罪追究刑事责任。

贷款诈骗罪，是指以非法占有为目的，编造引进资金、项目等虚假理由、使用虚假的经济合同、虚假的证明文件、虚假的产权证明做担保、超出抵押物价值重复担保或者以其他方法，诈骗银行或者其他金融机构的贷款，数额较大的行为。

本罪既侵犯了银行或者其他金融机构对贷款的所有权，还侵犯了国家金融管理制度，破坏金融秩序的稳定，比一般的诈骗行为具有更大的社会危害性。

本罪在客观方面表现为采用虚构事实、隐瞒真相的方法诈骗银行或者其他金融机构的贷款，数额较大的行为。

本罪表现为行为人实施了虚构事实、隐瞒真相的方法骗取银行或其他金融机构贷款的行为。所谓虚构事实，是指有意掩盖客观存在的某些事实，使银行或者其他金融机构产生错觉。行为人诈骗贷款所使用的方法主要有以下几种表现形式：（1）编造引进资金、项目等虚假理由骗取银行或者其他金融机构的贷款；（2）使用虚假的经济合同诈骗银行或者其他金融机构的贷款；（3）使用虚假的证明文件诈骗银行或其他金融机构的贷款；（4）使用虚假的产权证明做担保或超出抵押物价值重复担保，骗取银行或其金融机构贷款的;(5)以其他方法诈骗银行或其他金融机构贷款的。包括伪造单位公章、印鉴骗贷的,以假货币为抵押骗贷的,先借贷后采用欺诈手段拒不还贷的等情况。

司法实践中,行为人具有下列情形之一的,应认定其行为属于"以非法占有为目的,诈骗银行或者其他金融机构的贷款":

(1)贷款后携带贷款潜逃的;

(2)未将贷款按用途使用而是挥霍致使贷款无法偿还的;

(3)使用贷款进行违法犯罪活动,致使贷款无法偿还的;

(4)改变贷款用途将贷款用于高风险的经济活动,造成重大经济损失,致使贷款无法偿还的;

(5)为谋取不正当利益,改变贷款用途,造成重大经济损失致使贷款无法偿还的;

(6)提供虚假的担保申请贷款,造成重大经济损失致使贷款无法偿还的等情形。

企业贷款约定了贷款用途,但贷款发放后改变贷款用途的现象较为普遍。若当事人虽然存在改变贷款用途的行为,但仍将贷款用于实际的经营活动,且能证明是受客观原因所致不得不为之的行为,或者能够证明当事人是为了创造履行能力、主观上具有还款意愿,严格依据贷款诈骗罪构成要件之规定,其仍不构成贷款诈骗罪。相反,行为人取得款项的行为本身就不合法,同时取得贷款后又改变贷款用途,用作个人消费甚至是挥霍,往往会被认定为贷款诈骗罪。因此,规避刑事风险的最好方式,就是严格履行贷款合同的约定,按照合同约定使用贷款,确需改变用途的,应当与发放贷款的金融机构签订补充协议。

▶▶ **入刑标准**:数额在 2 万元以上的,应予立案追诉

▶▶ **量刑标准**:数额较大的,处五年以下有期徒刑或者拘役,并处 2 万元以上 20 万元以下罚金;数额巨大或者有其他严重情节的,处五年以上十年以下有期徒刑,并处 5 万元以上 50 万元以下罚金;数额特别巨大或者有其他特别严重情节的,处十年以上有期徒刑或者无期徒刑,并处 5 万元以上 50 万元以下罚金或者没收财产。

典型案例：段某某等贷款诈骗案

2015 年 6 月 24 日，某资产管理公司长沙办事处向湖南省公安厅经侦总队报案：一个名叫成某的人及其控制的公司诈骗该公司巨额信贷资金。在此前后的一段时间，多家金融机构均来报案反映同一问题。7 月 1 日，经侦总队成立"7·01"专案组介入调查。

经查，从 2010 年开始，犯罪嫌疑人成某陆续收购并控制 10 家空壳公司，指使犯罪嫌疑人周某某、段某某等人伪造空壳公司与某公司长岭分公司有关的货物采购、销售等贸易资料，据此虚构对某公司长岭分公司享有巨额应收账款的事实，先后向多家金融机构申请办理各种业务，诈骗巨额资金。后成某等主要犯罪嫌疑人相继落网，专案组查明涉案金额 69 亿元，造成直接经济损失 16.9 亿元。

2016 年 3 月 11 日，段某某等 8 名犯罪嫌疑人被以贷款诈骗罪移送起诉。

（据央广网《湖南破获特大贷款诈骗案涉案金额达 69 亿元》一文整理）

三、非法吸收公众存款罪

通过民间借贷的方式融资已成为中小企业的重要发展手段。但由于企业资金需求较大，其借款方式、范围极容易超出法律允许的界限，稍有不慎就会陷入非法吸收公众存款犯罪的深渊。另外，有些互联网金融平台也是非法吸收公众存款犯罪的重灾区，近两年 P2P 理财平台爆雷潮引发关注，唐小僧、联璧金融、善林金融等平台都被以非法吸收公众存款罪立案。

非法吸收公众存款罪，是指非法吸收公众存款或变相吸收公众存款，扰乱金融秩序的行为。

本罪侵犯的客体是国家金融管理制度，侵犯的对象是公众存款。所谓公众存款是指存款人不特定的群体。如果存款人只是少数个人或者是特定的，不能认定为是公众存款。

本罪的客观方面表现为行为人实施了非法吸收公众存款或者变相吸收公众存款的行为。本罪的行为方式主要表现为以不法提高存款利率的方式吸收存款，扰乱金融秩序；依法无资格从事吸收公众存款业务的单位非法吸收公众存款。

民间集资与非法吸收公众存款都表现为向别人借钱，出具借条等凭证，并承诺在一定期限内还本付息，但实践中二者性质却有很大的不同：

一是借款目的不同。企业民间借贷吸收资金的目的是用于生产、经营，借贷方一般具有还款意愿，能够及时清偿集资款项。而非法吸收公众存款的目的是用于发放贷款牟利，或者最初虽然有还款意愿，但由于投资战线拉得过长，出现资金链断裂，最终无力承担其债务。

二是行为对象不同。民间借贷一般是企业内部职工、亲戚、朋友、邻居、同学等熟悉或认识的人借款，借款范围相对较窄，借款主要是基于人情信任关系。非法吸收公众存款的行为对象是社会不特定对象，有熟悉的人，更多是不认识的人，借款范围非常广。

三是侵害的客体不同。民间借贷是一种合同行为，无力归还构成违约行为，侵害的是债权。而非法吸收公众存款侵犯的客体是国家金融管理制度，扰乱金融秩序。

四是表现的形式不同。民间借贷的借款方一般有一定的还款能力，而非法吸收公众存款一般前期按约定支付利息，然后逾期支付利息，最后无法支付利息。支付的利息都是拆东墙补西墙，还款能力上是明知不能为而为之，带有欺骗的成分。

一直以来，我国对于非法吸收或变相非法吸收公众存款行为都是采取高压打击政策。当企业选择民间融资时，首先要洗脱"非法吸收公众存款"的嫌疑。否则，企业便将自身置于非常危险的境地。

▶▶ 入刑标准：

具有下列情形之一的，应当依法追究刑事责任：

（1）个人非法吸收或者变相吸收公众存款，数额在 20 万元以上的，单位非法吸收或者变相吸收公众存款，数额在 100 万元以上的；

（2）个人非法吸收或者变相吸收公众存款对象 30 人以上的，单位非法吸收或者变相吸收公众存款对象 150 人以上的；

（3）个人非法吸收或者变相吸收公众存款，给存款人造成直接经济损失数额在 10 万元以上的，单位非法吸收或者变相吸收公众存款，给存款人造成直接经济损失数额在 50 万元以上的；

（4）造成恶劣社会影响或者其他严重后果的。

▶▶ 量刑标准：

自然人犯非法吸收公众存款罪的，处三年以下有期徒刑或者拘役，并处或者单处 2 万元以上 20 万元以下罚金；数额巨大或者有其他严重情节的，处三年以上十年以下有期徒刑，并处 5 万元以上 50 万元以下罚金。单位犯本罪的，对单位判处罚金，并对直接负责的主管人员和其他直接责任人员，依照上述规定处罚。

典型案例：华融普银非法吸收公众存款案

2017 年 3 月 30 日上午，北京市迄今为止最大的一起非法集资案——"华融普银案"在朝阳法院宣判。被告人蒋权生伙同董占海等人，先后成立华融银安公司和华融普银公司，在 2012 年至 2014 年间，借投资项目为由发行理财产品，承诺投资率 8% 至 15%，变相吸收 3000 余名投资人资金，共计 55 亿余元。蒋权生等八名被告被控非法吸收公众存款罪，获刑九年十个月至四年六个月不等的刑罚，同时分别并处 50 万元至 20 万元不等的罚金。

（据北京青年报《北京最大非法集资案八被告获刑》一文整理）

四、集资诈骗罪

近年来，利用互联网集资诈骗现象屡禁不止，诈骗手段和形式不断翻新，以"高利润、高回报"为噱头，打着"互联网 +"和金融创新为旗号，包装成"网络借贷""虚拟货币""金融互助""爱心慈善"的非法集资诈骗，令人防不胜防。还有的平台利用权威媒体包装和知名人士站台，也是集资诈骗的常见套路。

集资诈骗罪是指以非法占有为目的，使用诈骗方法非法集资，数额较大的行为。集资诈骗既损害了普通投资者的利益，也危害了国家金融安全，一直是我国整顿和规范市场经济秩序工作的打击重点。

我国《刑法》上对集资诈骗罪规定了严厉的刑事责任，虽然《刑法修正案九》取消了集资诈骗罪的死刑，但并不意味着我国在打击这类犯罪上的后退。各地司法机关一直在开展严厉打击集资诈骗犯罪的专项行动，贯彻依法严惩的方针，在对犯罪分子判处主刑的同时，坚持依法适用财产刑，并加大赃款赃物的追缴力度。

集资诈骗罪既侵犯公私财产所有权，又侵犯了国家金融管理制度，犯罪对象是他人的资金。为企业发展融资本是一种正常的商业行为，融资形式也很多样，如发行债券、股权、银行贷款、企业间的借款、合作联营等，均可以筹集到相应的资金。但如果未经法律法规许可，违反国家金融管理秩序，擅自采取上述方式进行集资，则属于违法行为。

本罪在客观方面表现为行为人必须实施了以非法占有为目的，使用诈骗方法非法集资，数额较大的行为。具体来说：

（1）行为人使用诈骗方法非法集资。诈骗方法是指行为以非法占有为目的，采取编造谎言、捏造或隐瞒事实真相等欺骗性的方法，骗取他人投资，或者以合伙、入股、发展会员等名义骗取他人入股、投资，并将通过上述方式非法筹集的资金据为己有。

（2）数额较大。这是集资诈骗罪的立案或追诉条件。集资诈骗的数额不仅是定罪的重要标准，也是量刑的主要依据。

本罪在主观方面是故意，并且以非法占有为目的，即行为人在主观上具有将非法筹集的资金据为己有的目的。但是否已经将资金据为己有，并不影响本罪的成立。根据最高人民法院的司法解释，具有下列情形的，可以认定为"以非法占有为目的"：

（1）集资后不用于生产经营活动或者用于生产经营活动与筹集的资金规模明显不成比例，致使集资款不能返还的；

（2）肆意挥霍集资款，致使集资款不能返还的；

（3）携带集资款逃匿的；

（4）将集资款用于违法犯罪活动的；

（5）抽逃、转移资金、隐匿财产、逃避返还资金的；

（6）隐匿、销毁账目，或者搞假破产、假倒闭、逃避返还资金的；

（7）拒不交代资金去向，逃避返还资金的；

（8）其他可以认定非法占有目的的情形。

集资诈骗与民间借贷是有区别的。本罪具有以非法占有为目的，民间借贷并无非法占有的目的，即使借款人在借款时许诺高额利息，但后来无力支付高额利息，只要没有非法占有的目的，便不能以集资诈骗罪处理。

引发集资诈骗罪的主要风险，一是涉及企业融资的资金来源，二是涉企业的经营模式。企业通过设计各种理财方式吸纳社会闲散资金，达到融资的目的，则可能满足了非法吸收公众存款的基础。如果企业家不将或者只将少量吸纳的资金用于企业投资或者生产经营活动，而将大部分吸纳的资金用于个人消费或者挥霍，甚至用于非法目的，则可能构成集资诈骗罪。

▶▶ **入刑标准：**个人进行集资诈骗，数额在 10 万元以上；单位进行集资诈骗，数额在 50 万元以上。

▶▶ **量刑标准：**

（1）对数额较大的，处五年以下有期徒刑或拘役，并处 2 万元以上 20 万元以下罚金。

（2）对数额巨大或有其他严重情节的，处五年以上十年以下有期徒刑，并处 5 万元以上 50 万元以下罚金。

（3）数额特别巨大或有其他特别严重情节的，处十年以上有期徒刑或无期徒刑，并处 5 万元以上 50 万元以下罚金或没收财产。

单位犯集资诈骗罪的，判处罚金；对其直接负责的主管人员和其他直接责任人员依照上述规定处罚。

典型案例：e 租宝集资诈骗案

e 租宝全称为"金易融（北京）网络科技有限公司"，是安徽钰诚集团全资子公司，平台打着"网络金融"的旗号上线运营，"钰诚系"相关犯罪嫌疑人以高额利息为诱饵，虚构融资租赁项目，持续采用借新还旧、自我担保等方式大量非法吸收公众资金，累计交易发生额达 700 多亿元，涉及投资人约 90 万名，受害投资人遍布全国 31 个省市区。2018 年 9 月 12 日北京市第一中级人民法院一审宣判，对钰诚国际控股集团有限公司以集资诈骗罪、走私贵重金属罪判处罚金人民币 18.03 亿元；对安徽钰诚控股集团以集资诈骗罪判处罚金人民币 1 亿元；对丁宁以集资诈骗罪、走私贵重金属罪、非法持有枪支罪、偷越国境罪判处无期徒刑，剥夺政治权利终身，并处没收个人财产人民币 50 万元，罚金人民币 1 亿元；另对其他 24 名高管判处有期徒刑。

（根据中国法院网《e 租宝一审在京宣判 26 人因集资诈骗等获刑》一文整理）

🔨 合规攻略

攻略 78：贷款不能按期归还：贷款诈骗罪与非罪的认定

贷款诈骗罪是企业融资中案发率较高的犯罪，而非法占有为目的的认定是区别该罪与非罪的关键。

实际生活中，贷款不能按期归还的情况时有发生，原因也很复杂。如有的因为经营不善或者市场行情的变动，使营利计划无法实现不能按时偿还贷款。这种情况下，行为人主观上没有非法占有贷款的目的，便不能以本罪认定。还有的是本人对自己的偿还能力估计过高，以致不能按时还贷，这种情形下主观上虽有过失，但其没有非法占有的目的，亦不应以本罪论处。只有那些以非法占有为目的，采用欺骗的方法取得贷款的行为，才构成贷款诈骗罪。

有些借贷人在获得银行贷款后长期拖欠不还，甚至在申请贷款时就有夸大履约能力、编造谎言等情节，而到期又未能偿还。这种借贷纠纷，十分容易与贷款诈骗罪相混淆，区分二者的界限应当把握以下几点：

（1）若发生了到期不还的结果，还要看行为人在申请贷款时，履行能力不足的事实是否已经存在，行为人对此是否清楚。如无法履约这一点并不十分了解，即使到期不还，也不应认定为贷款诈骗罪而应以借贷纠纷处理。

（2）要看行为人获得贷款后，是否积极将贷款用于借贷合同所规定的用途。尽管到期后行为人无法偿还，但如果贷款确实被用于所规定的项目，一般也说明行为人主观上没有诈骗贷款的故意，不应以本罪处理。

（3）要看行为人贷款到期后是否积极偿还。如果行为人仅仅口头上承认还款，而实际上没有积极筹款准备归还的行为，也不能证明行为人没有诈骗的故意。不赖账，不一定就没有诈骗的故意。

一般侦查机关会将上述各种因素综合起来考察，根据行为人的客观行为全面考察行为人的主观心态，从而得出是否有非法占有贷款的目的。企业贷款逾期后，应采取积极措施进行应对，防止被认定为贷款诈骗罪。

本罪与较轻的骗取贷款罪之间的区别也在于行为人是否存在非法占有目的。若企业管理者已经使用虚假证明文件获得了银行贷款且现阶段无力返还的情况下，应将该笔贷款使用于维持企业生产等事务而非供个人挥霍。除此之外，在本人无法偿还贷款时，切勿携款潜逃，否则将会跨越轻罪与重罪间的红线，加重罪行。

攻略79：企业民间融资：划清与非法集资的边界

我国现阶段金融制度不健全，正规金融借贷门槛较高，中小企业很难从正规的金融渠道取得足够的资金发展实体经济，民间融资成为主渠道。有些企业为了急于获得融资，创新民间融资模式，打金融监管的擦边球，一旦触碰法律底线，就有沦为非法集资的可能。

非法集资在我国《刑法》中并不是一个罪名，而是一类行为的统称，《刑法》中有诸多罪名规制非法集资行为，但是最为常见的就是非法吸收公众存款罪和集资诈骗罪。其中集资诈骗罪的行为也是表现为非法吸收公众存款，区别就在于主观上是否有诈骗的故意。

非法集资与民间借贷在一定行为上是重合的，但是在超过了一定范围后，就会构成犯罪。非法集资需同时具备"四个条件"：未经有关部门依法批准或借用合法经营的形式吸收资金；通过媒体、推介会等途径向社会公布宣传；承诺在一定期限内还本付息；向社会不特定对象吸收资金——个人向30人以上吸收存款，单位向150人以上吸收存款。"未向社会公开宣传，在亲友或者单位内部针对特定对象吸收资金的"，只是民间借贷，不是金融活动，不需要央行批准，也就没有"非法集资"之说。但是，一旦通过现代媒体广而告之，吸收存款对象超过规定人数，就可被视为非法吸收公众存款。可见民间融资与非法集资之间只是一步之遥。

企业在民间融资时，一是要注意通过向特定对象融资降低风险，只向"特精富亲"（特定对象，精是少数人，富是有钱人，亲是亲戚、朋友及同事）人群募集资金，而不要通过媒体、推介会、传单、手机短信、微信朋友圈等途径向社会公开宣传。二是融资资金要用在生产经营上，即便经营亏损或资金周转困难，不能及时兑付本息引发纠纷，一般也不会引发刑事责任。三是避免高息揽储，把握好自己的偿还能力。四是在融资时，应签订书面的借贷合同，约定好借款用途及偿还期限，一旦出现不能偿还借款情况，应当主动寻求法律途径解决无法履约问题。

集资诈骗最高刑为无期，在处罚力度上远大于非法吸收公众存款，因为其主观上具有诈骗的故意，通过一系列手段将他人财产非法据为己有，非吸则仅仅是临时占用投资人的资金，行为人承诺而且也意图还本付息。如果非法筹集的资金在案发前全部或大部分没有归还，造成投资人重大损失，则认定为集资诈骗罪的可能性更大一些。如果案发前已全部或大部分归还，则一般会被认定为非法吸收公众存款。

集资诈骗是国家近几年加大惩处、重点打击的犯罪。是否以非法占有为目的、是否采用诈骗方法以及是否非法集资（主要指是否向不特定多数人非法集资），这构成了司法实践中对集资诈骗行为罪与非罪性质认定的关键，被称为集资诈骗的"黄金三条"。企业融资时应厘清犯罪边界，高度警惕构成集资诈骗罪的风险。

总之，企业在利用民间融资时需要非常谨慎，不要误入非法集资的法网中，集资应主要用于公司生产经营，不得用于弥补公司亏损或用于其他高消费。在资金链断裂后，不要跑路，最好主动投案，否则本来的民间融资极有可能变为集资诈骗。

攻略80：不履行法院判决：构成"拒执罪"的刑事风险

企业融资后一旦不能按期归还，可能会被债权人起诉至法院，形成生效判决。很多企业为了逃避债务，采取恶意隐匿、转移财产方式规避法院的强制执行从而构成拒不执行判决、裁定罪。

我国《刑法》第 313 条规定："对法院的判决、裁定有能力执行而拒不执行，情节严重的，处三年以下有期徒刑，拘役或者罚金。"2015年 7 月，最高人民法院出台了《关于审理拒不执行判决、裁定刑事案件适用法律若干问题的解释》，将拒执罪的追诉由以往的单一公诉模式改为公诉、自诉并行模式。近几年，法院强化了拒不履行判决、裁定行为的打击力度。

2007 年 8 月 30 日最高人民法院、最高人民检察院和公安部联合发布的《关于依法严肃查处拒不执行判决、裁定暴力抗拒执行犯罪行为有关问题的通知》中规定，负有执行人民法院、裁定义务的单位直接负责的主管人员和其他直接责任人员，为了本单位利益实施隐藏、转移、故意毁损财产对该主管人员和其他直接责任人员，按不执行判决、裁定罪论处。因此，既可对单位以拒执罪论处，又可对单位的法定代表人或负责人以拒执罪论处。

企业家应避免因债务纠纷陷入拒执罪风险。当法院在执行判决、裁定时，应积极配合，而不应阻碍执法工作，不应指使员工以暴力、威胁的方法阻挠法院执法或者通过虚假诉讼方式妨害执行。企业在履行完判决、裁定确定的给付内容之前，应当谨慎处置企业财产，避免采取恶意隐匿或转移财产方式逃避法院的强制执行。

第三节 鱼目不能混珠——生产、销售环节刑事合规风险

生产、销售环节犯罪是近几年企业家高发犯罪。一些企业一味追逐高额利润，无视行业规定、法律规范，丧失企业伦理；同时，伪劣产品背后往往伴生着监管部门人员的滥用职权、玩忽职守、权力寻租。未来，国家越来越多的产品将实现可溯源，假冒伪劣越来难以藏身。

一、生产、销售环节犯罪

国家对各类不同行业的企业，都会有一些不同的特定要求，并会制定或颁布特定的标准。有质量标准的要求，有安全生产方面的要求，有卫生要求，有消防安全的要求，有环境保护方面的要求。如果这些方面的要求不能达标，企业是不可能从事该行业的。如果企业在未达标的情况下从事生产经营，就必然面临相应的行政处罚。情节严重或者造成严重后果的，企业及企业负责人就会面临刑事处罚。这些特定的要求，各行政管理机关都会规定在相应的行政法规当中，企业如果对这些法规没有足够的了解并予以充分的遵守，那么必将面临相应的刑事法律风险。

生产、销售环节涉及的罪名较为广泛。《刑法》第140条至150条专门设立了一节条文来规范企业的生产、销售产品的行为。对于生产者、销售者在产品中掺杂、掺假，以假充真、以次充好或者以不合格产品冒充合格产品的行为规定了"生产、销售伪劣产品罪"；同时特别针对药品、医用器材、食品、农药、兽药、化肥、种子、化妆品以及一些对使用安全性要求比较高的产品设立了专门的刑法规定，对这些产品的质量管理提出了更加严格的要求。比如"生产、销售劣药罪""生产、销售不符合标准的医用器材罪""生产、销售不符合卫生标准的食品罪""生产、销售有毒有害食品罪""生产、销售不符合安全标准的产品罪""生产、销售伪劣农业、兽药、化肥、种子罪""生产、销售不符合卫生标准的化妆品罪"。

最近几年，企业家犯罪中一个较为突出的现象是，事故类犯罪数量增

多。特别是一些重大的安全生产事故影响范围广大、伤亡人数众多，引发了举国上下的强烈关注，因此在事故发生后的刑事追责也往往较重。刑法中涉及安全生产的罪名包括"重大责任事故罪""强令违章冒险作业罪""重大劳动安全事故罪""大型群众性活动重大安全事故罪""工程重大安全事故罪""重大飞行事故罪""铁路运营安全事故罪""教育设施重大安全事故罪""危险物品肇事罪""交通肇事罪""消防责任事故罪""不报谎报安全事故罪"等。

二、生产、销售伪劣产品罪

伪劣商品在全世界被看作是"仅次于贩毒的世界第二大公害"。生产、销售伪劣产品罪是一种多发、易发的犯罪，该犯罪行为不仅违反了国家的产品质量管理制度和市场管理法规，危及广大消费者的合法权益，而且对生产产品的企业自身的声誉造成了严重损害，涉事企业及其相关负责人会被追究刑事责任，承受巨大的违法成本和代价。

生产、销售伪劣产品罪指生产者、销售者在产品中掺杂、掺假，以假充真，以次充好或者以不合格产品冒充合格产品，销售金额达五万元以上的行为。

本罪侵犯的客体是国家对普通产品质量的管理制度，生产、销售不符合产品质量标准的伪劣产品扰乱了产品质量监督管理秩序，侵犯了广大消费者的合法权益。

本罪的客观方面表现为生产者、销售者违反国家的产品质量管理法律、法规，生产、销售伪劣产品的行为。违反产品质量管理法律、法规一般指违反我国《产品质量法》《标准化法》《计量法》《工业产品质量责任条例》以及有关省、自治区、直辖市制定的关于产品质量的地方性法规、规章、有关行业标准规则等。

本罪在客观方面的行为主要分为以下四种行为：（1）掺杂、掺假。这是指行为人在产品的生产、销售过程中掺入杂物或假的物品。（2）以假充真。这是指行为人以伪造产品冒充真产品，表现为伪造或者冒用产品质量认证书及其认证标志进行生产或者销售这类产品的行为。（3）以次充好。这是指以次品、差的产品冒充正品、优质产品的行为。（4）以不合格产品冒充合格产品。

在确定是否构成生产、销售伪劣产品罪时，必须注意以下几点：

1. 严格界定是否属于伪劣产品。要弄清是否有在产品中掺杂、掺假，以假充真，以次充好或者以不合格产品冒充合格产品等行为。

2. 注意查明销售金额的大小，没有销售的，要根据货值金额计算。

3. 行为人主观上是否存在故意。即行为人是否明知是伪劣产品而生产、销售。如果主观上不明知，则不构成本罪。

▶▶ **入刑标准：**

（1）伪劣产品销售金额 5 万元以上的；

（2）伪劣产品尚未销售，货值金额 15 万元以上的；

（3）伪劣产品销售金额不满 5 万元，但将已销售金额乘以 3 倍后，与尚未销售的伪劣产品货值金额合计 15 万元以上的。

▶▶ **量刑标准：**

销售金额 5 万元以上不满 20 万元的，处二年以下有期徒刑或者拘役，并处或者单处销售金额百分之五十以上二倍以下罚金；销售金额 20 万元以上不满 50 万元的，处二年以上七年以下有期徒刑，并处销售金额 50% 以上 2 倍以下罚金；销售金额 50 万元以上不满 200 万元的，处七年以上有期徒刑，并处销售金额 50% 以上 2 倍以下罚金；销售金额 200 万元以上的，处十五年有期徒刑或者无期徒刑，并处销售金额 50% 以上 2 倍以下罚金或者没收财产。

典型案例：三鹿集团田文华生产销售伪劣产品案

田文华，三鹿集团前董事长、总经理。三鹿集团曾被国际知名杂志《福布斯》评选的"中国顶尖企业百强"列为乳品行业第一位，"三鹿"商标被认定为"中国驰名商标"，经中国品牌资产评价中心评定，三鹿品牌价值达 149.07 亿元。"毒奶粉"事件曝光后，三鹿品牌立刻声名扫地，最终破产。三鹿牌婴幼儿配方奶粉被发现含有三聚氰胺，导致全国大量婴幼儿患肾结石，田文华因涉嫌生产、销售含有三聚氰胺的婴幼儿配方奶粉、液态奶制品，于 2008 年 9 月被免职、刑事拘留。

后被法院以生产销售伪劣产品罪判处无期徒刑。

（根据中国新闻网《三鹿案一审宣判　田文华被判无期》一文整理）

三、重大责任事故罪

我国近几年重大责任事故频发，如"渤海二号沉船"、中石油川东钻探公司井喷特大事故、北京密云"5.2"特大伤亡事故和吉林省吉林市中百商厦"2.15"特大火灾事故，以及不胜枚举的煤窑坍塌、爆炸、透水事故，每次事故动辄伤亡十几人、数十人，并造成巨额经济损失。而每一次事故之后，涉事企业负责人往往会面临刑事追责。

重大责任事故罪是指在生产、作业中违反有关安全管理的规定，因而发生重大伤亡事故或者造成其他严重后果的行为。

本罪侵犯的客体是工厂、矿山、林场、建筑企业或者其他企业、事业单位的生产安全，是公共安全的重要组成部分。

本罪的客观行为包括：在生产、作业中违反有关安全管理的规定，因而发生重大伤亡事故或者造成其他严重后果的；在安全事故发生后，负有报告职责的人员不报或谎报事故情况，贻误事故抢救的，情节严重的，均为该罪客观行为之内容。

具体包括以下三个方面：

（1）行为人必须具有违反规章制度的行为。一般而言这种安全管理规定应当包括三种情况：一是国家颁布的各类有关安全生产的法律、法规；二是企业、事业单位及其上级管理机关制定的反映安全生产客观规律并涉及工艺技术、生产操作、技术监督、劳动保护、安全管理等方面的规程、规章、章程、条例、办法和制度及不同的单位按照各自的特点所做的有关规定；三是该类生产、作业过程中虽无明文规定但却反映了生产、科研、设计、施工中安全操作的客观规律，已为人所公认的操作习惯和惯例等。

（2）行为人违反规章制度的行为发生在生产过程中并与生产有直接联系。

（3）行为人违反规章制度的行为引起了重大伤亡事故，造成严重后果。

企业应当以"预防为主"确定相关的安全事故应急预案，一旦发生事故应当第一时间启动预案尽量减少人员伤亡和财产损失；并且事故发生后，应当于 1 小时内向事故发生地县级以上政府安全监督管理部门报告。事故发生后，有关责任人未按照法律规定的程序进行报告，不报或者谎报事故情况，贻误事故抢救，情节严重的，还可能构成"不报、谎报安全事故罪"。

▶▶ **入刑标准：**

涉嫌下列情形之一的，应予立案追诉：

（1）造成死亡 1 人以上，或者重伤 3 人以上；

（2）造成直接经济损失 50 万元以上的；

（3）发生矿山生产安全事故，造成直接经济损失 100 万元以上的；

（4）其他造成严重后果的情形。

▶▶ **量刑标准：** 犯本罪的，处三年以下有期徒刑或者拘役；情节特别恶劣的，处三年以上七年以下有期徒刑。

合规攻略

攻略 81：产品质量安全追本溯源：防范伪劣产品入刑风险

大众创业时代，有不少创业者选择制假售假，依靠伪劣产品的高额利润掘取第一桶金，实现暴富。这种创富方式最终会让创业者付出刑事犯罪的代价。要防范此风险，必须对产品质量安全追本溯源，杜绝隐患。

（1）严把质量标准关

企业应当树立合规意识，严格遵循我国《产品质量法》《工业产品质量责任条例》以及省、自治区、直辖市关于产品质量的地方性法规、规章等的规定，加强产品质量的监督，严把质量关，确保产品质量符合我国国家标准、地区标准及行业标准。若没有国家标准或行业标准，或标准不明确的情况下，可以自行制定标准，并到相关政府部门备案，在备案后按该标准组织生产。

（2）建立产品质量监督机制

首先，企业应建立产品质量监督部门，负责产品质量的检查、评估等工作；其次，企业应制定产品质量监督管理规定，规范产品生产、销售过程。再次，生产者、销售者发现所生产、销售的产品存在质量问题时，应当召回并及时采取措施防止危害后果的扩大，减轻民事赔偿责任也降低刑事犯罪的风险。

（3）产品销售中应抵制伪劣产品

对于销售者来讲，明知是伪劣产品而予以销售或者在所销售的产品中掺杂、掺假行为构成生产、销售伪劣产品罪的风险非常高，销售者在销售产品的过程中应当杜绝和抵制上述行为。

（4）运用大数据分析产品质量

企业可根据多批次产品的相关质量数据，制作符合本企业需求的大数据，对存在较大质量风险的产品采取停产整改等措施。有条件的企业，可以建立相应的预警机制，提前将产品质量信息数据告知生产、销售部门，从而保证产品质量安全。

第四节　合规税务筹划——财税管理刑事合规风险

　　财务管理不规范、忽视税务风险是初创型企业的共性问题。税务风险已经成为伴随企业成长的"肿瘤"，加强企业税务风险意识，强化税务风险管理已成为多数企业迫切需要解决的问题。

一、税务管理中的刑事法律风险

　　企业在税务管理过程中，必须照章纳税，如果违反国家关于税务征收和管理的法律法规，具有逃税、漏税，抗拒缴税、逃避追缴欠税或者骗取出口退税行为，给国家造成严重税款流失的，将可能构成逃税罪、抗税罪、逃避追缴欠税罪、骗取出口退税罪。

　　逃税罪，规定于我国《刑法》第 201 条："纳税人采取欺骗、隐瞒手段进行虚假纳税申报或者不申报，逃避缴纳税款数额较大并且占应纳税额百分之二十以上的，处三年以下有期徒刑或者拘役，并处罚金；数额巨大并且占应纳税额百分之三十以上的，处三年以上七年以下有期徒刑，并处罚金。"

　　常见的逃税行为主要有以下两种：

　　第一类行为是"纳税人采取欺骗、隐瞒手段进行虚假纳税申报"，如设立虚假的账簿、记账凭证、对账簿、记账凭证进行涂改，未经税务主管机关批准而擅自将正在使用中或尚未过期的账簿、记账凭证销毁处理，在账簿上多列支出或者不列、少列收入等。

　　第二类行为是"不申报"，是指不向税务机关进行纳税申报的行为，这也是纳税人逃避纳税义务的一种常用手法。主要表现为已经领取营业执照不到税务机关办理纳税登记，或者已经办理纳税登记的公司实体有经营活动，却不向税务机关申报或者经税务机关通过申报而拒不申报等。

　　逃税罪主观方面一般为故意，确因疏忽而没有纳税申报的，属于漏税，依法补交后，其行为不构成犯罪。对于纳税人采取欺骗、隐瞒手段进行虚假纳税申报或者不申报，逃避缴纳税款的，经税务机关依法下达追缴通知后，补缴应纳税款，缴纳滞纳金，已受行政处罚的，不予追究刑事责任；但是，五年内因逃避缴纳税款受过刑事处罚或者被税务机关给予二次以上行政处罚的除外。

典型案例：东星航空兰世立逃税案

湖北省首富，一手创办了东星航空，首位进入中国福布斯富豪榜前 100 名的湖北企业家——兰世立，因逃避缴纳税款罪被判四年。

2006 年 5 月至 2009 年 2 月，武汉黄陂区地税局天河税务所针对被告单位东星航空公司欠缴税费的情况，依法对其先后多次下达《限期缴纳税款通知书》。但被告单位均以资金困难等理由，拒不缴纳。黄陂区地税局在多次催缴无效的情况下，提请黄陂区法院强制执行，区法院根据区地税局的申请下达行政裁定书，裁定东星航空公司欠缴税款为 38469155.14 元，准许强制执行，并两次向东星航空下达《限期缴纳税款通知书》。东星航空仍未按照法院的裁定和执行通知书的要求缴纳所欠税款。经法院审理：东星航空公司实际控制人兰世立在明知黄陂区地税局多次催缴欠税、区法院裁定强制执行的情况下，为逃避追缴欠税，采取隐匿、转移经营收入的方式逃避追缴欠税，指使手下相关人员共将人民币 55 亿余元营业收入予以转移、隐匿，造成税务机关无法追缴其所欠缴的税款共计人民币 50600620 元。法院认为：被告人兰世立犯逃避追缴欠税罪，判处有期徒刑四年。

（据长江日报《东星航空兰世立逃避追缴欠税一审获刑四年》一文整理）

二、发票管理中的刑事犯罪

我国《发票管理办法》第 38 条规定，私自印制、伪造、变造发票、非法制造发票防伪发票监制章的，由税务机关没收违法所得，没收、销毁作案工具和非法物品，并处 1 万元以上 5 万元以下的罚款；情节严重的，并处 5 万元以上 50 万元以下的罚款；对印制发票的企业，可以并处吊销发票准印证；构成犯罪的追究刑事责任。

创业公司普遍存在如下方式发票管理不合规的情形：

不开发票，隐匿实际收入、设置账外账，这是目前发票逃税最常见现象，尤其多见于餐饮、娱乐等小规模服务性行业。

串用发票，有些企业领用多种发票，经营多项业务，为降低税率，高税低开，达到少缴税款的目的，该行为广泛存在多种经营项目的宾馆酒店行业。

代理开具发票。一些单位因存在无票经营部分，其经营一般远远大于其开票部分，为他人代理开具发票的收入直接冲抵无票营业额，这样代理开具单位既不增加销售额，又不易被发现。

虚开发票，通过各种渠道收集发票，在税前列支，或抵充个人薪金发放，是很多企业惯用伎俩。上述行为均触犯了税收管理相关法规文件，存在被行政处罚甚至构成刑事犯罪的法律风险。

为了规范税收征管秩序，防止税款流失，我国对发票的制造、销售、使用和购买等一系列行为制定了严格的法律规定，并且对不同种类的发票予以区别对待。

1. 在发票制造和出售发票环节，法律对所有发票的规定都是一致的，即禁止非法制造、出售非法制造的各类发票，禁止非法出售各类发票，否则都是要承担刑事责任的。

（1）伪造、出售伪造的增值税专用发票罪和非法出售增值税专用发票罪

▶▶ 入刑标准：

非法制造，出售非法制造的，或出售经税务机关监制的增值税专用发票25份以上或票面额累计在10万元以上，分别涉嫌构成伪造增值税专用发票罪，出售伪造的增值税专用发票，非法出售增值税专用发票罪。

▶▶ 量刑标准：

个人犯罪的，处管制、拘役、十五年以下有期徒刑，直至无期徒刑；单位犯罪的，对单位判处罚金；并对其直接负责的主管人员和其他直接责任人员，按个人犯罪处以刑罚。

（2）"非法制造、出售非法制造的用于骗取出口退税、抵扣税款发票罪"和"非法出售用于骗取出口退税、抵扣税款发票罪"

▶▶ 入刑标准：

非法制造，出售非法制造的，或出售经税务机关监制的用于骗取出口退税、抵扣税款的发票 50 份以上或者票面额累计在 20 万元以上，分别构成非法制造用于骗取出口退税发票罪、非法制造用于抵扣税款发票罪、出售非法制造的用于骗取出口退税发票罪、出售非法制造的抵扣税款发票罪、非法出售用于骗取出口退税发票罪、非法出售用于抵扣税款发票罪。

▶▶ **量刑标准：**

个人犯罪的，处管制、拘役、十五年以下有期徒刑；单位犯罪的，对单位判处罚金；并对其直接负责的主管人员和其他直接责任人员，按个人犯罪处以刑罚。

（3）"非法制造、出售非法制造的发票罪"和"非法出售发票罪"

▶▶ **入刑标准：**

非法制造，出售非法制造的，或非法出售经税务机关监制的一般普通发票，如建安发票、货物销售发票等，数量在 100 份以上或者票面额累计在 40 万元以上的，分别涉嫌构成非法制造发票罪、出售非法制造的发票罪、非法出售发票罪。

▶▶ **量刑标准：** 个人犯罪的，处管制、拘役、七年以下有期徒刑；单位犯罪的，对单位判处罚金；并对其直接负责的主管人员和其他直接责任人员，按个人犯罪处以刑罚。

2. 在发票使用环节，法律禁止虚开增值税专用发票和可以用于骗取出口退税、抵扣税款的发票。另外，并非只有虚开增值税发票才构成犯罪，虚开普通发票也会构成犯罪。刑法规定了"虚开增值税专用发票罪""虚开用于骗取出口退税、抵扣税款发票罪"和"虚开发票罪"。

行为人有以下四种行为之一的，即构成虚开发票的行为：为他人开具与实际经营业务情况不符的发票；为自己开具与实际经营业务情况不符的发票；让他人为自己开具与实际经营业务情况不符的发票；介绍他人开具与实际经营业务情况不符的发票。

以上发票包括增值税专用发票，用于出口退税、抵扣税款的其他发票，也包括一般的普通发票；且无论是经税务机关监制的发票，还是伪造的假发票，只要符合上述条件，均构成虚开行为。

（1）虚开增值税专用发票罪、虚开用于骗取出口退税发票罪、虚开用于抵扣税款发票罪。

▶▶ **入刑标准**：5万元

▶▶ **量刑标准**：虚开增值税专用发票或者虚开用于骗取出口退税、抵扣税款的其他发票的，处三年以下有期徒刑或者拘役，并处2万元以上20万元以下罚金；虚开的税款数额较大或者有其他严重情节的，处三年以上十年以下有期徒刑，并处5万元以上50万元以下罚金；虚开的税款数额巨大或者有其他特别严重情节的，处十年以上有期徒刑或者无期徒刑，并处5万元以上50万元以下罚金或者没收财产。

（2）虚开发票罪

▶▶ **入刑标准**：虚开上述两类发票以外的其他普通发票，如建筑安装业、餐饮服务业发票、增值税普通发票等，有下列情形之一的，即涉嫌构成虚开发票罪：

虚开发票100份以上或者虚开金额累计在40万元以上的；虽未达到上述数额标准，但五年内因虚开发票行为受过行政处罚二次以上，又虚开发票的；其他情节严重的情形。

▶▶ **量刑标准**：

个人犯罪的，可处管制、拘役，最高七年以下有期徒刑，并处罚金；单位犯该罪的，对单位处以罚金，对其直接负责的主管人员和其他直接责任人员，按个人犯罪处以刑罚。

3. 在发票的购买和持有环节，法律对增值税专用发票给予了特别严格的管理，禁止非法购买增值税专用发票、禁止购买伪造的增值税专用发票，否则构成相应的犯罪，要接受刑法的制裁。

（1）非法购买增值税专用发票、购买伪造的增值税专用发票罪

▶▶ **入刑标准**：非法购买增值税专用发票或者购买伪造的增值税专用发票25份以上或者票面额累计在10万元以上，构成非法购买增值税专用发票罪或者购买伪造的增值税专用发票罪。

▶▶ **量刑标准**：个人犯罪的，处五年以下有期徒刑或者拘役，并处或者单处罚金；单位犯罪的，对单位判处罚金；并对其直接负责的主管人员和其他直接责任人员，按个人犯罪处以刑罚。

（2）持有伪造发票罪

▶▶ **入刑标准：**

明知是伪造的发票而持有，具有下列情形之一的，构成持有伪造的发票罪：

（1）持有伪造的增值税专用发票 50 份以上或者票面额累计在 20 万元以上的；

（2）持有伪造的可以用于骗取出口退税、抵扣税款的其他发票 100 份以上或者票面额累计在 40 万元以上的；

（3）持有伪造的上述两类发票以外的，如服务业、餐饮业发票等其他普通发票 200 份以上或者票面额累计在 80 万元以上的。

▶▶ **量刑标准：**

明知是伪造的发票而持有，数量较大的，处二年以下有期徒刑、拘役或者管制，并处罚金；数量巨大的，处二年以上七年以下有期徒刑，并处罚金。

单位犯前款罪的，对单位判处罚金，并对其直接负责的主管人员和其他直接责任人员，依照前款的规定处罚。

典型案例：温州"忽悠大王"林春平虚开增值税发票案

2012 年 1 月，温州商人林春平号称出资 6000 万美元收购"美国大西洋银行"，一时名声大噪，被人称为"忽悠大王"。不久，曝出他虚开巨额增值税发票的丑闻。

2011 年 9 月至 2012 年 5 月期间，为赚取 4%—6% 的开票手续费，林春平指使员工向全国 315 家公司虚开增值税专用发票 1226 份，价税合计 5.2 亿元，税额合计为 7600 多万元。

为弥补进项抵扣，在 2011 年 8 月至 9 月期间，林春平指使员工设立锦州中富农产品有限公司，虚构农产品收购事宜，并虚开增值税销项专用发票给自己控制下的另外两家公司，从而向税务部门抵扣增值税专用发票 5563 份，价税合计为 6200 多万元，抵纳税款合计为 720 多万元。同时，林春平以支付手续费的方式，从广州等地购买

137 份海关完税凭证（经查证为伪造），用作抵扣进项税款，价税合计为 8.5 亿余元，抵纳税款 1.1 亿余元。林春平最终被法院以虚开增值税专用发票、抵扣税款发票罪判处无期徒刑。

（据检察日报《林春平虚开增值税发票案二审维持原判》一文整理）

三、隐匿、故意销毁会计凭证、会计账簿、财务会计报告罪

隐匿、故意销毁会计凭证、会计账簿、财务会计报告罪是指隐匿或者故意销毁依法应当保存的会计凭证、会计账簿、财务会计报告，情节严重的行为。

我国《会计法》第 23 条规定："各单位对会计凭证、会计帐簿、财务会计报告和其他会计资料应当建立档案，妥善保管。"《会计法》第 44 条规定："隐匿或者故意销毁依法应当保存的会计凭证、会计帐簿、财务会计报告，构成犯罪的，依法追究刑事责任。"会计凭证、会计账簿是企业财务活动的重要证明文件，企业应当建立健全完善、严格的财务管理制度，以防入罪风险。

1999 年 12 月 25 日，《刑法修正案》正式增加了"隐匿、故意销毁会计凭证、会计账簿、财务会计报告罪"。因此，自此时起，应当保存的会计凭证、会计账簿被隐匿、故意销毁，就存在被追究刑事责任的风险。

行为人隐匿或故意销毁上述资料均构成犯罪。隐匿是指依法应当保存的会计凭证、会计账簿、会计财务报告隐藏起来拒不提供，或者对应当提供社会监督的上述资料隐藏起来均构成隐匿。故意销毁则是指，明知按照会计档案管理的有关规定或者国家统一会计制度规定应当存档或者保存的会计凭证、会计账簿、会计财务报告予以销毁的行为。

单位实施隐匿、故意销毁会计凭证、会计账簿、财务会计报告罪的，实行双罚制，对直接负责的主管人员和其他直接责任人员进行刑事处罚。法定代表人一般为公司的最高领导成员，但并非一定会作为直接负责的主管人员担刑责，而要视其是否具体介入了单位犯罪行为，在单位犯罪过程中是否起到了组织、指挥、决策作用而定。如果法定代表人主持单位领导层集体研究、决定或者依职权个人决定实施单位犯罪的情况下，当属"直接负责的主管人员"；反之，在由单位其他领导决定、指挥、组织实施单位

犯罪、其本人并不知情的情况下，则不应以单位犯罪直接负责的主管人员追究其刑事责任。

▶▶ **入刑标准：**

涉嫌下列情形之一的，应予立案追诉：

（1）隐匿、故意销毁的会计凭证、会计账簿、财务会计报告涉及金额在 50 万元以上的；

（2）依法应当向司法机关、行政机关、有关主管部门等提供而隐匿、故意销毁或者拒不交出会计凭证、会计账簿、财务会计报告的；

（3）其他情节严重的情形。

▶▶ **量刑标准：**情节严重的，处五年以下有期徒刑或者拘役，并处或者单处 2 万元以上 20 万元以下罚金。单位犯前款罪的，对单位判处罚金，并对其直接负责的主管人员和其他直接责任人员，依照前款的规定处罚。

合规攻略

攻略 82：高悬头顶的利刃：逃税罪的刑事风险应对

公众人物崔永元微博手撕明星事件持续霸屏热搜，逃税罪一时间也成为企业家关注的热门话题。对于逃税罪，尽管我国《刑法》修改后确立了初犯免责机制，只要逃税初犯受到了行政处罚，及时足额地履行纳税义务，缴纳滞纳金，便可以阻却刑事处罚的启动。但"初罚免刑"并不是企业绝对免死的"黄马褂"，相反，逃税罪仍然是高悬在企业创始人头上并且随时可能落下的一把利刃。远离逃税罪风险，企业创始人应做到如下几点：

（1）企业应制定完善的财务制度，依法进行税务登记，建立真实准确的财务账簿，发生变更事项的及时做税务变更。创始人应熟悉企业应缴纳的各项税目和税率，并了解缴税的时间节点，做到不遗漏、不迟延，以免引起税务风险。

（2）树立合理避税观念，摒弃逃税的邪念。如果不顾税法规定，想采取各种隐蔽手段，生硬地逃避税款，必将招致巨大的刑事风险。

（3）基于刑法中首犯免责的规定，企业由于纳税问题受到行政机关催缴后应迅速缴纳税款，若由于纳税问题受到行政处罚后，五年内应杜绝由于税务问题再受处罚，以免引致刑事风险。

攻略 83："金三"系统下的高压线：远离增值税发票犯罪

许多中小企业在起步或发展阶段，为节约成本，或从非正常渠道进货，或不开发票降低进价，然后通过购买增值税专用发票做进项抵扣的方式来降低成本，实现盈利。殊不知这会给企业及创始人埋下刑事犯罪的祸根，虚开增值税专用发票也成为企业发展中最多的"原罪"之一。

虚开增值税发票是刑法中非常重的犯罪，其入刑标准非常低，仅为虚开数额在 5 万元以上，或者致使国家税款被骗数额 5000 元以上。2011 年施行的《刑法修正案八》对虚开增值税发票犯罪取消了死刑，但处罚力度依然不减，最高刑可为无期徒刑。

虚开增值税发票为他人虚开、为自己虚开、让他人为自己虚开、介绍他人虚开都属于虚开的行为。实践中，只要开票方与受票方在票、物、款三者无法对应一致，就很有可能涉嫌虚开。企业需要引起高度重视，在不参与非法购买或虚开发票的同时，还需要加强对取得专票环节的管理，对供货单位进行必要的审查，主要从其经营范围、经营规模、生产能力、企业资质和货物的所有权等方面进行，一旦发现货物异常，就需要进一步核实；对公付款尽可能通过银行转账，如果发现付款银行账户与发票注明信息不符，则需要审查是否有作弊的可能；对于存在疑点的发票应当暂缓抵扣进项税额，查证核实发票性质、来源和真实性后再进行处理。

另外，本罪值得注意的是，介绍他人虚开的行为也构成犯罪。实践当中，介绍虚开的人往往不拿或者只拿非常少的比例作为回报，但是本罪并不以营利多少来认定，最终仍然是算虚开增值税专用发票的数额，这种认定导致介绍者刑期与开票方、受票方一样，非常的严重。比如，某介绍方仅因好意帮忙撮合，拿其中 0.5 个点，但是因为虚开的数额太大，达到上千万元，最终在没有任何减轻情节的情况下，被与开票方、受票方一起，被判处十年以上有期徒刑。

国税总局"金税三期"开启了税收信息化的新篇章，"金三"系统对开票企业的开票情况、受票企业的抵扣情况将进行自动筛查，能够比对"进项品名"与"销项品名"是否一致，开票与抵扣是否正常，与企业的实际生产经营能力是否配比，开票金额增长是否异常，金额波动是否异常，等等。发现异常，就会下发"黑名单"通知当地税务局检查、核实。在"金税三期"下，虚开增值税发票将无处遁形。因此，企业绝不能碰撞增值税发票违规的高压线。涉及增值税专用发票的行为一定要严格把关，做到不去买增票，也不帮忙虚开增票、介绍虚开增票，在走账的情形下，多留心，保持货、款、票三者一致，唯此才能够抵制风险。

攻略 84：让创始人"税"得安心：涉税犯罪的防范策略

2018 年 4 月，北京师范大学中国企业家犯罪预防研究中心发布了《2017 企业家刑事风险分析报告》，该报告以 2017 年企业家犯罪数据为蓝本，梳理出了企业家最容易触犯的十大罪名，涉税犯罪高居第二位。企业家面临巨大的涉税刑事风险，需要采取措施严加防范。

我国刑法中规定的涉税罪名多达二十余种，多数罪名均与企业家经营行为有关。而且，我国涉税类犯罪入刑门槛低，量刑重，企业家在涉税问题面前，稍不留神就会踏入逃税、漏税、骗税的漩涡。

当前税负过高已成为制约中小企业发展的重要因素之一，在只有避税才有利润空间的时候，有些企业家便在法不责众的侥幸心理支配下实施偷逃税行为。最为典型的是虚开增值税专用发票犯罪，已经呈现专业化、规模化的趋势。涉税不法行为一旦事发，不仅要补缴税款、缴纳不菲的罚金，还要面临刑事处罚。

企业创始人应当自惜羽毛，避免因逃税、漏税等行为陷入税务刑事责任危机。

（1）创始人应审时度势，构建税务风险管控体系，严格自查企业税务风险。在税法执法刚性日益增强的背景下，企业应加速转型，提升盈利能力，避免依赖偷逃税获取高额利润。企业内部应建立一套企业纳税风险防范内控体系，做好涉税风险评估工作，定期进行风险自查，发现问题及时整改。尤其需要杜绝"阴阳合同"逃税、买票抵税、真假两套账等一系列企业违法行为。

（2）树立正确"税务筹划"理念，避免野蛮避税。要避税必须完全合规，最好是请专业的税务师设计方案，进行风险评估。在不违背税法规定的前提下，充分利用税法中固有的起征点、减免税等一系列的优惠政策，通过对筹资、投资和经营活动的巧妙安排，来达到税负最低的目的。

（3）重视创始人个人所得税法律风险

2018年8月31日，全国人大常委会审议通过《个人所得税法》修正案，并于2019年1月1日起实施。新个税法实施后，高薪人员税收成本高了，低薪人员税收成本降低了；同时中国进入税收严控时代，从银行开户加强审查，监控收入，全联网信息透明，境外收入也缴税，缴税范围扩大。

企业创始人薪酬一般要远高于员工平均数，他们往往需要面对最高达45%的个人所得税，因此税务负担沉重。创始人可考虑选择利收洼地税核定征收和税收返还避税等方法进行个税筹划，但不应采取发票报销抵工资等简单粗暴的方法避税。

第五节 忠实勤勉履职——高管职务犯罪刑事合规风险

高管是公司管理层中担任重要职务、负责公司经营管理、掌握公司重要信息的人员，主要包括经理、副经理、财务负责人，上市公司董事会秘书和公司章程规定的其他人员。公司法第 147 条规定"董事、监事、高级管理人员应当遵守法律、行政法规和公司章程，对公司负有忠实义务和勤勉义务。董事、监事、高级管理人员不得利用职权收受贿赂或者其他非法收入，不得侵占公司的财产"。公司高管严重违反忠实勤勉义务可能构成如下职务犯罪。

一、职务侵占罪

公司在法律上是独立的"人"，有独立的法人财产权。即便是公司股东和高管也不能随便侵占公司财产，职务侵占罪就是用来保障公司财产权不受侵犯。

职务侵占罪，是指公司、企业或其他单位的人员，利用职务上的便利，将本单位财物非法占为己有，数额较大的行为。

职务侵占罪侵犯的是公司、企业或者其他单位的财产所有权，具体的侵犯对象是公司、企业或者其他单位的财物，包括动产和不动产。所谓"动产"，不仅指已在公司、企业或者其他单位占有、管理之下的财物，还包括本单位有权占有而未占有的财物，如公司、企业或其他单位拥有的债权。

职务侵占罪的主观方面是直接故意，且具有非法占有公司、企业或其他财物的目的。即行为人妄图在经济上取得对本单位财物的占有、收益、处分的权利。至于是否已经取得或行使了这些权利，并不影响犯罪的构成。

职务侵占罪在客观方面表现为利用职务上的便利，侵占本单位财物，数额较大的行为。具体而言，包括以下两个方面：

（1）必须是利用自己在职务上的便利，包括利用职权及与职务有关的便利条件。职权，是指本人职务、岗位范围内的权力，与职务有关的便利条件，是指虽然不是直接利用职务或岗位上的权限，但却利用了本人的职权或地位所形成的便利条件，或通过其他人员利用职务或地位上的便利条件。如单位领导利用调拨、处置单位财产的权力，出纳利用经手、管理钱财的权利；一般职工利用单位暂将财物交给自己使用、保管的权利等。

（2）必须有侵占的行为，指采用侵吞、窃取、骗取等各种手段将本单位的财物化为私有，包括将合法已持有的单位财物视为己物而加以处分、使用、收藏，即变持有为所有的行为。不论是先持有而转为己有还是先不持有而采取侵吞、窃取、骗取方法转为己有，只要本质上出于非法占有的目的，并利用了职务之便做出了这种非法占有的意思表示，达到了数额较大的标准，即可构成本罪。

职务侵占犯罪的产生和发展与公司的整体运营管理密切相关，只有加强自身内部的规范化管理，采取各种措施约束和控制高管和员工的行为，并把管理工作延伸到各种经营活动中，才能从根本上防范此类犯罪的发生。

▶▶ **入刑标准**：6万元

▶▶ **量刑标准**：数额较大的，处五年以下有期徒刑或者拘役；数额巨大的，处五年以上有期徒刑，可以并处没收财产。

典型案例：真功夫创始人蔡达标职务侵占案

中式快餐真功夫创始人蔡达标经济犯罪案一审宣判，广州市天河区人民法院认定蔡达标职务侵占和挪用资金两项罪名成立，判处其有期徒刑14年，没收个人财产100万元。

法院查明，2009年9月和12月，蔡达标利用职务之便，指使下属虚构合同，将广州真功夫公司的500万元转至金培中心，其中460万元由蔡达标大妹夫李跃义套现后供蔡使用，或用于偿还李跃义的银行贷款利息等。

2010年2月，蔡达标指使下属将深圳真功夫公司的350万元转至其弟弟蔡亮标控制的思远公司，其中300万元由被告人李跃义套取现金之后用于归还私人借款。2010年11月，蔡达标指使人虚构合同，将深圳真功夫公司的370万元转至思远公司，由蔡亮标控制使用。

2010年9月和12月，蔡达标利用职务之便，以其为公司垫付公关费用为借口，指使总裁助理丁伟琴及公共事务总监赖伟丰等人先后虚构合同，将深圳真功夫公司 295 万元套取至其名下。

（据羊城晚报《真功夫原董事长获刑 14 年涉职务侵占挪用资金》一文整理）

二、挪用资金罪

资金是企业生存与发展的"血液"，任何侵犯企业资金的行为，都将危及企业发展的基石，对企业造成巨大危害。刑法设计挪用资金罪，就是为了警示擅自挪用单位资金的行为，保障公司资金的安全和使用收益权。

挪用资金罪，是指公司、企业或者其他单位的人员，利用职务上的便利，挪用本单位资金归个人使用或者借贷给他人，数额较大、超过三个月未还，或者虽未超过三个月，但数额较大、进行营利活动的，或者进行非法活动的行为。

本罪所侵害的客体是公司、企业或者其他单位资金的使用收益权，对象则是本单位的资金，包括本单位所有或实际控制使用的一切以货币形式表现出来的财产。

本罪的主观方面只能是出于故意，即行为明知自己在挪用或借贷本单位的资金，并利用了职务上的便利，而故意为之。

本罪的客观方面表现为行为人利用职务上的便利，挪用本单位资金归个人使用或者借贷给他人，数额较大、超过三个月未还的或者虽未超过三个月，但数额较大、进行营利活动的，或者进行非法活动的。行为人只要具备上述三种行为中的一种就可以构成本罪，而不需要同时具备。

上述挪用资金的行为必须是利用职务上的便利，即公司、企业或其他单位中具有管理、经营或者经手财物职责的经理、财会人员、购销人员等，利用其具有的管理、调配、使用、经手本单位资金的便利条件，将资金挪作他用。

企业实际控制人、财务人员或业务员比较容易"挪用资金"，对于企业实际控制人来说，如果的确需要资金周转，不妨和其他股东进行沟通并取得书面同意，且支付适当的利息；对于财务人员及业务员，则可通过规范财务管理和监督，从根本上杜绝"挪用资金"的可能。

▶▶ 入刑标准：6 万元

▶▶ **量刑标准**：犯本罪的，处三年以下有期徒刑或者拘役；挪用本单位资金数额巨大的，或者数额较大不退还的，处三年以上十年以下有期徒刑。

典型案例：雷士照明吴长江挪用资金案

吴长江，雷士照明（中国）有限公司原法定代表人、董事长。他33岁创办惠州雷士照明，7年做到中国第一！经历兄弟内斗、投资人拆台，三次被逼宫赶"出局"。

据查，2012年至2014年8月期间，吴长江在没有董事会授权的情况下将雷士照明（中国）有限公司位于3家银行的流动资金存款转为保证金，安排陈严携带公司公章到3家银行办理手续；同时，吴长江通过4家公司为贷款主体，利用这笔保证金作为担保，向银行共申请流动资金借款9亿多元。雷士照明为此先后出质保证金总额9.2亿元。后由于吴长江无力偿还上述贷款，致使雷士照明（中国）损失5.5亿元。2016年12月，吴长江因挪用资金罪、职务侵占罪一审被判处有期徒刑14年。

（据北京青年报《吴长江获刑14年终结雷士照明权斗》一文整理）

三、非国家工作人员受贿罪

非国家工作人员受贿罪是为民营公司量身定制的罪名。上至公司高管，下至普通员工，只要资源稀缺，有权力就会寻租。从劲霸男装、万达等传统行业到BAT和京东、美团等新兴行业，民营企业内部的腐败问题都曾在媒体上频频曝光。

非国家工作人员受贿罪，是指公司、企业或者他单位的工作人员利用职务上的便利，索取他人财物或者非法收受他人财物，为他人谋取利益，数额较大的行为。

本罪侵犯的客体是国家对公司、企业以及非国有事业单位、其他组织的工作人员职务活动的管理制度。相关人员受贿罪是对这企业管理制度的直接侵犯，从而产生公司、企业、事业单位等管理层的腐败，危害公司、企业、事业单位的根本利益，破坏市场公平竞争的交易秩序。

本罪的主观方面的表现为故意，即公司、企业、其他单位人员故意利用其职务之便接受或索取贿赂，为他人谋取利益。

本罪的客观方面表现为利用职务上的便利，索取他人财物或非法收受他人财物，为他人谋取利益，数额较大的行为。"利用职务上的便利"是本罪在客观方面的重要因素，是指公司、企业以及其他单位工作人员利用本人组织、领导、监督、管理等职权以及利用与上述职权有关的便利条件。"索取他人财物"是指利用组织、领导、监督、管理等职务上的便利，主动向有求于行为人职务行为的请托人索要财物。"非法收受他人财物"是指利用职务上的便利，为请托人办事，接受请托人主动送给的财物。"为他人谋取利益"是行为人索要或收受他人财物，利用职务之便为他人或允诺为他人实现某种利益。该利益是合法还是非法，该利益是否已谋取到，均不影响本罪成立。

企业腐败不仅扼制自身的成长，而且产生极大的社会负面影响。面对企业内部人员受贿，应掌握主动和应对方案，加强廉政建设，以免小洞不补、大洞难补，防止内部腐败的滋生、蔓延。

▶▶ **入刑标准**：非国家工作人员受贿标准为 6 万元。

▶▶ **量刑标准**：受贿数额较大的，处五年以下有期徒刑，受贿数额巨大的，处五年以上有期徒刑。

四、行贿犯罪

现如今商业竞争激烈，各公司之间为了争取客户用尽各种方法，其中较为常见的是公司在经营中向客户或者第三方支付介绍费、提成或者好处费。在我国《刑法》中，向国家公职人员支付财物以获取利益的行为属于行贿罪，而在私企与非国家工作人员之间所发生的类似行为，则有可能涉嫌触犯商业贿赂的罪名。

（一）行贿罪，是指为谋取不正当利益，给予国家工作人员以财物；在经济往来中，违反国家规定，给予国家工作人员以财物，数额较大的；或违反国家规定，给予国家工作人员各种名义的回扣、手续费的行为。

本罪的贿赂对象是"国家工作人员"，贿赂的目的是为个人谋取不正当利益。不正当利益是指行贿人谋取的利益违反法律、法规、规章、政策规定，或者要求国家工作人员违反规定为自己提供帮助或者方便条件；或者违背公平、公正原则，在经济、组织人事管理等活动中，谋取竞争优势。

因被勒索给予国家工作人员财物，并且没有获得不正当利益的，不是行贿。

▶▶ **入刑标准：** 3 万元

▶▶ **量刑标准：** 一般犯罪的，处五年以下有期徒刑或拘役；情节严重，或使国家利益受重大损失的，处五年以上十年以下有期徒刑。情节特别严重的，处十年以上有期徒刑或无期徒刑，并可并处没收财产。

（二）单位行贿罪，是指单位为谋取不正当利益而行贿，或者违反国家规定，给予国家工作人员以回扣、手续费，情节严重的行为。

单位行贿的主体是单位，包括公司、企业、事业单位、机关、团体等。贿赂的对象是国家工作人员，贿赂的目的是为单位谋取不正当利益。

▶▶ **入刑标准：** 20 万元

▶▶ **量刑标准：** 对单位判处罚金，对直接负责的主管人员和其他直接责任人员判处五年以下有期徒刑或者拘役。

典型案例：国美电器单位行贿案

黄光裕作为鹏润房产公司及国美公司的负责人，指使许忠民于2006 年至 2008 年间，向原公安部经侦局副局长兼北京直属总队总队长相怀珠提出请托，要求相怀珠在对鹏润房产公司、国美公司有关案件办理中提供违法违规的帮助，并先后两次单独或指使许忠民给予相怀珠财物共计人民币 106 余万元。黄光裕指使许忠民通过原北京市经济犯罪侦查处的靳红利分别向原国家税务总局稽查局的孙海淳、梁丛林、凌伟提出请托，要求上述人员在国美公司涉税案件调查中提供违法违规的帮助，并行贿 300 万元。黄光裕被以单位行贿罪被判处有期徒刑 2 年。

（据中国裁判文书网国美电器有限公司等单位行贿案刑事判决书整理）

（三）对非国家工作人员行贿罪是指为谋取不正当利益，给予公司、企业或者其他单位的工作人员以财物，数额较大的行为。

犯罪的客观方面表现为谋取不正当利益，给予公司、企业的工作人员以财物，并且数额较大的行为。支付回扣、手续费是本罪客观方面的主要表现形式。

▶▶ **入刑标准：** 6 万元

▶▶ **量刑标准**：数额较大的，处三年以下有期徒刑或者拘役；数额巨大的，处三年以上十年以下有期徒刑，并处罚金。

单位犯前款罪的，对单位判处罚金，并对其直接负责的主管人员和其他直接责任人员，依照前款的规定处罚。

行贿人在被追诉前主动交待行贿行为的，可以减轻处罚或者免除处罚。

（四）对非国家公务人员行贿罪，是指为谋取不正当利益，给予公司、企业或者其他单位的工作人员以财物，数额较大的行为。

本罪的犯罪主体为经营者，可以是个人，也可以是单位。行贿的对象是公司、企业里的工作人员，包括国有公司、企业以及其他国有单位中的非国家工作人员。贿赂的目的是谋取不正当利益，如谋取高于其提供的商品、劳务服务所应得的公平利润，或排除同类竞争者等。

▶▶ **入刑标准**：个人行贿 1 万元，单位行贿 20 万元

▶▶ **量刑标准**：数额较大的，处三年以下有期徒刑或者拘役；数额巨大的，处三年以上十年以下有期徒刑，并处罚金。

单位犯前款罪的，对单位判处罚金，并对其直接负责的主管人员和其他直接责任人员，依照前款的规定处罚。

行贿人在被追诉前主动交待行贿行为的，可以减轻处罚或者免除处罚。

（五）对单位行贿罪

对单位行贿罪，是指为谋取不正当利益，给予国家机关、国有公司、企业、事业单位、人民团体以财物的，或者在经济往来中，违反国家规定，给予各种名义的回扣、手续费数额较大的行为。

本罪犯罪主体可以是个人，也可以是单位。行贿对象是国家机关、国有公司、企业、事业单位、人民团体。贿赂的目的是为个人或单位谋取不正当利益。

▶▶ **入刑标准**：涉嫌下列情形之一的，应予立案：

个人行贿金额达 10 万元，单位行贿金额为 20 万元。个人行贿数额不满 10 万元、单位行贿数额在 10 万元以上不满 20 万元，但具有下列情形之一的：

（1）为谋取非法利益而行贿的；

（2）向 3 个以上单位行贿的；

（3）向党政机关、司法机关、行政执法机关行贿的；

（4）致使国家或者社会利益遭受重大损失的。

▶▶ **量刑标准**：个人犯罪的，三年以下有期徒刑或者拘役。单位犯罪的，对单位判处罚金，并对直接负责的主管人员和其他直接责任人员依个人犯罪规定处罚。

合规攻略

攻略85：随意处分自己公司财产：创始人职务侵占罪风险

公司一旦设立，即具有独立的生命。除了创始人自己，公司还会关联到其他小股东、债权人、员工以及政府等方方面面。创始人作为公司股东和高管，一定要牢记公私分明。如果将公司与自己画等号，随意处分公司财产，将有职务侵占罪风险。

职务侵占罪是管理松散的企业高管比较容易触犯的罪名。如高管在日常经营管理中经营行为不规范，则很有可能成为日后被刑事追责的导火索。比如，高管利用公司职务便利侵占公司财物，利用对公司通过签订合同取得的货款、收入等不入账、据为己有或者擅自用于个人用途，擅自支取公司资金归个人使用且不予归还，擅自在公司报销个人费用，以公司名义向他人借款之后占为己有或携款逃匿，制作假工资表或者劳务费用套取公司资金等，均有可能会构成职务侵占罪。

企业创始人为避免职务侵占刑事风险应做到如下几点：

（1）完善财务报销等制度。明确请款报销的审批权限、报销管理流程等制度，规范差旅费、交通费、通信费报销程序，创始人带头遵守制度规定。

（2）树立定期审计、重大人事调整审计制度。公司应当引入专业第三方审计机构对公司经营状况、财务履行情况等予以审计。如遇公司重大人事调整时，委托会计师事务所对离职高管予以离职审计。

（3）日常经营中，对资金往来等操作一定要规范，对报销不明或者难以界定的费用开销、借款等在事前应要求全体股东确认，事后也应有公司或其他股东追认的书面凭证。

攻略 86：企业公关：防范商业贿赂犯罪风险

在中国现实的政商生态中，民营企业家通过攀附政治权贵寻找靠山，借助强力公关获得资金、项目、地块、矿山等资源来迅速暴富的现象并不少见。依赖这种权钱交易的公关手段来实现企业发展面临着巨大的刑事法律风险。

中国传统上就是一个注重人脉关系的社会，企业对于熟人公关更是肯下血本。但是公关需谨慎，千万不要突破法律界线，否则就会变成商业贿赂。尤其需要注意的是，不要将公关行为与谋取不正当利益混合在一起，同时在数量上需要予以重视，正常馈赠不会构成犯罪，但是礼物如果价值太大则会带来不必要的麻烦。

最高人民法院、最高人民检察院于 2008 年发布的《关于办理商业贿赂刑事案件适用法律若干问题的意见》（法发〔2008〕33 号）第 10 条规定："办理商业贿赂犯罪案件，要注意区分贿赂与馈赠的界限。主要应当结合以下因素全面分析、综合判断：（1）发生财物往来的背景，如双方是否存在亲友关系及历史上交往的情形和程度；（2）往来财物的价值；（3）财物往来的缘由、时机和方式，提供财物方对于接受方有无职务上的请托；（4）接受方是否利用职务上的便利为提供方谋取利益。"企业公关时需要了解清楚贿赂与馈赠的界定，避免逾越法律红线。

另外，企业应强化内部管理，建立自律监督体系，明确禁止贿赂行为，确保公司行为的合法性。有针对性地制定规范与制衡的工作流程，设置必要的监控机构，加强对市场部、公关部、销售部、财务部等关键部门人员的管理，加强对生产经营、采购、销售等重点环节的监督检查，杜绝员工背着自己进行商业贿赂，一旦发现员工存在商业回扣等情况，需要立即处理，表明态度，以免留下后患。

西方发达国家，通过律师事务所或者会计师事务所开展的合规业务，以及立法和司法针对公司犯罪治理而设置的"合规计划"已成为企业商业贿赂犯罪防治的主流做法。我国刑事合规业务方兴未艾，通过律师开展合规调查可帮助客户准确识别、判断刑事风险，并可以为企业提出专业的预防、控制、减小、消除商业贿赂风险的解决方案。

第六节 交易取财有道——市场交易环节刑事合规风险

企业为了谋求发展必然要与外界进行市场交易活动，比如签订、履行合同，进行市场营销活动等。我国《刑法》第三章第八节专门规定了扰乱市场秩序罪。该章节规定的"损害商业信誉、商品声誉罪""虚假广告罪""串通投标罪""合同诈骗罪""组织、领导传销活动罪""非法经营罪""强迫交易罪"等均是企业市场交易环节的高发犯罪。

一、合同诈骗罪

签订合同就应遵循公平自愿原则履行，如果隐瞒事实，用虚假的信息与人签订合同从而获取利益，就会构成合同欺诈。当达到一定数额就会涉嫌合同诈骗罪。合同诈骗罪是民营企业发生频率较高的犯罪。

合同诈骗罪是指以非法占有为目的，在签订、履行合同过程中，采取虚构事实或者隐瞒真相等欺骗手段，骗取对方当事人的财物，数额较大的行为。

本罪侵犯的合同他方当事人财产所有权和市场秩序，直接使他方当事人的财产减少，同时也给市场交易秩序和竞争秩序造成了极大伤害。因此《刑法》从诈骗罪中分离出来，明定合同诈骗罪，由公安经侦部门专门管辖，以打击合同诈骗活动。

本罪的主观方面只能是故意，并且具有非法占有公私财物的目的。行为人主观上没有上述诈骗故意，只是由于种种客观原因，导致合同不能履行或所欠债务无法偿还的，不以本罪论处。

本罪的客观方面表现为在签订、履行合同过程中，虚构事实、隐瞒真相，骗取对方当事人财物，且数额较大的行为。认定行为人是否虚构事实或隐瞒真相，关键在于查清行为人有无履行合同的实际能力。行为人明知自己没有履行合同的实际能力或者担保，故意制作假象使与之签订合同的人产生错觉，与行骗人签订合同，从而达到骗取财物的目的。具体包括如下几方面特征：（1）行为人根本不具备履行合同的实际能力；（2）采取欺骗手段；（3）使与之签订合同的人产生错误认识；（4）被骗人自愿地与行为人签订合同并履行合同义务，交付财物或者行为人直接非法占有他人因履约而交付的财物。

本罪的诈骗行为表现为下列五种形式：

（1）以虚构单位或者冒用他人的名义签订合同的。

（2）以伪造、变造、作废的票据或者其他虚假的产权证明作担保的。这里所称的票据，主要指能作为担保凭证的金融票据，即汇票、本票和支票等。所谓其他产权证明，包括土地使用权证、房屋所有权证以及能证明动产、不动产的各种有效证明文件。

（3）没有实际履行能力，以先履行小额合同或者部分履行合同的方法，诱骗对方当事人继续签订和履行合同的。

（4）收受对方当事人给付的货物、货款、预付款或者担保财产后逃匿的。

（5）以其他方法骗取对方当事人财物的。这里所说的其他方法，是指在签订、履行经济合同过程中使用的上述四种方法以外，以经济合同为手段、以骗取合同约定的由对方当事人交付的货物、货款、预付款或者定金以及其他担保财物为目的的一切手段。

近年来，通过伪造资料、隐瞒事实等手段实施合同诈骗的案件时有发生，企业在签订、履行合同过程中，应增强风险意识，增强防骗能力。同时，应抛弃急功近利的思想，要审查签订合同的主体是否合法，签约人员是否合格，谨慎小心，多做调查，防范合同诈骗。

▶▶ **入刑标准**：以非法占有为目的，在签订、履行合同过程中，骗取对方当事人财物，数额在 2 万元以上的，应予立案追诉。

▶▶ **量刑标准**：数额较大的，处三年以下有期徒刑或者拘役，并处或者单处罚金；数额巨大或者有其他严重情节的，处三年以上十年以下有期徒刑，并处罚金；数额特别巨大或者有其他特别严重情节的，处十年以上有期徒刑或者无期徒刑，并处罚金或者没收财产。

典型案例：“血染的风采”——苏越合同诈骗案

苏越是中国原创音乐的先驱，他创作的歌曲《血染的风采》《黄土高坡》《热血颂》等在国内外广为流传。苏越投资设立了太湖传媒投资有限公司，他虚构了公司具有承接北京奥运会巡回演出活动的资格，利用伪造的太湖公司与各电视媒体签订的《演出合同书》，以投资迎奥运巡回活动可以获取利润回报为由，与其他公司签署《投资合作协议书》骗取数千万元。北京市第二中级人民法院开庭审理此案，苏越被以合同诈骗罪，判处无期徒刑，剥夺政治权利终身。

（据人民网《血染的风采作曲苏越诈骗5700万元一审判无期》一文整理）

二、非法经营罪

“法无明文规定不为罪”是我国刑法的一项基本原则，可实务中有一个“管得最宽”的罪名，它就是“非法经营罪”。

非法经营罪，是指未经许可经营专营、专卖物品或其他限制买卖的物品，买卖进出口许可证、进出口原产地证明以及其他法律、行政法规规定的经营许可证或者批准文件，以及从事其他非法经营活动，扰乱市场秩序，情节严重的行为。

本罪侵犯的客体是国家限制买卖物品或经营许可证的市场管理制度。主观方面由故意构成，并且具有牟取非法利润的目的。

本罪的客观方面表现为未经许可经营专营、专卖物品或者其他限制买卖的物品、买卖进出口许可证、进出口原产地证明以及其他法律、行政法规规定的经营许可证或者批准文件，以及从事其他非法经营活动，扰乱市场秩序，情节严重的行为。主要有以下几种行为方式：

（1）未经许可经营法律、行政法规规定的专营、专卖物品或者其他限制买卖的物品。

（2）买卖进出口许可证、进出口原产地证明以及其他法律、法规规定的经营许可证或者批准证件。

（3）未经国家有关主管部门批准，非法经营证券、期货或者保险业务。

（4）其他扰乱市场秩序的非法经营行为。如非法从事传销活动、彩票交易；倒卖国家禁止或限制进口的废弃物；垄断货源、哄抬物价、囤积居奇；倒卖外汇、执照以及有伤风化的物品；等等。

非法经营罪采取了列举加兜底的立法模式，即前三项列举了属于刑法明文规定构成犯罪的具体情况，而第四项则以概括式的规定来弥补列举式可能产生的内容僵化、规定不全面以及立法间隙等缺陷，以期达到法律规定的涵盖内容最大化之效果。本条易于被扩张解释，造成司法擅断。正因如此，非法经营罪被学界戏称为"口袋罪"。

随着市场经济的发展和司法实践的推进，不断有新的经营活动和经营方式出现，无论是经营资格违法、经营内容违法还是经营方法违法，只要扰乱市场秩序到一定程度，都有被定为非法经营罪的风险。

▶▶ **入刑标准**：情节严重，不同犯罪行为标准不同

▶▶ **量刑标准**：犯非法经营罪的，处五年以下有期徒刑或者拘役，并处或者单处违法所得 1 倍以上 5 倍以下的罚金。情节特别严重的，处五年以上有期徒刑，并处违法所得 1 倍以上 5 倍以下罚金或者没收财产。单位犯非法经营罪的，对单位判处罚金，并对其直接负责的主管人员和其他直接责任人员依上述规定处罚。

典型案例：国内首例"刷单炒信"非法经营案

2013 年 2 月，李某某通过创建"零距网商联盟"网站和利用 YY 语音聊天工具建立刷单炒信平台，吸纳淘宝卖家注册账户成为会员，并收取 300—500 元不等的会员费和 40 元的平台管理维护费。李某某通过制定刷单炒信规则与流程，组织及协助会员通过平台发布或接受刷单炒信任务，在淘宝网上进行虚假交易并给予虚假好评，欺骗淘宝买家。截至 2014 年 6 月，李某某非法获利 90 余万元。

杭州余杭区法院经审理后做出判决，刷单炒信平台"零距网商联盟"组织者 90 后李某某，因犯非法经营罪被判有期徒刑五年九个月，并处罚金 92 万元。这是互联网公司运用大数据主动发现并向警方输送刷单线索，进入刑事宣判的第一案。

（据新华网《杭州宣判合同首例"刷单入刑"案》一文整理）

三、组织、领导传销活动罪

在大众创业和万众创新的巨大冲击下，许多企业都开始探索创新型商业运营模式；或者随着企业的不断发展壮大，利益触角的不断蔓延与深入，使得创新模式变异成触及法律底线的异化模式，甚至涉嫌犯罪。传销犯罪就是一种常见商业模式雷区。

组织、领导传销活动罪，是指组织、领导以推销商品、提供服务等经营活动为名，要求参加以缴纳费用或者购买商品、服务等方式获得加入资格，并按照一定顺序组成层级、直接或者间接以发展人员的数量作为计酬或者返利依据，引诱、胁迫参加者继续发展他人参加，骗取财物，扰乱经济社会秩序的传销活动的行为。

本罪侵犯的客体为复杂客体，既侵犯了公民的财产所有权，又侵犯了市场经济秩序和社会管理秩序。本罪的犯罪对象是公民个人财产，通常是货币。传销常伴随偷税漏税、哄抬物价等现象，侵犯多个社会关系和法律客体。

本罪在客观方面表现为违反国家规定，组织、从事传销活动，扰乱市场秩序，情节严重的行为。根据刑法第224条的规定以及两高、公安部有关规定，认定传销犯罪的根本特征在于犯罪分子的受益与不断发展的下线人头数有着密切的联系。刑法之所以打击这样的犯罪行为，是因为其利润来源违背了市场经济的法则，即交易的对价应是产品或服务，而非人头，并且这种模式本身具有一定的"裂变"性，从而扰乱社会经济秩序，触发刑罚红线。

直销是国家从法律上认可的、合法的营销模式，而传销则是人人喊打的非法行为。不过，要区分传销罪与直销活动中的违规行为。若在直销行为中出现夸大直销员收入、产品功效等欺骗、误导行为，应由直销监管部门处以行政处罚，而不应视为传销罪。情节严重的认定应结合传销涉案金额、传销发展人员数量、传销中使用的手段、传销造成的影响等多方面因素综合衡量。

三级分销与传销也有本质区别。三级分销一般是无店铺销售方式，会员通过自己不断的推广宣传把自己的产品卖出去，获取商家所给的分佣。三级分销是低成本运作的一种营销渠道，属于分销的范畴，不需要直销牌照。三级分销中有直接经济关系的只有三级，第一级分销商就是真正把货卖出给消费者的人相对于传统直销中的零售商，第二级就是发展了第一级分销商的人，第三级就是发展了第二级的人，第二级和第三级就相当于传统直销中的批发渠道商。其中第一级拿的是商品销售佣金，第二级和第三级拿的是推广佣金。所以三级分销不像传销等级越高收入越多，三级分销是新型微商。电子商务法出台后，微商纳入电子商务监管，三级分销也就越来越普遍。不过，需要注意的是，企业最高只能采用三级分销制，超过三级分销的，就有可能涉嫌传销。

▶▶ **入刑标准：**涉嫌组织、领导的传销活动人员在30人以上且层级在3级以上。

▶▶ **量刑标准：**构成该罪的，处五年以下有期徒刑或者拘役，并处罚金；情节严重的，处五年以上有期徒刑，并处罚金。

典型案例：太平洋直购传销案

2012年6月1日，江西精彩生活投资发展有限公司（以下简称"精彩生活公司"）原董事长唐庆南，因涉嫌组织领导传销活动罪被逮捕。事发前，唐庆南刚获得投资江西十大风云人物、诚信中国创新先锋人物、和谐中国2010年度影响力人物、十大杰出诚信企业家等众多荣誉。

太平洋直购网是唐庆南所创办的网站。该网站从创办开始就以电子商务为掩护，用发展下线获返利做诱饵，采取"拉人头、收取入门费"等方式，共发展会员近690万人，收取保证金近38亿元，在三年多的时间里缔造了一个"网络传销帝国"。2013年8月底，南昌市中级人民法院一审以非法组织、领导传销活动罪对"太平洋直购网"的主要负责人进行宣判，判处唐庆南有期徒刑10年，罚金4000万元。

（据法制时报《"太平洋直购"传销案终审》一文整理）

合规攻略

攻略87：妥善处理合同纠纷：不要滑向合同诈骗深渊

企业在生产经营过程中难免会遭遇合同纠纷，如果处理不当，民事合同纠纷亦有可能会转化为合同诈骗刑事犯罪。合同诈骗意味着国家公权力的介入，民事纠纷转为刑事案件，涉案者极可能罪刑加身。

合同诈骗犯罪往往与合同纠纷交织一起，罪与非罪的界限容易混淆，正是因为如此，合同纠纷在实践中亦容易被视作为合同诈骗罪处理。

合同纠纷和合同诈骗的区别主要体现在是否"以非法占有为目的"，合同纠纷一般指合同当事人因合同的生效、解释、履行、变更、终止等引发的所有争议，即使有些合同纠纷当事人存在某些情节较轻的欺诈或夸大行为，若仅是借以创造合同签约或履行条件，但客观仍是以履行合同为目的并愿意承担合同责任和义务，则不宜认定为"合同诈骗"；而合同诈骗是指以非法占有为目的，根本没有履行合同的意愿，采取虚构或隐瞒真相等手段，通过签订经济合同，骗取数额较大的公私财产的行为。

判断"非法占有为目的"最关键的是看行为人是否有履约的意愿和能力。对于行为人一开始确实具备履约能力，并且也愿意按照合同约定履行义务，但由于后来情况发生变化，导致客观上无法履约的，只能认定为合同违约行为；对于一开始就不具备履约能力，欺骗对方当事人签订合同、给付财物的，则构成合同诈骗罪。

商海瞬息万变，在实际经营过程中可能会出现由于现金流短缺，无法按约定支付对方货款或者产品原材料供应出现困难，无法按时交货等情况。这时需要与对方进行良好沟通，取得对方的理解，并协商延长付款或交货时间。切不可采取逃避的态度，更换联系方式和办公地点，与对方失去联系，甚至为躲避债务而逃匿。否则对方一旦向公安机关报案，上述逃避行为容易被认定为"主观上具有非法占有目的"的表现，而被追究刑责。

攻略88：选择经营模式：需防非法经营罪风险

非法经营罪中存在一个兜底性条款"其他严重扰乱市场秩序的非法经营行为"，此条款也使得该罪也成为一个极富弹性的罪名，亦可被称为"口袋罪"，很多经营行为都容易落入其法网。企业选择经营模式时，应当深入研究和把握国家的法律法规和政策，警惕构成该罪的风险。具体应注意如下两点：

（1）按照法律的规定，非法经营罪一般是指违反国家规定，未取得经营方面的行政许可，而从事的扰乱市场经营秩序的行为。企业应当在市场监督管理机关核准的经营范围内从事经营活动。经营国家专营、专卖及其他限制买卖物品的公司履行相应的审批程序，经过行政主管部门的审批，获得批准文件或经营许可证。创业者在经营中，应该注意的是自己经营的内容，特别在企业经营的某些特殊项目上，是否有行政许可，在超出自己经营范围的内容中，要特别小心，多向有关部门咨询请示，多做相关的尽职调查。

（2）买卖公司、企业所获得的进出口许可证、进出口原产地证明以及其他法律、行政法规规定的经营许可证或者批准文件，情节严重的，也可能构成非法经营罪。企业不应开展此类经营行为。

攻略89：创新营销模式：警惕传销犯罪陷阱

企业在经营过程中，为扩大市场份额或者进行广告宣传，可能会采取注册会员、设置加盟商、代理商等各种特定的营销模式，并且因此种营销模式而触碰传销犯罪的红线。在这种情况下，经营者除了面临行政处罚的法律后果之外，其声誉也会受到相应的不良影响。云联惠的"云联商城"消费返利商业模式曾经一度宣称是电子商务营销模式创新，累计交易金额达到3300亿元，但最终被警方定性为特大网络传销犯罪。经营者营销模式的刑事合规风险需要高度警惕。

企业创始人在探索营销模式创新时，应当以法律为依据，在法律的框架内进行。新的营销模式不能要求参加者以缴纳费用或者购买商品、服务等方式获得加入资格收取"入门费",不得以一定顺序组成层级,直接或者间接以发展人员的数量作为计酬或者返利依据,并不得引诱、胁迫参加者继续发展他人参加该模式。公司的盈利应以产品、服务的销售收入为主,且利润分配不应与参加人员或其他主体的数量挂钩。

对于他人推销的营销模式应仔细甄别,经得住利益的诱惑,防止传销组织对公司、企业以合作、加盟等形式的渗透,使企业在不经意间成为传销组织的帮凶。对于此类商业合作,应当有专业的法律团队进行风险预判,从而规避触犯本罪的风险。

第七节　莫做黑心老板——劳资关系刑事合规风险

谈起劳资关系过程中还有刑事合规风险，可能很多创始人不太关注。2017 年 12 月，上海市人社部门就向社会公布了 15 家企业因恶意欠薪被追究刑事责任的案例。我国人口红利逐渐消失，国家对于劳动者保护的力度越来越大。作为企业来讲，了解劳资关系管理过程中可能涉及的刑事合规风险殊为必要。

一、拒不支付劳动报酬罪

2011 年 5 月 1 日，十一届全国人大常委会第十九次会议通过的《刑法修正案（八）》中，将"欠薪"正式列罪，罪名确定为拒不支付劳动报酬罪。

拒不支付劳动者报酬罪是指以转移财产、逃匿方法逃避支付劳动者报酬或者有能力支付而不支付劳动者的劳动报酬，数额较大，经政府有关部门责令支付仍不支付的行为。

拒不支付劳动报酬的行为要件是以转移财产、逃匿等方法逃避支付劳动者的劳动报酬或者有能力支付而不支付劳动者的劳动报酬。其中，"有能力支付而拒不支付"是指用人单位从经营状况还有财务状况来看都没有出现不良的情况，但就是不支付的情况。

"以转移财产、逃匿等方法逃避支付劳动者的劳动报酬"的行为是指以下情形：

（1）隐匿财产、恶意清偿、虚构债务、虚假破产、虚假倒闭或者以其他方法转移处分财产的；

（2）逃跑、藏匿的；

（3）隐匿、销毁或者篡改账目、职工名册、工资支付记录、考勤记录等与劳动报酬相关的材料的；

（4）以其他方法逃避支付劳动报酬的。

"经政府有关部门责令支付仍不支付的"是指针对用人单位拒不支付

报酬的行为经当地人力资源和社会保障部门或者其他政府相关机关依法以限期整改指令书、行政处理决定书等文书责令支付劳动者的劳动报酬后，在指定的期限内仍不支付的情况。如由于企业原因，政府有关部门无法将责令支付文书送交企业负责人的，有关部门如已通过在企业住所地、生产经营场所等地张贴责令支付文等方式责令支付，并采取拍照、录像等方式记录的，应当视为"经政府有关部门责令支付"。

本罪的犯罪主体为一般主体，即企业和自然人。单位拒不支付劳动报酬，构成犯罪的，对直接负责的主管人员和其他直接责任人员定罪处罚，并对单位判处罚金。用人单位的实际控制人实施拒不支付劳动报酬行为的，也应按本罪追究刑事责任。

拖欠劳动者工资并不是简单的劳资纠纷，若达到一定的条件将涉嫌拒不支付劳动报酬罪，当公司作为本罪的犯罪主体时，该公司的法定代表人或其他直接负责人均将被以同样的罪名指控，受到刑事制裁。

▶▶ 入刑标准：

拒不支付劳动报酬罪的标的数额，数额较大是指：（1）拒不支付1名劳动者3个月以上的劳动报酬且数额在5000元至20000元以上的；（2）拒不支付10名以上劳动者的劳动报酬且数额累计在30000至100000元以上的。由于各地方经济发展水平和具体情况不一样，各地方可以根据本地区的具体情况制定具体的认定标准。

▶▶ 量刑标准：

数额较大，经政府有关部门责令支付仍不支付的，处三年以下有期徒刑或者拘役，并处或者单处罚金；造成严重后果的，处三年以上七年以下有期徒刑，并处罚金。

单位犯前款罪的，对单位判处罚金，并对其直接负责的主管人员和其他直接责任人员，依照前款的规定处罚。

有前两款行为，尚未造成严重后果，在提起公诉前支付劳动者的劳动报酬，并依法承担相应赔偿责任的，可以减轻或者免除处罚。

典型案例：中山市拒不支付劳动报酬案

2013 年 12 月 25 日，广东省中山市佛鑫装饰工程有限公司员工金某某、刘某某等 40 人到中山市人力资源和社会保障局投诉，称该公司拖欠员工 2013 年 2 至 12 月份工资。经查，该公司已处于停产状态，拖欠了 40 名劳动者工资 32 万元。该公司法定代表人何某某去向不明。2013 年 12 月 26 日，中山市人力资源社会保障局下达了《劳动保障监察限期改正指令书》，责令该公司支付拖欠的工资，该公司未按要求支付。

2013 年 12 月 27 日，中山市人力资源社会保障局将案件移送公安机关。2014 年 8 月 20 日，中山市第二人民法院判决何某某犯拒不支付劳动报酬罪，判处有期徒刑一年六个月，并处罚金二万元。

（据新华网《人社部公布十大犯拒不支付劳动报酬罪案例》一文整理）

二、强迫劳动罪

近些年，劳动者权益被侵害的事件频频发生，山西的"黑砖窑"、新疆的"智障奴工"等事件在全国引发了极大关注和重视。《刑法修正案（八）》将过去的强迫职工劳动罪修改为强迫劳动罪，加强了对劳动者权益的保护。

根据我国《刑法》规定，强迫劳动罪是指以暴力、威胁或者限制人身自由的方法强迫他人劳动的行为。

强迫劳动者劳动的现象一般发生在劳动密集型的行业，特别是煤矿、砖窑等。强迫劳动侵犯的是员工的人身自由和休息休假的权利，影响到员工的身心健康。因此，国家为了强化员工合法权益的保护，通过立法对实施此种行为的单位和负责人予以刑事制裁。

▶▶ **入刑标准：** 以暴力、威胁或者限制人身自由的方法强迫他人劳动的，应予立案追诉。明知他人以暴力、威胁或者限制人身自由的方法强迫他人劳动，为其招募、运送人员或者有其他协助强迫他人劳动行为的，应予立案追诉。

▶▶ **量刑标准：** 犯本罪的，处三年以下有期徒刑或者拘役，并处罚金；

情节严重的，处三年以上十年以下有期徒刑，并处罚金。

三、重大劳动安全事故罪

重大劳动安全事故罪是刑法修改后新增设的罪名，是指安全生产设施或者安全生产条件不符合国家规定，因而发生重大伤亡事故或者造成其他严重后果的行为。

本罪的犯罪构成，犯罪主体是特殊主体，即是企事业单位中的对造成重大责任事故负有直接责任的主管人员或其他直接责任人员。

企业家对企业生产经营的监督管理，既是自己对公司应尽的勤勉义务，也是所在公司所应尽的社会责任。应务必将安全生产的法律、法规、规章制度进行细化，真正将安全生产的规章制度落到实处。否则，一旦发生安全事故，不仅危及企业与社会大众，自己也会在"不知不觉"中成为犯罪人，对自己的人生、事业、家庭造成影响。

▶▶ **入刑标准：**

（1）造成死亡1人以上，或者重伤3人以上；

（2）造成直接经济损失50万元以上的；

（3）发生矿山生产安全事故，造成直接经济损失100万元以上的；

（4）其他造成严重后果的情形。

▶▶ **量刑标准：** 犯本罪的，处三年以下有期徒刑或者拘役；情节特别恶劣的，处三年以上七年以下有期徒刑。

合规攻略

攻略90：不把欠薪当回事：恶意拖欠工资有刑责

2011年《刑法修正案（八）》公布后，恶意欠薪正式入罪。企业"以转移财产、逃匿等方法逃避支付劳动者的劳动报酬""经政府有关部门责令支付仍不支付的"，就有可能被认定为拒不支付劳动报酬罪。单位被认定为刑事犯罪，单位的负责人或者实际控制人也要承担相应的刑事责任，创始人也可能会因欠薪面临牢狱之灾。

企业创始人应高度重视恶意欠薪罪的风险，并做好如下应对：

（1）用人单位在受到劳动者投诉，并且收到人力资源和社会保障部门或其他有关政府部门的责令改正及行政处罚相关文书的时候，企业不要逃避，而是要积极地与政府部门沟通。如果确是因为企业经济原因无法支付工资的话，一定要及时申明理由并提交相关的证据材料供劳动部门审核。如果经劳动部门审核确实因用人单位特殊困难而无力支付工资的话，企业可以在劳动部门的协调下与员工签署工资还款计划，这样就能避免刑事程序的启动。

（2）如果司法机关对于用人单位拒不支付劳动报酬的行为已立案，用人单位要在检察院提起公诉前支付劳动者劳动报酬，这样可以减轻或者免除处罚。用人单位在提起公诉之后一审宣判前能够及时支付劳动报酬的，可以从轻处罚。对于因用人单位拒不支付劳动报酬而造成严重后果，但用人单位能够在宣判前支付劳动报酬的，可以酌情从宽处罚。

第八节 剽窃也会获罪——知识产权刑事合规风险

近年来，知识产权剽窃犯罪在我国呈现多发态势。知识产权犯罪能使行为人获得高额的非法利润、侵权所获利益有时甚至比贩毒还高。受利益驱使，很多企业铤而走险，依靠剽窃他人知识产权发家致富。加大对侵犯知识产权刑事打击力度将是我国未来主流刑事政策。随着司法机关对知产犯罪打击力度的不断强化，无论是离职创业者，还是受害企业都要学会如何防范相关的知识产权刑事合规风险，维护自身权益。毕竟，只有心中有矩，方能不越雷池，才能在市场竞争的惊涛骇浪中安稳航行。

一、侵犯商业秘密犯罪

侵犯商业秘密罪是公司员工在履职过程中面临的刑事风险里有较高发案率的刑事犯罪。许多员工因为日常工作需要，会接触诸如源代码、工程图纸等技术秘密，抑或是客户名单、招投标书等经营秘密，一旦这些员工没有把握好使用界线，稍有不慎就可能涉及商业秘密民事侵权，更有甚者触及刑事犯罪。

侵犯商业秘密罪，是指以盗窃、利诱、胁迫或者其他不正当手段获取权利人的商业秘密，或者非法披露、使用或者允许他人使用其所掌握的或获取的商业秘密，给商业秘密的权利人造成重大损失的行为。

本罪侵犯的是商业秘密权利人对商业秘密所拥有的合法权益以及受国家保护的正常有序的市场经济秩序。本罪侵犯的对象是商业秘密。本罪在客观方面表现为违反国家反不正当竞争法律法规规定，侵犯商业秘密给权利人造成重大损失的行为。

侵犯商业秘密的行为，具体包括三种：（1）以盗窃、利诱、胁迫或者其他不正当手段获取权利人的商业秘密；（2）披露、使用或者允许他人使用以不正当手段获取的权利人的商业秘密；（3）违反约定或者违反权利人有关保守商业秘密的要求，披露、使用或者允许他人使用其掌握的商业秘密。此外明知或应当明知属于上列三种行为，获取、使用或者披露他人的商业秘密的，亦应以侵犯商业秘密论处。

离职创业或跳槽时，不要急功近利，脑子时刻要有法律意识，职业的发展必须是不侵害他人的合法权益为前提，千万不能触碰侵犯他人商业秘密这条红线，避免做出贻害终身的不理智行为。

▶▶ **入刑标准：**

侵犯商业秘密，涉嫌下列情形之一的，应予立案追诉：

（1）给商业秘密权利人造成损失数额在 50 万元以上的；

（2）因侵犯商业秘密违法所得数额在 50 万元以上的；

（3）致使商业秘密权利人破产的；

（4）其他给商业秘密权利人造成重大损失的情形。

▶▶ **量刑标准：**

自然人犯本罪的，处三年以下有期徒刑或者拘役，并处或者单处罚金；造成特别严重后果的，处三年以上七年以下有期徒刑，并处罚金。

单位犯本罪的，对单位判处罚金，并对其直接负责的主管人员和其他直接责任人员，依上述规定追究刑事责任。

典型案例：澳大利亚力拓公司胡士泰等 4 人侵犯商业秘密案

犯罪嫌疑人胡士泰原籍中国天津，为澳大利亚籍，系力拓公司上海办事处首席代表，另外 3 名犯罪嫌疑人刘才魁、葛民强、王勇为力拓公司中方雇员。侦查机关经过深入侦查，初步查明胡士泰等 4 人涉嫌以不正当手段获取中国钢铁企业商业秘密的犯罪事实，触犯我国《刑法》第 219 条规定的侵犯商业秘密罪，有证据证明胡士泰等 4 人涉嫌上述犯罪，依法对其做出批准逮捕的决定，该案提起公诉，胡士泰等人被判 7 至 14 年。

（据新华网《力拓案一审判决胡士泰等人被判 7 至 14 年》一文整理）

二、假冒注册商标罪

知名品牌背后的市场价值巨大，假冒他人注册商标相当于窃取了他人的劳动果实，是需要付出代价的。

假冒注册商标罪，是指违反商标管理法规，未经注册商标所有人许可，在同一种商品上使用与其注册商标相同的商标，违法所得数额较大或者有其他严重情节的行为。

本罪所侵犯的是国家有关商标的管理制度和他人的注册商标的专用权。犯罪对象是他人已经注册的商品商标。能成为本罪对象的商标必须符合下列条件：第一是商品商标，而非服务商标。即使有人假冒服务商标，亦不构成本罪。第二是已注册商标。商标一经商标局注册，便成为注册商标，商标注册人便对其注册商标享有商标专用权，受到法律保护，任何单位和个人不得假冒。非注册商标即使有人假冒，也不构成侵权，更不能构成犯罪。第三是他人的商标。对于自己使用的商标，自然谈不上假冒。第四是未超过有效期限的有效商标。根据我国《商标法》的规定，注册商标的有效期限为 10 年。有效期满，需要继续使用的，应当在期满 6 个月内申请续展注册。未申请续展注册或者因违法被注销的商标，不能成为本罪的对象。

本罪在客观方面表现为行为人未经注册商标所有人许可，在同一种商品上使用与他人注册商标相同的商标，情节严重的行为。

（1）行为人必须在同一种商品上使用与他人注册商标相同的商标。一方面行为人使用商标的商品与注册商标的商品必须是同一种商品；另一方面行为人所使用的商标与他人的注册商标相同。使用与注册商标相似的商标的行为，不构成假冒注册商标罪。对于相同的认定，则应以是否足以使一般消费者误认为是注册商标为标准，与注册商标的读音、外观、意义相同的商标，就是相同的商标。

（2）行为人使用与他人注册商标相同的商标，未经注册商标所有人许可。经过注册商标所有人许可，在同一种商品上使用该注册商标的，是合法行为，不构成假冒注册商标罪。经许可使用他人注册商标的，必须在使用注册商标的商品上标明被许可人的名称和商品产地。

▶▶ 入刑标准：

未经注册商标所有人许可，在同一种商品上使用与其注册商标相同的商标，涉嫌下列情形之一的，应予立案追诉：

（1）非法经营数额在 5 万元以上或者违法所得数额在 3 万元以上的；

（2）假冒两种以上注册商标，非法经营数额在 3 万元以上或者违法所得数额在 2 万元以上的；

（3）其他情节严重的情形。

▶▶ **量刑标准：**

自然人犯罪的，处三年以下有期徒刑或者拘役，并处或单处罚金；情节特别严重的，处三年以上七年以下有期徒刑，并处罚金。

单位犯本罪的，对单位判处罚金，对其直接负责的主管人员和其他直接责任人员，依上述规定处罚。

典型案例：假冒宝洁注册商标案

2015 年 9 月至 2015 年 11 月，被告人张某为非法牟利，在未取得宝洁（中国）有限公司商标使用许可的情况下，在湖北省汉川市仙女街道办事处徐家口村租赁的一民房内，进行假冒"飘柔""海飞丝""潘婷"洗发露和"玉兰油"多效修护霜的生产和销售。2015 年 11 月 12 日，汉川市工商局现场查获成品假冒"飘柔""海飞丝""潘婷"洗发露和"玉兰油"多效修护霜共计 5300 余瓶，查获印有假冒"飘柔""海飞丝""潘婷"商标标识的空瓶及纸箱共计 2.8 万余个。经鉴定，上述涉案成品洗发露、修护霜价值共计人民币 29 万余元；上述涉案空瓶、纸箱上的标识与"飘柔""海飞丝""潘婷""玉兰油"注册商标完全相同。2016 年 8 月 9 日，汉川市检察院以张某涉嫌假冒注册商标罪对其做出批准逮捕决定。2016 年 11 月 3 日，汉川市法院以假冒注册商标罪判处张某有期徒刑三年，并处罚金 5 万元。

（据最高人民检察院 2016 年度检察机关保护知识产权十大典型案例整理）

三、假冒专利罪

专利作为一种无形的财产权，在国际上被列为工业产权中最重要的一种权利。假冒专利的行为，不仅侵害了国家的专利制度，也侵害了专利权人的利益。为此，我国刑法将严重假冒他人专利的行为入罪，即假冒专利罪。

假冒专利罪，是指违反专利法规，假冒他人专利，情节严重的行为。本罪侵害了国家专利管理部门的正常活动，也侵害了单位或个人的专利权利。

本罪在客观方面表现为违反国家专利管理法规规定，在法律规定的有效期内，假冒他人或单位已向国家专利主管部门提出申请并经审查获得批准的专利，情节严重的行为。假冒他人专利的行为主要表现为以下几方面：

（1）未经专利权人同意，在其制造、使用或者出售的产品上标注、缀附或者在与该产品有关的广告中冒用专利权人的姓名、专利名称、专利号或者专利权人的其他专利标记的行为。行为人利用公众对专利产品的信任感，假冒专利，使公众相信自己生产的产品是专利权人生产、使用或销售的，或者是经专利权人许可生产、使用或销售的，从而牟取巨额的非法利益。

（2）未经专利权人许可，而实施其专利的行为，即未经专利权人许可，以生产经营为目的而非法制造、使用或者销售其专利产品，或者使用其专利方法。作为本罪侵犯对象的专利必须是已向国家专利管理机关提出申请并经专利管理机关审核批准的。

（3）假冒专利的行为必须是发生在专利权期限内。我国发明专利的期限为20年；实用新型专利和外观设计专利的期限为10年，均自申请之日起计算。专利期限届满后，该项发明创造不再作为专利权予以保护，也就不存在对该项发明创造假冒的问题。

（4）处理假冒专利案件，要分清是否侵犯了专利权。没有实施侵犯专利权的行为，也就不构成假冒专利罪。下列行为不视为侵犯了专利权：①专利权人制造或经专利权人许可制造的专利产品售出后，使用或销售该产品的；②使用或销售不知道是未经专利权人许可而制造并售出的专利产品的；③在专利申请日前已经制造相同产品、使用相同方法或者已经做好制造、使用的必要准备，并且仅在原有范围内继续制造、使用的；④临时通过中国领土、领水、领空的外国运输工具，依照其所属国同中国签订的协议或者共同参加的国际条件，或者依照互惠原则，为运输工具自身需要而在其装置和设备中使用有关专利的；⑤专为科学研究和实验而使用有关专利。

假冒专利罪的构成要达到情节严重的标准，但并不意味着情节严重的标准以下可以实行假冒专利的行为，一般的假冒专利行为虽然不构成犯罪，但仍是民事侵权行为，专利权人或利害关系人可以直接向法院起诉要求停止侵害、赔偿损失；亦可请求专利管理机关进行处理，可没收违法所得，并处违法所得 4 倍以下罚款；没有违法所得的，可以处 20 万元以下罚款。

▶▶ **入刑标准：**

假冒他人专利，涉嫌下列情形之一的，应予立案追诉：

（1）非法经营数额在 20 万元以上或者违法所得数额在 10 万元以上的；

（2）给专利权人造成直接经济损失在 50 万元以上的；

（3）假冒两项以上他人专利，非法经营数额在 10 万元以上或者违法所得数额在 5 万元以上的；

（4）其他情节严重的情形。

▶▶ **量刑标准：** 自然人犯本罪的，处三年以下有期徒刑或者拘役，并处或者单处罚金。单位犯本罪的，对单位判处罚金，对其直接负责的主管人员和其他直接责任人员依上述规定处罚。

合规攻略

攻略 91：防止泄密：扎紧商业秘密的"篱笆墙"

商业秘密是企业的无形财富，攸关企业生死。然而我国涉及商业秘密案件的胜诉率却极低，究其原因在于企业无法完成法定的举证责任。商业秘密保护，归根结底还是要企业加强自身的内部管理内功，真正扎紧一道防止商业秘密泄漏的"篱笆墙"。

（1）在企业的内部管理中，应当建立和完善保护商业秘密的规章制度。根据生产经营需要限定商业秘密的接触范围，特别是对商业秘密中的关键部分，更要控制在充分必要的范围内。另外，也可根据不同的岗位、生产流程的不同部分、技术研究的不同环节、工程设计的不同层次，按知悉的需要分割成若干部分，使得局部使用人员掌握不了一项商业秘密的全部信息。分割越细，被全部泄露的概率就越小。

（2）在劳动合同中应约定保密条款和竞业禁止的内容或者单独与员工签订保密合同及竞业禁止合同，明确员工的保密义务和责任，并在重点员工离职管理中特别加强离职员工泄露商业秘密的防范。

（3）加强员工培训，明确泄露商业秘密的民事和刑事责任，增强员工的道德观念、合规意识，使掌握商业秘密的技术人员、营销人员等形成商业秘密的自觉性，降低该人员因受利益驱动出卖本企业商业秘密或以不正当手段获取其他企业的商业秘密的可能。

（4）对外交往中，面对供应商、客户、投资人及政府人员交往时也应当注意商业秘密的保护。涉及商业秘密的，应当签署保密协议。

攻略92：离职创业：规避知识产权犯罪风险

为降低创业成本，增加创业成功概率，大型技术企业高管在离职创业过程中多多少少会利用或甚至直接使用自己在原企业工作中获取到的信息和资源，这本身存在着侵犯原企业知识产权、商业秘密的风险。很多离职高管只知道该类行为不道德，会产生法律纠纷，但是没有想过竟会严重到触犯刑律。

从实践来看，这些技术型企业的离职高管在创业过程中往往触犯侵犯知识产权的相关罪名，而较为集中在以下两个罪名：侵犯著作权罪和侵犯商业秘密罪。例如，华为原副总裁陈奕泉离职创业后，因侵犯华为的软件著作权及商业秘密，在刑满释放后再度被华为起诉遭到羁押。再如，深圳一家游戏公司前总经理与投资方发生分歧后，成立新公司另起炉灶，还挖走前公司26名员工，被投资方以侵犯商业秘密罪报案并起诉。

离职高管一旦使用了前东家的相关技术、软件、商业秘密等，是极易触犯刑律，被追究刑责的。这就要求离职高管在创业或再就业的过程中必须注意以下风险点：

（1）对于准备使用的设计产品，要了解并评估相关风险：著作权归属是否明确？是否属于职务作品？自己是否享有相关的权利？创业时是借鉴改造，还是完全的照搬复制？相似度是否足以判定为同一作品？

（2）对于准备使用的相关技术信息和经营信息，要了解该信息是否具有非公开性并采取了保密措施？是否具有实用性？经济利益大概能评估为多少？是否有签署相关的保密协议，是否在保密范围之内？

（3）若确实满足承担刑事法律责任的条件，在诉讼或谈判当中应努力争取让步达成和解。

随着国家对创新技术的保护以及企业维权意识的提高，未来侵害知识产权及商业秘密的法律成本必将越来越高，离职创业者需要谨慎规避。

第九节　创业者随时可能坐牢——正视企业刑事合规风险

反腐神剧《人民的名义》中，达康书记有一句经典的台词：中国的民族企业家不是已经走进了监狱，就是在走向监狱的路上。此言虽有些夸张，但却反映出了企业家群体面临着较高刑事风险的窘境。创业是一条"不归路"，也是一次冒险之旅。国内外经济形势越来越复杂的环境给创新者和弄潮儿提供无数暴富机会的同时，也使相当多的风云人物付出了惨痛的代价。创业中如缺乏风险意识，亦有可能触及红线，走向歧路。在现有司法状况和国情之下，因创业而入刑并非鲜见！

一、刑事合规风险

刑事合规风险，通常是指企业经营过程中出现的由于企业家自身不合法的行为、内部高级管理人员或企业外部人员针对企业实施的触犯刑法的犯罪行为导致企业财产损失和相关人员承担刑事责任的可能性。

刑事风险距离每个企业并不遥远，它同企业的商业风险和一般法律风险一样，贯穿于企业运营的全过程。作为企业创始人，无论是在创业启始阶段、发展阶段乃至企业破产清算环节，都应有刑事风险的底线意识。这种意识的强弱，决定着创业者能走多远，也决定着创业者能否华丽转身或全身而退。

（一）企业刑事合规风险的特征

一是易发性。企业刑事合规风险存在于企业运转的全过程，从设立、运营直至破产倒闭的各个环节，在这些过程中时刻存在刑事合规风险；而从企业外部，也时刻面临着企业外部人员针对企业本身进行的犯罪，从而使企业面临刑事合规风险。这种内外隐藏刑事合规风险的潜在性，促使了企业刑事合规风险易发性的产生。

二是责任双重性。我国《刑法》第31条规定："单位犯罪的，对单位判处罚金，并对其直接负责的主管人员和其他直接责任人员判处刑罚。"根据该条的规定，企业刑事合规风险可能出现的责任一般由双重主体承担，这种既处罚单位、又处罚个人的处罚方式，说明了企业刑事合规风险具有双重性，公司和创始人都面临着刑事处罚的危险。

三是灾难性。企业刑事合规风险一旦发生，带来的后果是无法估量的，不但可能造成企业破产关闭，还有可能导致创始人面临牢狱之灾而失去东山再起的机会。

刑事责任对企业的影响往往是毁灭性的或致命性的。一个刑事违法行为足以让一个企业瞬间瓦解，让企业创始人的人生顷刻颠覆。尤其在"一带一路"政策引领下，国内企业大量"走出去"的大格局下，企业不仅需要考虑国内刑事规范，同时也要考虑国外刑事规范。从美国的《反海外腐败法》到英国的《贿赂法案》，再到法国的反腐败法《萨宾二》(Sapin II)，对走出去的中国企业刑事合规性都是很大挑战。

（二）刑事合规风险产生原因

1. 创始人自身的原因

"风险社会"理论的奠基者安东尼吉登斯有句名言："我们生活在这样一个社会里——危险更多的来自我们自己而不是外界。"法律意识淡薄，犯罪界限认识不清。许多创业者站在被告席上做最后陈述时总称"不懂法"，请求法庭给予从轻判决，但是这样的理由却从未换来法庭的从轻判决。比如，许多创业者分不清自己个人资金和公司资金的差别，"公款"和"私款"不分，往往利用自己担任企业法定代表人的职务之便，取用企业资金，拿去办自己个人的私事，结果触犯法律构成职务侵占罪。有的创业者无视企业管理制度，在自己控制的多家企业之间随意调拨使用资金，结果触犯法律构成挪用资金罪。

2. 内部管理制度缺陷，法人治理结构虚化

企业管理不科学，公司治理监督机制匮乏，各项规章制度不完善。企业在初创时期，容易实行个人独裁和集权管理模式，离现代企业制度要求相差甚远。企业在管理上越集权，创业人的责任越重大，其触犯法律的概率也就越高。另外，企业如果规章制度不完善，在安全生产、劳动用工、

财会制度等方面就会面临很多法律风险，轻则构成一般违法，重则构成刑事犯罪。

3. 法治环境因素

企业面临的风险困境中，法律的滞后性与创新需求存在的冲突广泛存在。法律作为一种规范性指引，对企业家的行为具有良性约束的功能，这是维持市场经济秩序的必要保障，法律自身存在"时滞"效应。而企业家面对市场的多变性和开放性，为了在市场竞争中追求更大经济效益，更喜欢追求创新而突破现有的政策乃至法律机制。企业家过于追求突破现有机制，往往容易触发刑事违规。

当前中国还处在社会转型期，严格立法、普遍性违法、选择性执法的状况仍将长期存在。在这种法律生态环境之下，民营企业和企业家很难充分地避免和防范法律风险。另外，因法律不健全、市场不规范产生了各种乱象，在不公平竞争环境下，某些创业者选择了通过权力寻租"赚第一桶金"。但选择"灰色地带"创业以图暴利，通过不正当政商关系资源拿到大单，虽然可能短期会实现一夜暴富，但却潜藏着巨大的刑事合规风险。

（三）刑事合规管理的必要性

当下中国的企业家，普遍缺乏刑事风险防控的自主意识。在企业管理上，缺乏有效的旨在预防企业犯罪的预防措施和内控机制，使得企业形成了漠视刑法规范，忽视刑事风险的企业氛围。在这种缺乏强有力的犯罪预防措施和内控机制时，企业往往会无意识触犯刑事法律，构成犯罪。

刑事合规是合规管理的表现方式之一，指通过必要且合法的全部措施，旨在避免因企业或企业人员的相关行为而给其所带来各种刑事风险，使企业及相关人员远离刑事追责。我国刑法正从惩罚倾向的体系向预防导向的体系发生转变，刑事合规是国家通过"义务下沉"的方式将控制犯罪的责任分派于企业，强化企业自身对犯罪的控制，实现对企业犯罪由外部规制向内部自我管理的转移，推动企业犯罪控制基点的前移，进而更有效地实现企业犯罪预防。

"合规计划"又称"适法计划"，起源于美国。通常是指企业为预防、发现违法犯罪行为而主动实施的内部自我管理、约束措施、机制。这些机制和措施旨在避免或减轻因企业相关行为而给企业员工带来刑法责任。美国《量刑指南》规定，在犯罪发生之时，如果企业内部存在有效的适法计划，可以减轻刑事责任。也即如果特定企业的行为表明，其并没有漠视法律，而且制定并积极实施了预防性"合规计划"，司法机关可以减轻其刑事责任，以促进企业形成守法文化，实现预防犯罪的目的。

"预防是最好的保护。"企业建立内部合规体系，是预防和控制企业刑事风险的最有效手段和措施。刑事合规可以帮助企业建立起发现刑事风险点进而预防犯罪的内控机制。刑事合规能够作为必要的处罚阻却事由，通过验证企业的合规程序和执行情况作为法院裁判的参考依据，从而给予企业以正面激励。企业通过合规管理尽到了合理的注意义务，可以作为减轻刑事责任的理由。

企业经营行为本身可能涉及刑事犯罪，同时也可能会遭受刑事犯罪侵害，遭受巨额经济损失。这类刑事风险既有可能来自企业外部，例如遭到合同相对方的合同诈骗，被侵犯知识产权等；也有可能来自企业内部，例如企业员工侵占公司财产，收受贿赂，侵犯公司商业秘密等。这些情况在企业中并不鲜见。刑事合规管理的另一个重要任务就是，能够在不当行为发展为犯罪行为之前就将其"诊断"出来，并通过合法有效的方式遏制犯罪苗头，实现对犯罪行为的预防，避免经济损失的发生。

二、刑事合规风险的应对

创业失败可以从头再来，刑事违规却可能让如日中天的企业一夜崩盘，创始人身陷囹圄，失去东山再起的机会。因此，刑事合规风险的应对是关系到企业生死存亡的事情，建立刑事合规体系是企业刻不容缓的工作。刑事合规是律师合规业务的一部分，可以帮助企业做好刑事合规风险的应对，具体包括如下方面：

（一）一般刑事合规风险应对

一般意义上的刑事合规包括以下几个方面：一是重大决策交易行为的审查把关，企业每一步的经营、投资、并购都要进行合规审查；二是完善规章制度，堵塞漏洞，防止出现商业贿赂、偷税、侵犯知识产权等常见的法律风险。建章立制是合规的一项日常性的服务；三是提供合规咨询、报告和授课服务，建立合规文化。

（二）特定问题的合规风险应对

特定问题的刑事合规，是指风险即将到来，有大量的迹象表明公司或者公司的高管即将面临刑事风险，包括公司的高管被限制出境、公司内部中层或者一般员工被立案侦查、公司高级管理人员开始配合调查等。这都是风险来临的标志，预示着特定案件、特定罪名、特定问题的刑事风险即将爆发。

特定问题的刑事合规，包括刑事合规风险的诊断，提供防范风险的方案，以及提出进一步完善规章制度，堵塞漏洞的建议等方面的工作，帮助企业化解特定刑事合规风险。

（三）刑事调查的应对

刑事调查中，面临调查的公司高管需要了解如何配合相关国家机关的调查，了解涉嫌罪名的构成要件、罪与非罪的界限；了解诉讼流程、证据规则；了解如何面对违法调查。在接受刑事调查时，最重要的是一定要把证明自己无罪的证据充分收集保全，以便进行合理的申辩。

合规攻略

攻略93：法商修炼：创始人再不学刑法就晚了

刑事风险足以给创始人及其创办的企业带来终局性败局，有效防范刑事风险是企业发展和企业家成长始终不能逾越的底线，是企业可持续发展并保障企业家在财富道路上行稳致远的根本所在。

企业创始人虽然没有必要进行非常系统的刑事法律知识学习和掌握很多具体的法律规定，但必须具有较强的法律意识和法商思维，充分了解企业经营中密切相关的一些刑事法律知识，了解罪与非罪的边界。应当将企业的经营行为进行归纳总结，对每一类经营行为应当划定"红线"，规定自己及员工不能触碰。创始人在经营决策时，应在法律规定的范围和框架内，运用法律思维做出判断和决策，提前预判和及时防范将来可能发生的刑事风险，摒弃官商勾结、依附权力等方式获得经济利益。

创始人对立法变动所引发的刑事风险应格外警惕。法律规范的变动折射出国家刑事政策的调整，预示着相关领域社会治理方式与力度的变化。从前没有刑事风险的一般性违法、违规、违约行为，极有可能在法律变动之后成为某种刑事违法的高危行为。

如，2006年《刑法修正案（六）》增设了骗取贷款罪、2011年《刑法修正案（八）》增设了拒不支付劳动报酬罪后，每年都有不少的企业家因触犯骗取贷款罪和拒不支付劳动报酬罪而被刑拘。还有，拒不履行信息网络安全义务罪的增设，侵犯公民个人信息罪的主体范围的拓展，都会为相关领域的企业家带来新的刑事风险。新法出台后，企业必须对业务模式进行相应调整，避免刑事违规风险。

创始人在不断提高"财商"的同时务必要培养"法商"，尤其是要补上刑事合规这一门必修课，树立"防火"意识，从而避免刑事犯罪的"地雷阵"。

攻略94：曲突徙薪：刑事合规重在主动防控

企业家是最富有探索和冒险精神的群体，追求利益最大化，在风险中前行是企业家的职业常态。在各种商业风险和法律风险中，企业家对刑事合规风险必须予以特殊对待，因为刑事风险作为法律风险的最高端形态，是只能预防不能侥幸的终结性风险。

西方有谚云："一盎司的预防胜过一磅的治疗。"风险意识薄弱，忽视低估经营中的刑事风险隐患，往往是企业家遭遇滑铁卢的致命根源。创始人需要增强风险防范意识，知道自己企业的刑事法律红线是什么，对企业自身的行业行为可能触犯什么罪名有所了解，定期进行刑事法律风险体检和评估，以先进的经营理念为引导，构建强有力的企业刑事合规体系，方能有效规避和防范企业刑事合规风险，为自身和企业行稳致远打牢根基。

巴菲特有言：能够准确预测下雨不重要，重要的是是否建好了你的诺亚方舟。企业家无法准确预测未来会发生哪些刑事风险，但应该建立一套风险管理机制与风险应急预案。

首先，为避免创始人个人权力过大，决策随意带来的重大刑事合规风险，企业内部要有民主制度，企业重大决策的做出、重大资金的投入等，应广泛调研并征求股东及主要高管的意见，将决策随意性风险降到最低。

其次，完善公司内部行政、财会、人事等管理制度，通过严谨的内控体系，强化监督管理，防范刑事合规漏洞。

再次，重视企业内部合规培训，不仅企业家要注重自身法律知识的学习，还应注重员工刑事合规法律知识的培训，明确员工行为底线，构建合规文化，警钟长鸣，筑牢合规风险防线。

攻略 95：抵御危机：刑事追责的应对与处置

近年来，政治经济法律环境日渐复杂，商业竞争日益激烈，新媒体快速传播的放大效应凸显，企业在经营过程中可能面临多种多样的危机，如：产品危机、市场危机、战略危机、媒体危机、法律/政策危机等。创业已经进入了一个危机管理的年代。而很多危机在愈演愈烈之后，最终会酿成刑事风险的危机。"鸿茅药酒事件""权健事件"都是典型的危机事件案例。了解各个刑事司法程序可能面临的情况，学会危机公关，避免事态的恶化并最大程度减小损害是创始人应该具有的忧患意识。

刑事危机的应对需要见微知著，愈早发现识别风险，愈早制定和启动应对方案，愈有利于维护企业的利益。创始人应该掌握，一旦被刑事调查时如何正确应对，进入刑事司法程序后如何主张自己的合法权利，以及如何灵活应对办案人员的违法行为，判决生效后如何进行自我保护等策略。

侦查机关要求配合调查时就已处于刑事合规风险的开始阶段。此时，侦查机关往往已经掌握了调查对象可能涉嫌犯罪的一些线索，但又没有掌握确凿的证据证明犯罪事实真实存在。因此，即使侦查机关也对案件的真实性和定性存在疑问或争议，这一阶段如果采取措施得当，努力争取事态朝有利于自身的方式发展，还是有一线生机让刑事合规风险得以化解的。相反，如果遇到这种情况处置不当，一旦事件启动刑事司法程序，要想让它停下来，就十分困难了。

如果经评估判断，企业确实无法回避刑事问责，此时应调整策略，及时做好方案，与侦查机关充分沟通，确保企业不因追究而倒闭或中止正常运营或将对运营的不利影响降至最小。企业要争取尽可能轻缓的非羁押措施，争取既确保企业运转，又能配合刑事调查，将刑事追责的负面影响降到最低。

综上，企业家面临刑事追责虽是小概率风险，但这一风险对企业的打击却是最根本的、最致命的。在刑事案件发生时必须积极面对，采取恰当措施应对危机，而不应消极逃避。实际上，很多企业家不堪债务压力，选择"跑路"来逃避责任往往是导致刑事责任发生的导火索。

攻略 96：律师护航：刑事合规法律服务让企业家安枕

刑事风险是足以导致企业家乃至企业终局性败局的高端风险。在刑事指控来临之前，律师可以帮助企业及其高管进行相关调查，诊断法律风险，依法化解可能的刑事追诉，提出应对刑事调查的具体方案。对于这种发生在刑事诉讼程序启动之前的法律服务，律师界一般称之为"刑事合规业务"。

黄帝内经中提出"上医治未病，下医治已病"。如果说律师的刑事辩护业务是"治已病"，那么律师刑事合规业务则是"防未病"。刑事合规法律服务可为企业家在财富道路上行稳致远提供保障。

在诸多的法律风险当中，企业的刑事合规风险因涉及罪名繁多，犯罪行为的认定也非常专业，企业管理者一般无法对所有的刑事风险都了如指掌。而且，刑事合规风险与商事行为、行政责任相互交错，边界模糊，极易误入。刑事合规风险的应对离不开优秀的、具有丰富刑事辩护经验尤其是经济犯罪、职务犯罪类的刑事案件辩护经验的律师参与。企业可以定期聘请刑事律师对自己的企业进行刑事合规风险评估，专业律师可以帮助客户准确识别、判断出刑事风险，提出专业的预防、控制、减小、消除方案，帮助客户建立起隔离刑事风险的"防火墙"，使企业未雨绸缪，防患于未然。当风险发生时，律师可以提供恰当的风险应对方案，以降低风险对企业和家族的冲击。

律师刑事合规业务对我国企业来说还是新领域，但在目前经济贸易全球化和国内反腐扫黑大形势下，却对企业和企业家具有至关重要的价值和意义，甚至某些时候会成为企业创始人的"救命法宝"。

第九章

公司合规管理

　　改革开放四十年来，中国本土创业企业蓬勃发展，中国市场经历了翻天覆地的变革。未来的商业环境，将越来越趋向于合规化的经营，"野蛮生长"的企业将越来越难有生存空间。违规的代价高昂，合规管理的重要性凸显。

　　中兴通讯案例是中国企业合规管理的里程碑式的事件，这一案例暴露了中国企业管控合规风险的能力滞后以及企业合规管理体系的重大缺陷。在创业路上负重前行的中国企业家们，非常有必要从中兴案例中吸取教训。

　　国家标准 GB/T 35770-2017《合规管理体系 指南》已于 2018 年 7 月 1 日正式实施，这为我国公司合规经营指明了方向。我国将迎来中国企业强化合规管理的一个重要转折点。未来将有越来越多的企业重视合规风险的防范，积极参与推进合规体系建设。

　　创业之路大浪淘沙，唯有合规企业才能生存。

第一节　公司合规经营时代

自 20 世纪 70 年代开始，欧美企业的企业合规发展已经历了半个世纪的时间。中国改革开放以后，欧美跨国企业集团逐步将企业合规引入在中国设立的合资、合作与独资企业。随着我国《合规管理体系指南》这一国家标准的发布与实施，中国企业也将进入合规经营时代，2018 年也成为中国企业的合规元年。

一、合规及合规风险

"合规"即合乎规则、遵守规范，其词义源自英文"compliance"，即行为符合某些标准。根据巴塞尔银行监管委员会公布的新巴塞尔资本协定中的定义：合规管理不仅覆盖对于有相应法律约束力文件的遵守，还包括更广义的对诚实守信和道德行为准则的规范管理。从企业合规管理而言，应当至少包括四个层面的范围：

（1）对法律、法规等法律规范的遵守。如果企业能按照法律的规范要求行事，企业在投资所在地的经营就有了合法性，企业的经营行为也将受当地的法律法规保护。

（2）对企业所涉行业监管政策、行业准则的遵守。企业不能逾越行业监管的政策红线。

（3）对企业内部规章制度、对外合约的遵守。不同的企业会根据外部环境和内部管理的需要，制定出企业内部的规章和制度，以此来约束企业的商业行为，引导企业的各层级员工按照规制开展经营活动，保证各项行为达到企业规制的要求。

（4）对诚实信用、公序良俗等社会公德和商业道德的遵守。这对企业及员工行为提出了更高的要求，即要求员工在工作中形成规则意识，遵守相应职业操守和道德规范，做到行为自觉，形成很好的自律。

合规有广义的合规与狭义的合规之分，广义的"合规"泛指企业应当遵守各种法律和监管规定，包括关于社会、环境、反腐败、反垄断、反欺诈、遵守贸易与出口管制等十多个领域；狭义的"合规"主要指强化合规经营、反对商业贿赂。本文采用广义的合规范畴。

企业一旦遭遇合规风险，就可能受到法律法规的惩处，受到经济损失和形象损失，因此，企业在经营过程中，特别是在国际化经营时，需要对合规风险保持高度重视。

根据巴塞尔银行监管委员会发布的《合规与银行内部合规部门》（巴塞尔协议），所谓合规风险指的是银行因未能遵循法律法规、监管要求、规则、自律性组织制定的有关准则以及适用于银行自身业务活动的行为准则，而可能遭受法律制裁或监管处罚、重大财务损失或声誉损失的风险。

广义的合规风险是指企业在经营过程中没有遵守外部的法律法规或者规章制度及相应职业操守和道德规范时，企业就可能面临着遭受法律制裁或者监管惩罚，从而给企业带来财产损失和企业声誉受损的风险。狭义的合规风险是指企业在经营过程中因为商业贿赂的原因，可能遭受法律制裁或者监管惩罚，从而给企业带来财产损失和企业声誉受损的风险。本书中的合规风险主要是指广义的合规风险。

企业合规风险主要来源于两个方面：一是外部环境变化给企业带来的合规风险，如法律法规的变化、监管政策的变化、国际环境的变化、技术领域的变化等。二是企业内部经营管理给企业带来的合规风险。如企业的商业模式、运营模式、公司治理等各方面因素都会给企业带来合规风险。

二、合规管理的内涵

合规管理是指企业通过制定合规政策、按照外部法规和企业自身经营目标的要求，统一制定并持续修改内部规范，监督内部行为规范的执行，以实现增强内部控制，对违规行为进行持续监测、识别、预警，及时地对合规管理制度进行修订和完善，达到防范、控制、化解合规风险等一整套管理活动和机制。

2008 年金融危机以后，越来越多的企业认识到有效的合规管理，有助于企业应对不确定性风险，减少其因违法违规而受到法律制裁或监管处罚的可能性，相应避免或控制企业财产或声誉损失的不利后果。

合规管理工作包括合规政策制定、合规管理制度建设、合规咨询、合规审查、合规检查、合规监测、投诉举报处理、合规报告、合规文化建设、合规信息系统建设、合规考核、合规问责等。

合规管理一般应当遵行如下原则：

（一）主动性原则：企业各级管理层及全体员工应主动管理和约束其经营管理和执业行为，使其符合法律、法规和准则的要求，发现合规风险时，应主动向合规部门报告。

（二）独立性原则：合规总监、法律合规部与合规管理人员按法律、法规和准则规定的程序独立行使合规管理职责，不受其他人的干涉。

（三）全面性原则：合规管理应当覆盖企业所有业务，各部门、各分支机构、各层级子公司及全体员工，贯穿决策、执行、监督、反馈等各个环节。

（四）有效性原则：合规管理应当与公司业务规模、组织架构和自身特点相结合，与公司整体发展状况相适应，进行切实、有效的管理。

三、全球合规管理新举措

合规管理产生的渊源和发展过程与西方国家特别是美国的公司治理企业实践及司法实践有非常密切的关系。随着经济和商业活动的全球化，以美国为首的大型跨国公司也将合规管理理念推广到全球，通过一些国际性条约和国际组织，合规管理的基本内容逐步在全球形成共识，形成一套合规管理工作的国际标准。

（一）美国合规管理法律制度

企业合规管理目前已成为美国企业依法经营的强制性法律规范，也是企业作为市场经营主体的社会公民必须履行的社会责任。美国涉及合规管理主要有三部法律：

一是1977年美国颁布的《反海外腐败法》（Foreign Corrupt Practices Act，简称FCPA）。该法一直被视为全球反腐败的先驱和标杆。该法禁止美国公司向外国政府公职人员行贿，并且明确了企业的合规管理责任，同时美国致力于将FCPA的范围扩大以加强国际影响，在后续修正案中将外国企业或自然人在美国境内实施的违反FCPA的行为也列入FCPA管辖范围。

二是 1991 年美国联邦量刑委员会颁布的《针对组织机构的联邦量刑指南》（The Federal Sentencing Guidelines for Organizations, 简称 FSGO），正式将企业合规制度引入美国法律实践领域。指南不仅对"企业合规"从法律的层面进行了定义，而且规定"企业合规"为影响企业犯罪罚金减免和缓刑适用的法定要素。更为重要的是，指南确立了"有效的"企业合规计划的七项最低标准：

①标准和程序，即企业应建立合规政策和标准；

②领导带头遵守道德合规体系，即企业应指定高层人员监督企业的合规政策与标准；

③监督，即企业不得聘用在尽职调查期间了解到具有犯罪前科记录的高管；

④教育与培训，即向所有员工有效普及企业的合规政策和标准，如进行培训；

⑤审核与监视，即采取合理措施，以实现企业标准下的合规；

⑥激励与处罚，即通过适当的惩戒机制，严格贯彻执行合规标准；

⑦响应和预防，即发现犯罪后，采取必要的合理措施来应对犯罪行为，并预防类似行为发生，如修改完善合规计划。

三是由于安然事件、世界通信等上市公司财务作假丑闻等的爆发，2002 年美国证监会（缩写 SEC）公布的《萨班斯法案》。该法案要求上市公司必须建立合规管理体系，同时也强调，如果公司建立完善的合规体系，可以减免相应的责任和处罚。

由于美国大企业涉及的行业和商业行为特征不同，除了反商业贿赂等以外，企业可能涉及的合规管理范畴还包括反垄断、反不正当竞争、消费者权益保护、反洗钱、环境保护、出口产品限制、知识产权保护、网络安全和数据隐私保护、产品质量与安全、税务以及防止性骚扰等多项领域。

美国《反海外腐败法》实施了所谓"长臂管辖"原则，根据该原则，美国法律规定其法院在判断能否对一个涉外民事案件行使管辖权时，可以适用"最低限度联系"原则，即认为涉外民事案件中只要有任何因素与美国有关，就与美国有最低限度的联系，美国法院就可以主张管辖权。不具有美国国籍或非在美国注册，但是在美国发行证券或主要业务所在地在美国的所有企业，以及这些企业人员，如果其使用美国的邮件系统或者隶属于美国的国际商业工具，美国司法机构就具有管辖权，包括贿赂款项支付行为在美国境内发生，也要受到美国司法的管辖。

（二）国际标准组织《ISO 19600 指南》

在全球经济一体化潮流的推动下，诸多国际组织和国家正在加大对跨国企业合规经营的监管力度。强化合规经营已经成为全球企业发展的一个新趋势，发达国家监管机构对企业合规管理体系有效性的判断采取越来越严苛的标准。这也促进了全球合规管理体系的不断发展和演进。从最早的仅仅在公司行为准则中对遵从合规原则的承诺性声明，到针对风险领域制定专项合规政策，再到在政策基础上增添内控流程，最后发展到第四代合规管理体系，强调对合规管理的定期审计和监控。

1997 年国际经合组织（OECD）通过了《关于打击国际商业交易中行贿外国公职人员行为的公约》（OECD Convention on Combating Bribery of Foreign Public Officials in International Transactions），2005 年联合国通过了《反腐败公约》（United Nations Convention Against Corruption），作为具有法律约束力的国际性反腐败法律文件，联合国《反腐败公约》将贿赂外国公职人员及国际公共组织官员等行为确定为犯罪。

2014 年 12 月，国际标准组织发布了《ISO19600：2014 合规管理体系指南》（ISO 196002014：Compliance Management Systems-Guidelines，简称《ISO 19600 指南》），第一次以国际标准化组织指南的形式确立了合规管理体系的要素。指南适用于各种类型的组织。在全球合规风险空前严峻的情况下，该指南为如何在组织内建立、制定、实施、评价、维护和改进一个有效的合规管理体系提供了指导。

四、我国《合规管理体系指南》

国内近年来也积极推动了多个合规管理相关领域的立法和执法，明确了企业的合规管理义务，提高了违规的处罚标准。比如在"葛兰素史克商业贿赂案"中罚金达到人民币 30 亿元，这是迄今为止中国开出的最大罚单，该公司相关管理人员也被追究刑事责任。对于国有企业，2015 年国务院国资委颁布的《关于全面推进法治央企建设的意见》中强调央企要"加快提升合规管理能力"。2017 年 5 月 23 日中央全面深化改革领导小组第三十五次会议审议通过的《关于规范企业海外经营行为的若干意见》指出要"加强企业海外经营行为合规制度建设"。2017 年，由深圳市标准技术研究院起草，并由深圳市市场监督管理局发布的《反贿赂管理体系深圳标准》，是我国企业合规制度建设的一个重要事件。该标准是国内首个反贿赂管理领域的地方标准。目前万科、中兴、平安、中集集团等 60 多家企业已经采用了该标准。

2018 年 11 月 2 日，国务院国资委发布了《中央企业合规管理指引（试行）》，为中央企业加快建立健全合规管理体系确立了原则，明确了不同层级主体责任、合规管理的实施重点。2018 年 12 月 26 日，国家发展改革委、外交部、商务部、人民银行、国资委、外汇局、全国工商联等七部门联合印发了《企业境外经营合规管理指引》，为中国企业更好地开展境外经营业务、建立合规管理体系和制度，提供了官方的指导意见。以上这些规定和措施对于中国企业加强合规意识、建立合规文化、提高合规经营管理水平具有重要意义。

中华人民共和国国家标准 GB/T 35770-2017《合规管理体系 指南》（以下简称指南）于 2017 年 12 月 29 日正式发布。指南等同采用 ISO 19600:2014 的推荐性国标，已于 2018 年 7 月 1 日正式实施。该指南为我国公司合规经营指明了方向。我国将迎来中国企业强化合规管理的一个重要转折点。随着国际、国内企业违规事件频繁爆发，可以预料的是，未来若干年内，越来越多的企业特别是一些受到公众关注的知名企业，其建立健全合规管理体系将成为必不可少的工作。

指南在前言中提出：组织通过建立有效的合规管理体系，来防范合规风险。组织在对其所面临的合规风险进行识别、分析和评价的基础之上，建立并改进合规管理流程，从而达到对风险进行有效的应对和管控。

管理体系是组织建立方针和目标以及实现这些目标的过程的相互关联或相互作用的要素（指南第 2.7 条）。企业合规管理体系是企业合规管理的基本框架、制度和流程，是企业合规的组织与制度保障。

企业合规管理体系由 12 大构成要素组成，具体包括如下：

1. 合规方针

合规方针是企业合规管理的基本方针和指导思想，是企业最高管理者发布的企业合规承诺、宗旨和方向，作为企业的核心价值观和企业文化的重要组成部分。

2. 合规组织

合规组织是企业合规的组织保障。企业承担合规职责的包括企业治理机构、最高管理者、合规团队、各管理层以及员工。这其中蕴含了全员合规的理念。

3. 合规制度与流程

合规制度与流程是企业合规的制度保障，通常是企业合规部门就合规管理体系的各构成要素制定的专门合规管理规章。包括：企业行为准则，合规风险管理流程，合规审查流程，合规评审流程，反腐败政策，违规举报、调查与处置办法以及各业务合规流程等。

4. 合规风险管理

企业合规管理的核心是合规风险管理，贯穿企业合规管理的始终，包括合规风险的识别、分析评价、应对、监测和持续改进。

5. 合规审查

合规审查是企业合规团队根据企业的合规义务、合规目标和合规风险对具体事务涉及合规的问题进行的审查，具有强制性的特征。合规审查包括对企业经营管理的各个方面是否合规进行审查，即对企业各个项目、各个法律文件、各项经营活动是否合规进行审查，提出合规意见并监督其实施。

6. 合规评审

合规评审是企业合规部门对企业合规管理有效性的自我审查、评价、监督和持续改进。

7. 合规审计

合规审计是企业内部审计部门对企业合规管理的适当性、合规性和有效性的审查、评价和监督。合规审计作为企业合规的第三道防线，是确保企业合规适当、有效开展的保障。

8. 合规培训与宣传

合规培训的目标是确保所有员工有能力以与组织合规文化和对合规的承诺一致的方式履行角色职责。企业应建立制度化、常态化的培训机制，帮助员工理解和掌握自己的合规义务，提高员工的合规意识及遵纪守法的自觉性。

9. 违规举报、违规调查与违规处置

建立鼓励违规举报的制度，提供违规举报的方式和途径。收到举报后，需要开展对举报内容的调查，违规调查一般由企业合规部门进行，必要时会同其他部门人员的参与及合作。违规调查结束后，须向企业合规委员会提出调查报告和处置建议，并按照其决定对违规员工进行处置。

10. 合规管理计划与合规报告

合规管理计划包括年度计划与专项合规计划，由合规管理部门起草，呈报企业董事会（或其授权的合规管理委员会）批准。

建立适当的报告准则和程序，确立定期报告制度，以确保企业治理机构和管理层及时有效并持续充分地了解合规管理体系的绩效。合规报告由合规部门负责，包括定期合规报告和专项合规报告。

11. 合规信息管理系统

强化合规管理信息化建设，通过信息化手段优化管理流程，记录和保存相关信息。运用大数据等工具，加强对经营管理行为依法合规情况在线监控和风险分析，实现信息集成与共享。

12. 企业合规文化

合规文化是保持合规管理体系活力的良药。企业合规管理的最终目的是建立企业合规文化，确保企业安全持续经营，达成企业经营目标。

合规攻略

攻略 97：境内企业"走出去"面临的合规挑战

随着我国"一带一路"倡议的提出，中国企业"走出去"的规模越来越大；同时，中国企业的市场参与水平也越来越高，通过海外投资与并购活动逐渐进入高端业务市场。如果"走出去"的企业对所在国法律缺乏了解，对当地市场规则不熟悉，特别是企业缺乏合规文化，员工缺乏合规意识，不了解国际市场规则，无法对国际市场风险进行客观评估，在盲目决策之下很容易触犯到合规红线导致违规，不仅造成严重经济损失，也伤害了企业声誉。由于合规风险意识淡薄，中国企业在海外市场开展业务时因违规操作而屡次被罚，教训惨痛。

企业全球化经营中，强制性的合规要求会因为东道国和所在国的叠加而越来越复杂，中国企业如何管理合规风险越来越具有国际化的难度。国际标准下的合规范畴并不局限于反腐败，还涉及贸易合规、反洗钱、反垄断、数据保护、知识产权、公平雇佣、质量、环保等诸多方面。另外，当前国际合规监管形势也日趋严格，特别在当前中美贸易摩擦不断升级背景下，美国以"长臂管辖"的名义不断扩大其国内法的执法范围。2018月11月1日，美国司法部启动"中国行动计划"，借助《海外反腐败法》等美国法律，针对中国企业实施更广泛的"长臂管辖"，中国企业海外经营面临严峻挑战。

因此，在当前全球强化合规的大环境下，企业走出国门更需要先建立起合规管理体系，依法合规经营，了解境外法律政策环境，迎接跨国合规监管的挑战。

合规是企业"走出去"行稳致远的前提，合规管理能力是企业国际竞争力的重要方面。2018年12月29日国家发改委等七部门联合印发了《企业境外经营合规管理指引》的通知，要求企业开展境外日常经营时，应确保经营活动全流程、全方位合规，全面掌握关于劳工权利保护、环境保护、数据和隐私保护、知识产权保护、反腐败、反贿赂、反垄断、反洗钱、反恐怖融资、贸易管制、财务税收等方面的具体要求。《企业境外经营合规管理指引》明确了企业境外经营合规管理的基本内容和关键环节。"走出去"的企业可以对照《企业境外经营合规管理指引》，从自身经营范围、组织结构和业务规模等实际出发，持续修订相关制度及合规风险管控流程，了解和中国企业密切相关的国际合规领域的法律法规，并对境外重大商业活动进行尽职调查和风险评估，避免经营涉嫌国际贸易制裁的业务，以确保企业在境外经营合规稳健运行。

第二节　公司合规管理体系

强化合规经营是现代企业可持续发展的基石。企业做大做强易，保持长盛不衰难。马云曾说："阿里巴巴的目标是要成为102年的企业。"要实现这一梦想，合规管理建设是不可或缺的。阿里巴巴集团早在2012年初就成立了国内企业少有的、以廉政体系建设和预防腐败为主体职能的部门——廉正合规部。有效的合规管理才能为企业提供稳定、持续、安全发展的保障。

一、忽视合规管理的代价

（一）违规事件典型案例

近年来，强化合规管理、防范合规风险是全球企业发展的一个新趋势。忽视合规可能要付出惨痛的代价。

1995年，具有200多年历史的巴林银行倒闭事件，就起因于银行内部的合规监管和审核不严；

2008年12月，西门子公司因违反美国《反海外腐败法》被处罚金16亿美元，此案例成为全球企业合规发展的一个里程碑事件。

2009年9月2日，全球最大的制药企业辉瑞公司，其因营销不当而遭到了重罚：辉瑞接受了美国司法部金额高达23亿美元的处罚。

2014年，法国巴黎银行因违反美国反洗钱法规的规定，被美国政府重罚89亿美元。这是美国有史以来在刑事案件上所判处的最大罚单。一家存续150年的跨国银行因一起合规事件"非正常死亡"。

2016年，欧盟委员会宣布，对戴姆勒、沃尔沃、雷诺等多家汽车制造商处以总计32.4亿美元（约合29.3亿欧元）的反垄断罚单，因上述公司在过去14年来操控卡车定价。这一规模创下了欧盟历史最高处罚金额纪录。

最近的一个著名案例是2017年大众的环保作弊事件，大众在美国通过在卡车上装载一些反侦查系统，在进行环保标准测试的时候就可以作弊，用比较低的汽车排放标准来符合美国的环保监管要求。听证会上大众承认，在柴油车排放问题上造假，而且在当局产生怀疑时妨碍调查，误导了美国监管部门和消费者，地区法院接受了大众集团的认罪协议。根据这份协议，大众汽车需向受害车主、环境保护机构等利害方支付 250 亿美元的罚款，同时向美国司法部支付 43 亿美元的刑事和民事罚款。大众的股价从丑闻发生之后跌了一半。大众为自己的"小聪明"付出了惨重代价。

近几年，众多中国企业已经走出去，在国际市场中占有举足轻重的地位，全球 500 强企业中也越来越多地出现中国企业的身影。然而，中国企业在国际化经营中也面临着严峻的合规挑战。部分企业在国际化经营过程中也暴露出了对合规风险重视不够和应对不力等情况，导致国际化经营遭受了巨大的损失。

中兴通讯案例在促进中国企业关注合规风险并强化合规管理中具有重要意义。2016 年 3 月，美国商务部对中兴通讯实行禁运，原因是美方认为中兴通讯涉嫌违反美国的出口管制政策。2017 年 3 月，中兴通讯与美方签署和解协议，中兴同意接受 8.92 亿美元的罚款、对相关员工进行处罚、为期 7 年的考察期。2018 年 4 月 16 日，美国商务部宣布对中兴通讯重启禁运令，其主要理由为中兴通讯欺骗、虚假陈述和一再违法美国法律。中兴通讯被禁止以任何形式从美国进口商品——这对于严重依赖从美国进口芯片等元器件的中兴通讯来说，被美封杀将导致公司生存危机。

中兴通讯两度遭受巨额罚款暴露了我国企业管控合规风险的能力滞后以及企业合规管理体系的重大缺陷。中兴通讯案例事实上成为中国企业强化合规的里程碑。人们意识到，合规风险不仅存在于外国企业，也存在于中国本土企业；强化合规管理不仅是外国企业的任务，也是中国本土企业正在面临的挑战。

（二）违规引发的法律代价

企业违规会给企业带来难以预估的运营风险。企业合规管理的目的是有效地预防和处理企业违规行为。我国有很多公司在创业初期一路狂奔，高速成长，却因一个小的合规事件倒在前进的道路上。法律违规引发的创业败局比比皆是。究其原因，合规管理缺失引发的法律风险会给企业及创始人带来种种沉重的代价。

代价之一：公司或创始人面临巨额的民事赔偿或债务风险

企业违反法律、法规、规章或者是行业规定，一方面可能会在与合作伙伴的经济交往中构成违约，承担巨额违约金或赔偿责任；另一方面，也可能会在知识产权（商标权、专利权、著作权、新品种权等等）、商业秘密、不正当竞争、股东权益、产品质量、劳动者权益等方面产生侵权责任，遭遇巨额索赔，从而导致公司承担巨额债务风险。

企业的违规经营也会给创始人带来重大法律风险。我国法律规定，如果企业高级管理人员执行公司职务时违反法律、行政法规或者公司章程的规定，给公司造成损失的，应当承担赔偿责任；董事会的决议违反法律、行政法规或者公司章程、股东大会决议，致使公司遭受严重损失的，参与决议的董事对公司负赔偿责任（有时甚至是巨额赔偿）。同时《公司法》第152条增加了股东代表诉讼的规定，赋予股东对董事及高管提起赔偿的诉讼权利。还有，创始人作为公司股东也可能会因违规行为而对公司债务承担连带责任，从而创始人个人乃至家族都要面临创业失败带来的债务风险。

代价之二：监管机构对违规企业高额罚款或其他行政处罚措施

企业在经营过程中面临着众多的行政法律责任，我国的《公司法》《证券法》《产品质量法》《消费者权益保护法》《税收征收管理法》等法律以及行政法规、规章对行政责任均有规定。最常见的行政处罚是行政罚款，其他的处罚有没收违法所得、责令停产停业，在极端情况下，企业还会被吊销营业执照。企业出现违法违规行为，不但企业面临相应的行政处罚，企业的高级管理人员也会面临警告、罚款，撤销从业资格，甚至面临市场禁入的风险。

2018年，长春生物因为"假疫苗"事件遭遇了"突然死亡"，其行政处罚如下："国家药监局撤销长春长生公司狂犬疫苗药品批准证明文件；撤销涉案产品生物制品批签发合格证，并处罚款1203万元。吉林省食药监局吊销其《药品生产许可证》；没收违法生产的疫苗、违法所得18.9亿元，处违法生产、销售货值金额三倍罚款72.1亿元，罚没款共计91亿元；对涉案的高俊芳等14名直接负责的主管人员和其他直接责任人员做出依法不得从事药品生产经营活动的行政处罚。"因为丑闻和市场禁入，企业的股票在证券市场被投资者疯狂抛售市值大幅缩水并被强制退市。

代价之三：企业及创始人被列入失信被执行人清单

2013年7月，最高人民法院出台了《关于公布失信被执行人名单信息的若干规定》，建立了对失信被执行人的联合惩戒机制。通过限制乘坐飞机、高铁，限制贷款、注册办企业、参加招投标、政府采购等，形成了多部门、多行业、多领域、多手段的联合惩戒网络，有效改变了失信者受不到应有惩罚，守信成本收益失衡的不正常现象。借钱创业、高负债经营极易使企业和创始人背负沉重的债务，而一旦被债权人诉之法院，形成生效判决而不能履行，企业和创始人就有可能会被列入失信被执行人清单。如乐视网创始人贾跃亭夫妇因拖欠巨额债务被列入失信被执行人清单，将在乘坐火车、飞机、住宿宾馆饭店、高消费旅游、子女就读高收费学校等方面受到限制，其东山再起将难上加难。

代价之四：企业利润下滑，名誉毁于一旦

"好事不出门，坏事传千里"。当违规事件发生后，往往会在极短的时间内引起社会大众的广泛关注，对企业声誉造成严重损害，股价下跌，被禁止参与项目投标或政府采购，导致企业利润和价值减少，给公司带来更大的亏损，甚至直接导致公司倒闭。据报道，2013年葛兰素史克商业贿赂丑闻曝光之后，该公司净利润同比下降12%，其主营的处方药和疫苗两部分核心业务销售量在中国地区减少61%。2018年3月16日，Facebook被曝出史上最大数据外泄事件，有超过5000万名用户资料被非法发送政治广告。原本作为世界财富排行榜第四名的扎克伯格财富缩水严重，此次事件曝光后，Facebook仅在一天之内市值蒸发60亿美元（约合人民币380亿元）。

代价之五：公司破产清算

企业从盛极一时到轰然倒下破产清算，中间只需要一起违规事件。中国品牌资产评价中心曾评定三鹿的品牌价值高达149.07亿元。而在三鹿奶粉被检出含有大量三聚氰胺之后，一夜之间品牌价值蒸发得所剩无几，并走向破产。一家有着52年发展历史的乳业王国彻底走向坍塌。冠生园是中国民族工业的名牌老字号企业，有着百年历史。然而一篇"使用陈年馅做月饼"的报道后，南京冠生园的商业声誉一落千丈，企业形象几乎降到冰点。时隔半年，企业生产难以为继，申请破产。

代价之六：公司及创始人被追究刑事责任

近几年，企业老板因触犯法律而深陷囹圄的事件层出不穷。从企业设立、运营到终止的整个过程中，企业创始人都有可能因为实施了某种法律所禁止的行为而面临处罚，稍有不慎就可能会违反《刑法》规定，构成犯罪。

以上合规负面清单从反面角度告诉我们，违规将会使企业付出沉重代价。其实，从正面角度来讲，合规管理不但可以降低企业风险损失，还可以助力企业创建和提升良好信誉和形象，给企业带来更多的业务和商业机会，从而提高企业竞争力。另外，当发生员工违规事件时，合规体系可以帮助企业与员工的个人违规行为相隔离，降低企业违规风险；而且在某些情况下，建立并实施有效的合规管理体系还可以作为企业减轻、甚至豁免行政、刑事或者民事责任的抗辩，这种抗辩有可能被行政执法机关或司法机关所接受。

企业建立有效的合规管理体系，从组织、制度、流程上有效预防企业违法违规，通过密切关注和跟踪法律法规、监管规定和市场规则的最新发展，能够对某一项特定法律法规对企业业务发展的影响做出及时有效的评估，降低不利影响的程度，从而使企业得以持续发展，大大降低公司经营失败的风险。

典型案例：西门子合规体系重建

西门子诞生于1847年，从电报技术起家发展成为全球电子电气工程领域的领军者，曾两年荣登工业产品与服务行业榜首。2006年11月，2亿欧元入黑户，西门子公司特大贿赂案曝光，并迅速登上全球各大媒体头条，历时150年多年建立起来的商业信誉和形象毁于一旦。西门子公司面临着禁止投标、上亿欧元的罚款、持续数年的法律诉讼等严重后果，命悬一线。

为了自救，西门子公司开展了一套庞大的合规重建工作以实现浴火重生。自贿赂案之后，西门子在合规方面花费的成本超过20亿欧元，一部分花费用于聘用大量外部调查人员来清查公司内部可能遗留的问题，另一部分用于建立内部合规体系。西门子合规团队也从2007年的173人激增到620人。西门子公司合规体系重建后，美国司法部的评价很高，称其"以异乎寻常的努力实施了亡羊补牢和自我清理的措施，建立了最先进的'超一流'的合规体系"。2017年《财富》世界500强排行榜，西门子公司排名66位，保持了很好的健康发展态势。

（转载自网易科技《西门子贿赂案后续》）

二、五步搭建企业合规管理体系

最近十年以来，合规是世界一流公司的管理者们最为重视的企业管理工作之一。大型跨国公司尤其是上市公司，纷纷加大对合规职能在资源、人才等各方面的投入。许多跨国公司设立了独立的合规部门。这些新设立的合规部门通常承担着监督和确保公司行为满足法律义务要求和符合商业伦理道德标准的责任。许多合规部门的负责人——"首席合规官"，也进入了公司高管序列。

国际化标准组织2014年发布的ISO19600《合规管理体系指南》中提到的合规三道防线为例：公司业务部门通过内部业务流程的管控，构成合规第一道防线；合规部门通过合规体系的建立和管理，构成第二道防线；内控和审计部门构成第三道防线。

合规管理要依靠合规体系。合规体系建设是一个综合工程，必须要由合规专业人员领导，并集法律、风控、财务、审计、人力、IT、运营等企业各个部门和外部顾问的通力合作才能完成。

合规经营不是跨国公司的专利。2016年4月18日，国务院国资委印发《关于在部分中央企业开展合规管理体系建设试点工作的通知》（国资厅发法规〔2016〕23号），将中国石油、中国移动、东方电气集团、招商局集团、中国中铁等五家企业列为合规管理体系建设试点单位。目前，这五家试点企业的合规管理体系建设有序推进，均已制定了本企业合规管理体系建设试点方案。2018年11月2日，国务院国有资产监督管理委员会发布了《中央企业合规管理指引（试行）》（国资发法规〔2018〕106号），推动中央企业全面加强合规管理，加快提升依法合规经营管理水平，着力打造法治央企，保障企业持续健康发展。多家央企积极探索合规管理试点。

近年来，中国很多本土民营企业也已自觉主动地建立了企业内部合规和反舞弊体制。2015年，阿里巴巴、万科、复星、碧桂园、美的、顺丰等150多家著名企业联合组建了中国企业反舞弊联盟。该联盟要求成员单位各自建立内部不诚信职员名单和数据库，供其他联盟单位共享。华为总裁任正非在2016年底内部讲话中就对华为的合规工作进行了充分肯定，并强调"合规多打粮，就能保驾护航赢未来"。再如京东近年来出台了一系列反腐文件，包括《京东集团反腐败条例》《京东集团举报人保护和奖励制度》《京东集团廉洁奖励试行办法》，并多次进行反腐败公告，点名开除违纪员工。

合规管理在中国的企业管理中目前还是一个崭新的话题，许多企业对其认识不深，但这并不代表中国本土企业不需要进行合规管理。违法违规的行为给企业带来的不仅是罚金上的经济伤害，更会给企业的品牌、名誉造成难以估量的损失。恰当的合规管理，不但能为企业提前规避相关风险，而且可以第一时间知晓并防止潜在风险的扩大化。

本土企业要在合规管理中取得质的突破，除了企业自身意识的转变外，更是要马上行动起来，将合规管理上升到战略高度，校准企业的运营方向，从五个步骤搭建动态管理体系，实现企业的可持续性发展。

第一步：设置合规管理机构。

企业可根据业务性质、地域范围、监管要求等设置相应的合规管理机构。合规管理机构一般由合规委员会、合规负责人和合规管理部门组成。尚不具备条件设立专门合规管理机构的企业，可由相关部门（如法律事务部门、风险防控部门等）履行合规管理职责，同时明确合规负责人。

除合规部门外，企业各个部门、子属机构以及项目部均应设置合规监管人员或机构。在设置部门和人员时要注意遵循业务独立性和监管客观性原则，合规人员不能同时承担市场营销、采购等可能与合规职责发生利益冲突的其他职责。

第二步：设计合规管理制度框架。

合规制度是企业一系列需要遵守的规范的总和，是由不同层次的管理制度文件共同构架形成的制度体系。

合规制度包括总纲性制度，明确企业合规管理的目标、原则、组织体系、规定合规风险事件应对处理原则等事项。在总纲性制度下，再针对合规风险较高的业务环节制定具体业务的合规管理制度。针对参与业务的合规要求和商业道德标准，可以制定员工合规行为准则。此外，还可制定奖惩和追责制度，促使员工自觉遵守企业合规管理规定。

第三步：预防合规风险。

预防合规风险是将潜在的风险点扼杀在刚要萌芽的状态中，防止潜在风险进一步演化发展，避免给企业造成巨大损失。

有效、实用的操作方法，有助于合规风险及时预防，精准识别，实现改进和应对。预防的常用方法有：对员工进行定期沟通和培训，并举行相关合规考试，考核成绩作为升迁的依据之一；针对高风险点制定运营政策和流程；对于日常业务给予恰当咨询和支持；对企业核心部门的关键岗位进行强制休假与轮岗制度；行业内、企业间的联合合规管控等。

第四步：识别合规风险。

企业合规体系建设的关键一步在于对本企业所面临的风险进行识别与评估。对风险的时时识别，旨在通过日常的运营管理，随时发现问题，随时排查问题，确保将风险扼杀在萌芽期。《中央企业合规管理指引（试行）》第十八条规定，中央企业要"建立合规风险识别预警机制，全面系统梳理经营管理活动中存在的合规风险，对风险发生的可能性、影响程度、潜在后果等进行系统分析，对于典型性、普遍性和可能产生较严重后果的风险及时发布预警"。

识别合规风险的常用方法有：畅通举报通道、合规管理工具时时排查、定期进行合规审计和监控、对内部违规行为进行调查等。

第五步：积极应对合规风险。

即使有全方位的预防和识别步骤，也可能会有漏网之鱼给企业带来危害。此时需要有风险显现后的应对措施将损失降到最低。应对措施是企业合规管理的最后一道防线。若应对不当，可能导致洪水决堤。

常用应对合规风险的方法有：违规处理、矫正与补救。根据各企业和所在行业相关的规范与流程及时进行相应操作

上述步骤是一个不断循环和提升的闭环过程，各个步骤互相支撑、持续改进和发展完善，能使整个合规管理制度体系的运行得以不断改进和优化。

目前很多企业，更多将风险管控的侧重点放在应对策略上，即出现问题时再处理问题。这种亡羊补牢的做法，不仅不能避免风险引起的恶果，也无疑造成了管理中的被动，增加了企业成本。合理有效的合规管理应在防范部分分配最多的人力与资源，做到让违规问题没有发生和扩大的余地。预防、识别、应对共同组成合规管理中的三道大门，对企业全方位把控和排查风险起到非常重要作用。企业在日常的合规管理中要依据自身特点灵活运用、有所侧重，才能达到最有效的管理结果。

典型案例：华为的全球合规运营体系建设

华为在官网中公告："恪守商业道德、遵守国际公约和各国相关法律法规，是华为全球化合规运营的基石，也是华为管理层一直秉持的核心理念。在公司最高管理层倡导和监督下，华为持续开展合规文化的建设，通过设立专门的合规和监管组织加强对全球业务运作执行的管理与监督，通过培训、宣传、考核、问责等方式不断强化员工的法律意识与合规意识。同时，我们积极参与对外沟通与互动，加强和业务伙伴合规的交流和连接，以开放、坦诚的姿态全面分享公司在合规体系建设上的努力和经验。"

2016年，华为大力推动海外区域子公司合规运营体系建设。组织上，华为在97个国家或地区任命和培养了合规官；业务上，华为引入国际知名顾问，以德国子公司为试点，对标德国 IDW PS 980 标准，对合规管理体系成熟度进行全面评估，将业界先进的合规管理理念、方法引入华为，采用科学方法论管理合规风险，确保子公司的"合规目标承诺达成"与"合规能力建设达标"。华为还建立了子公司监督型组织，对子公司的合规运营进行系统性的监督，确保子公司合规管

理目标与集团的合规运营战略一致，实现子公司在当地合规运营。

（转载自创业家《监管也是产粮食！关于公司合规经营任正非是怎么
思考的》）

合规攻略

攻略 98：构建高效的企业合规部

企业合规部是企业合规组织的核心，也是企业合规管理体系中需要尽早安排和实施的构成要素。2017 年 12 月 29 日，GB/T 35770-2017《合规管理体系　指南》对企业建立合规部及其职责做出了规定。国资委发布的《中央企业合规管理指引（试行）》中规定，中央企业设立合规委员会，中央企业相关负责人或总法律顾问担任合规管理负责人，法律事务机构或其他相关机构为合规管理牵头部门，组织、协调和监督合规管理工作，为其他部门提供合规支持。

企业合规部的设置有如下三种组织模式：一种是独立模式，即任命专门的合规总监，设立独立的企业合规部，专门负责企业的合规管理。二是复合模式，即企业不设独立的合规部，合规部与法律部合二为一，形成法律合规部，或者将合规管理职责归入法务部，下设合规分部或合规团队。企业总法律顾问兼任首席合规官职责。三是简单模式。产品线单一、规模较小、合规风险低的企业，只设立一个合规小组或合规专员，或者将合规管理归入企业法务部并由法务部代行合规管理职责，或者委托外部律师提供合规管理服务。

企业可以根据公司结构、经营规模、业务和产品线的运营管理模式以及行业合规风险确定采取何种组织模式。但不管采取何种组织模式，都需要确保合规部有效地管理和防控合规风险，独立地履行合规职责，与其他相关部门之协调合作、职责分工明确，适当的成本管理，但不能弱化或者牺牲合规管理。

合规部应配备专职合规管理人员，应具备与企业所在行业相关的经验、专业知识、专业技能，并熟练掌握法律法规、监管规定、行业自律准则和公司内部管理制度。

企业合规部的职责设计，可以参照我国《合规管理体系指南》、《中央企业合规管理指引（试行）》规定予以确定，包括：

（1）研究提出合规方针和目标；

（2）具体管理和维护企业合规管理体系各主要构成要素；

（3）起草、执行合规计划；

（4）建立、动态跟踪和完善企业合规档案；

（5）与相关部门之间协调合作；

（6）聘用和管理外部专业合规管理顾问。

攻略99：浮于表面的合规管理危害无穷

近几年，我国企业已经开始重视合规管理问题，但大部分企业并没有真正形成自己的合规体系，合规依然停留在表面，甚至变成摆设。比如，一项投资或业务活动虽然不合规，但为了追求高额利润，合规问题往往被高高挂起；当某些业务高管不愿意做的时候，又会把合规问题放在前面，以不合规为借口否决。这种浮于表面的合规对企业的危害是非常巨大的，很有可能会造成"千里之堤，溃于蚁穴"的局面。

淮南子有训：矩不正，不可为方；规不正，不可为圆。公司合规管理应明确红线、底线，任何人不能越过雷池，必须真正将合规落到实处，将合规植入企业发展基因。

（1）促进合规从企业文化做起。企业需要将合规理念深入灌输给每位员工，形成自觉的合规意识和工作习惯，最终形成企业的合规文化，成为企业可持续发展的动力和保障。只有当企业文化强调诚信与正直，并且董事会和高级管理层做出表率，合规才最为有效。

（2）合规部门应该在组织上保持独立性。不论一家公司如何组织其合规部门，该合规部门都应该是独立的。同时，应该由一名合规官全面负责合规风险管理。而且，合规部门有向高级管理层和向董事会或董事会下设的委员会随时报告的权利。

（3）促进企业合规管理制度的落地，特别是加强具体管控措施的执行。如果企业有合规制度但不去执行，可能比没有合规制度更糟糕。

（4）大中型企业可考虑进行合规管理体系或反贿赂管理体系认证为企业形象加分。国内已有专门针对ISO37001《反贿赂管理体系》和ISO《企业合规管理体系》的认证服务，深圳市标准技术研究院也推出了《反贿赂管理体系深圳标准》的认证服务，国内大中型企业可考虑获得这些认证。

第三节 公司合规法律服务

近几年来，我国各行各业的企业合规风险进入集中爆发期，违规"爆雷"事件此起彼伏。无论是传统的制造业，还是创新型的"互联网+"、高科技领域，乃至一直接受强监管的金融业，都出现了超出人们想象的重大违规案件和普遍的行业违规现象。这种风险的集中爆发并非偶然，一方面来自政府的违法处罚和监管力度的加大，另一方面则是多年来企业缺乏合规管理、风险不断累积的结果。律师身处市场一线，是企业法律服务的直接提供者，这一现象也值得律师界反思——究竟什么样的法律服务才能满足企业实现健康良性发展的需要。

一、公司合规管理体系建设需要内外搭配

合规管理是企业经营运作的基石，也是企业内部有序健康发展的法治保障。世界上管理卓越的企业均构建了标准化的合规管理体系。企业合规管理体系的建设是一项任重而道远的任务，是需要不断地健全和完善的过程。而一个完善的合规体系建设，既需要内部优秀的合规团队，也需要外部专业服务机构的支持，内外通力合作。

从公司内部来说，需要搭建高效的合规团队。完整的企业合规组织包括集团治理机构（董事会、监事会）、合规委员会、集团首席合规官（CCO）、集团合规部、集团各业务事业部合规专员、世界各地区总部合规部、各子公司和关联公司合规团队、各专业职能部门（如财务部门，内控部门，内审部门，法律部，人力资源部，环保、安全和卫生部门，质量管理部门，知识产权部门，IT部门，下同）合规专员等。

企业合规部是企业合规组织的核心，是企业合规管理的具体负责部门。合规专业人员既要具有较强的专业素质，又要具有较强的个人素质，要选派那些具有高度的敬业精神，相应的技术资格和业务能力的人员充实到合规经营管理队伍中，培养和造就一支高素质的专业化队伍。

　　然而，大多数企业在合规体系建设中面临的一个普遍困难是专业的合规人才的缺乏和合规管理资源的不足，这导致企业的合规管理往往流于形式，不能真正发挥作用。借助外部律师专业和高效的法律服务，无疑是企业快速搭建合规管理体系的一条捷径。专业律师利用之前积累的丰富服务经验，从前期了解企业情况、设计相关合规方案，到中期推进相关制度嵌入企业运行、培训企业人员执行，再到后期不断结合法律政策动态变化持续提供合规辅导，都可以发挥律师的专业优势，帮助企业更新补全过去的短板，重新搭建标准规范的合规体系。

　　当前，合规问题已不再是内容单一的舞弊问题，而是包罗万象的法律问题，对于疑难复杂的合规问题就需要外部律师提供的专业支持。必要时，律师还可以就某些合规问题聘请各专业领域的法律专家提供专业意见或专家论证。此外，外部律师在应对合规调查中也能够发挥更大优势。在应对执法机关的调查时，外部律师可以起草或者协助起草有针对性的回复，外部律师有部分司法调查权限，特别是在涉嫌刑事犯罪的合规问题上，外部律师也具有得天独厚的优势。

　　近几年，随着法律不断完善和行政执法日益严格，越来越多的企业因合规问题而遭受经济损失或被行政乃至刑事处罚。一系列合规事件曝光后，企业合规与风控逐渐成为各大企业关注的焦点，并且也有越来越多的企业寻求专业且高效的律师合规法律服务。

二、合规业务——法律服务的蓝海

　　从国外律师事务所的法律服务情况看，合规律师服务具有明显的中立性、权威性和高收费的特点。合规业务是一片法律服务的蓝海。近几年，国内不少律所已经开始主动探索建立我国自己的合规法律服务品牌，打造为中国本土企业合规经营提供全方位的法律护航能力。

　　目前无论是外资所或中国所，已将合规与风控作为未来律所法律业务重点发展方向，正在发力布局合规部门和团队，加大引进和培养合规法律人才，探索建立我国自己的合规法律服务品牌。金杜律师事务所开设了"合规调查及公司治理"服务板块、中伦律师事务所开设了"合规/政府监管"服务板块、金诚同达律师事务所开设了"公司设立与合规"服务板块、天元律师事务所开设了"合规/反腐败"服务板块，京师律师事务所成立了"商业合规"法律事务部，均可为各个行业及领域的跨国公司及国内公司提供优质的合规法律服务。上海汇业律师事务所组建了汇业合规业务委员会，力推企业合规管理，为企业提供合规管理体系建设、专项合规管理以及合规培训方面的法律服务。2017年1月，大成律师事务所刑辩学院"企业合规与刑事法律风险防范研究中心"正式挂牌成立。2018年7月，大成律师事务所与中国工商出版社共同主办了"贸易对峙下企业合规论坛"，并在论坛上发布了大成律师事务所合规管理产品介绍。

合规业务在国外律所中已是常规业务，但我国的合规业务尚处于初步发展阶段，面临巨大的发展机遇和发展潜力。对于中国的律师来说，企业合规业务是块高含金量的法律服务，要想拿到这块大蛋糕并非易事。合规法律服务的提供者必须具备"大合规"的理念与视野，并且在以下几方面深挖潜力、提升专业服务能力：

（一）需要研发一套成熟的企业合规法律服务产品

企业合规体系是一套涉及法律、风控、财务、审计、人力、IT、运营等各个部门多方管理综合性管理体系，且贯穿于运营各个环节中。合规律师团队，需要在合规管理培训、制定合规计划、建立合规组织、制定合规制度与流程等合规领域向客户提供合规管理服务。律师团队需要研发企业合规法律服务产品，具备一站式合规管理法律服务能力，为企业提供全面、优质、高效的合规管理法律服务。

（二）需要发挥律所团队作战能力

合规法律服务有别于传统意义上的单一领域的"单兵作战"，而是企业综合法律服务者。合规可以说是牵涉范围最为广泛的律师业务，它至少包括反垄断、反商业贿赂、反洗钱、内部调查（如反舞弊）、网络与数据安全、税务、劳动争议、海关贸易、环保、知识产权、白领犯罪等领域的合规。另一方面，企业的业务种类繁多，隔行如隔山，每一行都有每一行的行业特点与难点，这些行业知识与法律无关，但又是做好合规法律服务所必须要深入了解的。显然，没有哪个律师可以通晓如此繁多的专业与行业知识，这决定了律师需要跳出传统的作业模式，加强团队协作意识，在纵深领域加强对企业风险的系统性认识与理解。

合规管理体系建设要求综合能力，合规法律服务对律师是一种挑战。律师事务所需要以企业各方面合规需求为导向，组建包括公司、刑辩、财税、劳动、知识产权、涉外等各领域专业人才形成的团队，通过跨专业、跨行业、跨团队的研究与合作，打造出律师合规服务的银河战舰，为企业提供专业、高效、全方位的合规法律服务。

（三）需要关注热点合规领域

根据《中央企业合规管理指引（试行）》（〔2018〕106号）中明确，在市场交易、安全环保、产品质量、劳动用工、财务税收、知识产权、商业伙伴等领域作为合规管理的重点。

此外，热点合规领域还应当包括互联网、反垄断、消费者权益保护、广告、国有企业投资、信息安全等等。合规律师服务团队需要时时关注这些热点领域的法律合规难点、执法重点，帮助客户第一时间寻找到解决方案，防范合规风险。

（四）需要研究新领域的合规问题

新的领域包括新的行业、新的技术、新的产品、新的业务，如"互联网+"、物联网、区块链、新能源、人工智能、无人机、无人驾驶、新医药等，其合规规范需要经过产生、发展和成熟的过程，但这个过程花费的时间越来越短。这些新的领域，往往还是政府监管的重点，合规风险点多而高，政策边界不明朗。合规律师团队，须及时审慎地进行研究，为企业在新的领域的创新合规提供专业性指导。

（五）需要具备涉外合规法律服务能力

近几年，在我国"一带一路"倡议推进下，跨国并购、海外投资迅猛发展。中国企业走出国门面临当地国家的政治风险、合规风险和商业风险，加强企业涉外合规审查不容忽视。即使是国内的公司，如与欧美发达国家发生业务联系，对这些国家的合规义务也不能坐视不理，否则也会吃大亏。

企业合规业务具有极强的涉外法律服务因素，律师事务所应充分利用国内律所海外办公室或者涉外法律服务联盟等机构，拓展和挖掘法律服务需求，面向海外、打造我国自己的合规法律业务和专业人才，为更多中国企业走出国门保驾护航。

三、律师合规法律服务产品

在过去传统的企业法律顾问模式下，一般是事后请律师介入提供咨询、发生诉讼时聘请律师，而合规法律服务产品则更强调"事前参与，事中修正"，律师以一种专家咨询者的身份为企业搭建合规管理体系，通过专业培训手段强化企业应对法律风险的能力。笔者从事律师执业近二十年，一直专注于企业法律风险管理和合规经营方面的法律服务。近几年来，笔者对于企业合规管理法律服务的产品化也进行了一些深入的探索和总结，研发出了一套企业合规管理法律服务产品。

企业合规管理法律服务产品类型主要包括如下几种：

（一）合规管理体系建设咨询服务

1. 企业合规风险识别、分析评价和应对
2. 企业合规组织的设计和设立
3. 企业合规管理制度建设
4. 企业合规信息管理系统建设

（二）专项合规管理法律服务

专项合规管理法律服务的领域包括营销领域专项合规及培训、反垄断、公平竞争领域专项合规咨询、商业模式合规咨询、采购领域专项合规咨询、劳动人事领域专项合规咨询、网络安全与信息保护领域专项合规咨询；国际贸易合规领域专项合规咨询；反腐败、反商业贿赂领域专项合规咨询；财税领域专项合规咨询等。

（三）合规培训

为企业就合规形势、政策、事件及最新法律规定进行综合及专项的教育培训，以帮助企业从业人员增强合规意识，提高合规管理水平。

（四）合规调查

合规调查是指针对企业内部发生的各种员工舞弊行为启动的调查和责任追究程序，以及针对企业面临的各种行政机关、司法机关的外部调查而启动的应对措施和程序。与合规咨询、合规培训相比，合规调查是企业合规法律服务中分量最重、也是技术含量最高的内容。合规调查可分为公司内部调查和外部调查。

内部调查，包括受客户委托，对客户职员是否存在涉嫌侵犯公司合法权益的刑事犯罪、知识产权、商业秘密侵权、违反行政法规、监管规定和公司管理制度等行为进行内部调查；

外部调查是指公司面临舆论事件、监管检查、司法调查时，快速帮助客户依法有效应对，最大限度化解危机事件可能造成的经济损失和负面影响。

合规攻略

攻略100：合规与发展的平衡术

华为任正非在内部讲话中说："合规审计不是机关枪，而是背包和铁锹，要跟业务一起前进。"合规与业务发展是"一块硬币的两面"，二者是相得益彰的关系而不是此长彼消的关系。合规不能扼杀企业发展的动力，业务发展也不能抛弃合规的基因，有效的合规管理体系就是要实现二者之间的平衡。理顺好合规与发展的关系，需要做到：

（1）竞争残酷不应突破合规底线

商场如战场，狭路相逢勇者胜。在市场竞争异常激烈的形势下，企业要生存就必须加快发展，提高竞争力。但加快发展必须在合规经营、防控风险前提下，在法律规定的底线范围内开展业务。特别是在经济全球化深入发展的背景下，企业的经营环境和竞争规则也相应发生改变。企业间除了进行技术、产品、服务竞争，还要进行以公司责任理念与文化价值为内核的合规管理能力的竞争。合规也将是企业的核心竞争力。

（2）快速发展不应走违规捷径

很多企业家都梦想着把自己的企业做大、做强，做到"中国500强"甚至"世界500强"。但是靠违规经营带来的快速扩张往往并不长久，甚至会因一个违规事件的爆发导致一败涂地。因此，企业要建立科学的内控管理机制，防止习惯性地走违规经营的捷径，通过内部自律与外部监管有机结合，将合规理念渗透到经营管理全过程，实现企业快速发展的同时也能有效降低企业合规风险。

（3）业绩考核不应牺牲合规代价

高提成、强激励成为很多公司业绩飙升的法宝。然而，审视一下近年来发生的经营风险案例，其根源大多数是因为没有把合规、审慎经营放在主要位置，甚至为完成考核等硬性指标，降低一些业务经营条件，打合规操作的"擦边球"。企业在业务经营中，应认真落实好合规绩效考核发展指标，根据合规情况进行加减分，严惩不合规行为，防止为迅速完成考核指标而进行违规操作。

（4）企业文化建设不应漏掉合规基因

企业文化是企业发展的重要动力和精神支撑。真正重视合规的企业会把合规作为企业文化基因的一部分，采取多种形式，大力宣传"合规创造价值"的理念，用合规文化培育员工，凝聚人心，从被动应对风险变为主动预防风险，规范企业经营行为。

附　录:

一

GB/T 35770-2017《合规管理体系 指南》合规管理体系流程图

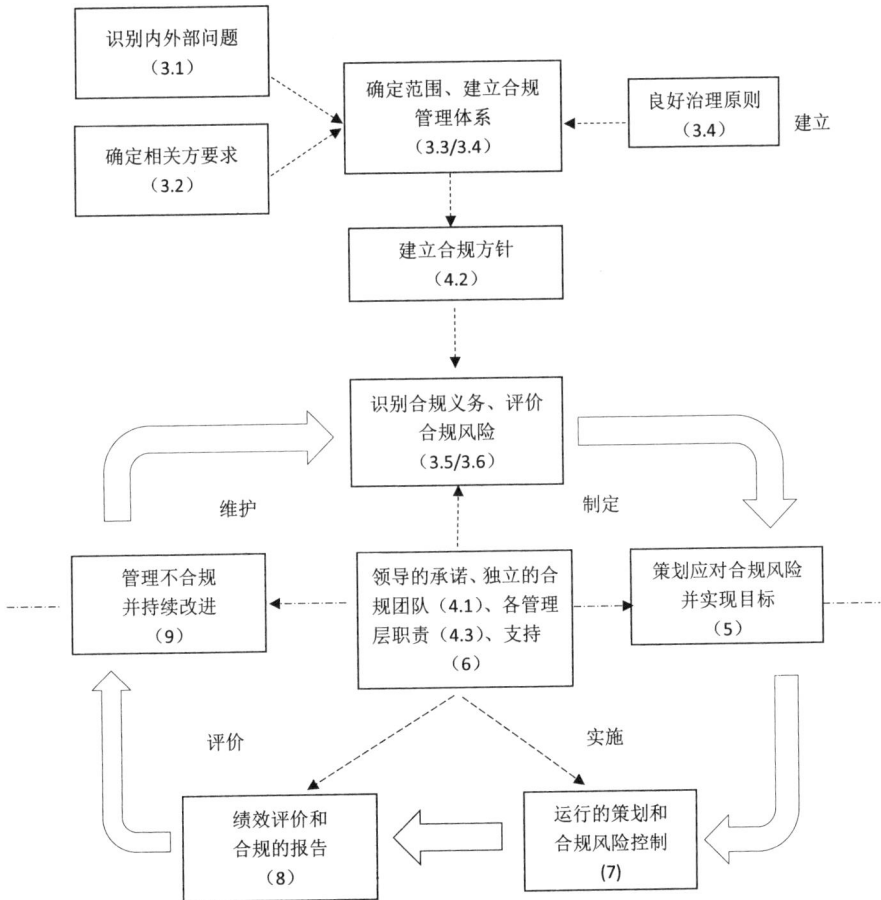

```
识别内外部问题
  （3.1）
                  确定范围、建立合规      良好治理原则
确定相关方要求      管理体系              （3.4）        建立
  （3.2）          （3.3/3.4）

                  建立合规方针
                    （4.2）

                  识别合规义务、评价
                  合规风险
          维护      （3.5/3.6）      制定

管理不合规          领导的承诺、独立的合      策划应对合规风险
并持续改进          规团队（4.1）、各管理    并实现目标
  （9）            层职责（4.3）、支持       （5）
                    （6）

          评价                    实施

        绩效评价和              运行的策划和
        合规的报告              合规风险控制
          （8）                   (7)
```

（该图来自中国标准化研究院官方网站）

二

中央企业合规管理指引（试行）

国务院国有资产监督管理委员会

2018 年 11 月 2 日

中央企业合规管理指引（试行）

第一章　总　则

第一条　为推动中央企业全面加强合规管理，加快提升依法合规经营管理水平，着力打造法治央企，保障企业持续健康发展，根据《中华人民共和国公司法》《中华人民共和国企业国有资产法》等有关法律法规规定，制定本指引。

第二条　本指引所称中央企业，是指国务院国有资产监督管理委员会（以下简称国资委）履行出资人职责的国家出资企业。

本指引所称合规，是指中央企业及其员工的经营管理行为符合法律法规、监管规定、行业准则和企业章程、规章制度以及国际条约、规则等要求。

本指引所称合规风险，是指中央企业及其员工因不合规行为，引发法律责任、受到相关处罚、造成经济或声誉损失以及其他负面影响的可能性。

本指引所称合规管理，是指以有效防控合规风险为目的，以企业和员工经营管理行为为对象，开展包括制度制定、风险识别、合规审查、风险应对、责任追究、考核评价、合规培训等有组织、有计划的管理活动。

第三条　国资委负责指导监督中央企业合规管理工作。

第四条　中央企业应当按照以下原则加快建立健全合规管理体系：

（一）全面覆盖。坚持将合规要求覆盖各业务领域、各部门、各级子企业和分支机构、全体员工，贯穿决策、执行、监督全流程。

（二）强化责任。把加强合规管理作为企业主要负责人履行推进法治建设第一责任人职责的重要内容。建立全员合规责任制，明确管理人员和各岗位员工的合规责任并督促有效落实。

（三）协同联动。推动合规管理与法律风险防范、监察、审计、内控、风险管理等工作相统筹、相衔接，确保合规管理体系有效运行。

（四）客观独立。严格依照法律法规等规定对企业和员工行为进行客观评价和处理。合规管理牵头部门独立履行职责，不受其他部门和人员的干涉。

第二章　合规管理职责

第五条　董事会的合规管理职责主要包括：

（一）批准企业合规管理战略规划、基本制度和年度报告；

（二）推动完善合规管理体系；

（三）决定合规管理负责人的任免；

（四）决定合规管理牵头部门的设置和职能；

（五）研究决定合规管理有关重大事项；

（六）按照权限决定有关违规人员的处理事项。

第六条　监事会的合规管理职责主要包括：

（一）监督董事会的决策与流程是否合规；

（二）监督董事和高级管理人员合规管理职责履行情况；

（三）对引发重大合规风险负有主要责任的董事、高级管理人员提出罢免建议；

（四）向董事会提出撤换公司合规管理负责人的建议。

第七条　经理层的合规管理职责主要包括：

（一）根据董事会决定，建立健全合规管理组织架构；

（二）批准合规管理具体制度规定；

（三）批准合规管理计划，采取措施确保合规制度得到有效执行；

（四）明确合规管理流程，确保合规要求融入业务领域；

（五）及时制止并纠正不合规的经营行为，按照权限对违规人员进行责任追究或提出处理建议；

（六）经董事会授权的其他事项。

第八条　中央企业设立合规委员会，与企业法治建设领导小组或风险控制委员会等合署，承担合规管理的组织领导和统筹协调工作，定期召开会议，研究决定合规管理重大事项或提出意见建议，指导、监督和评价合规管理工作。

第九条　中央企业相关负责人或总法律顾问担任合规管理负责人，主要职责包括：

（一）组织制订合规管理战略规划；

（二）参与企业重大决策并提出合规意见；

（三）领导合规管理牵头部门开展工作；

（四）向董事会和总经理汇报合规管理重大事项；

（五）组织起草合规管理年度报告。

第十条　法律事务机构或其他相关机构为合规管理牵头部门，组织、协调和监督合规管理工作，为其他部门提供合规支持，主要职责包括：

（一）研究起草合规管理计划、基本制度和具体制度规定；

（二）持续关注法律法规等规则变化，组织开展合规风险识别和预警，参与企业重大事项合规审查和风险应对；

（三）组织开展合规检查与考核，对制度和流程进行合规性评价，督促违规整改和持续改进；

（四）指导所属单位合规管理工作；

（五）受理职责范围内的违规举报，组织或参与对违规事件的调查，并提出处理建议；

（六）组织或协助业务部门、人事部门开展合规培训。

第十一条　业务部门负责本领域的日常合规管理工作，按照合规要求完善业务管理制度和流程，主动开展合规风险识别和隐患排查，发布合规预警，组织合规审查，及时向合规管理牵头部门通报风险事项，妥善应对合规风险事件，做好本领域合规培训和商业伙伴合规调查等工作，组织或配合进行违规问题调查并及时整改。

监察、审计、法律、内控、风险管理、安全生产、质量环保等相关部门，在职权范围内履行合规管理职责。

第三章　合规管理重点

第十二条　中央企业应当根据外部环境变化，结合自身实际，在全面推进合规管理的基础上，突出重点领域、重点环节和重点人员，切实防范合规风险。

第十三条 加强对以下重点领域的合规管理：

（一）市场交易。完善交易管理制度，严格履行决策批准程序，建立健全自律诚信体系，突出反商业贿赂、反垄断、反不正当竞争，规范资产交易、招投标等活动；

（二）安全环保。严格执行国家安全生产、环境保护法律法规，完善企业生产规范和安全环保制度，加强监督检查，及时发现并整改违规问题；

（三）产品质量。完善质量体系，加强过程控制，严把各环节质量关，提供优质产品和服务；

（四）劳动用工。严格遵守劳动法律法规，健全完善劳动合同管理制度，规范劳动合同签订、履行、变更和解除，切实维护劳动者合法权益；

（五）财务税收。健全完善财务内部控制体系，严格执行财务事项操作和审批流程，严守财经纪律，强化依法纳税意识，严格遵守税收法律政策；

（六）知识产权。及时申请注册知识产权成果，规范实施许可和转让，加强对商业秘密和商标的保护，依法规范使用他人知识产权，防止侵权行为；

（七）商业伙伴。对重要商业伙伴开展合规调查，通过签订合规协议、要求作出合规承诺等方式促进商业伙伴行为合规；

（八）其他需要重点关注的领域。

第十四条 加强对以下重点环节的合规管理：

（一）制度制定环节。强化对规章制度、改革方案等重要文件的合规审查，确保符合法律法规、监管规定等要求；

（二）经营决策环节。严格落实"三重一大"决策制度，细化各层级决策事项和权限，加强对决策事项的合规论证把关，保障决策依法合规；

（三）生产运营环节。严格执行合规制度，加强对重点流程的监督检查，确保生产经营过程中照章办事、按章操作；

（四）其他需要重点关注的环节。

第十五条 加强对以下重点人员的合规管理：

（一）管理人员。促进管理人员切实提高合规意识，带头依法依规开展经营管理活动，认真履行承担的合规管理职责，强化考核与监督问责；

（二）重要风险岗位人员。根据合规风险评估情况明确界定重要风险岗位，有针对性加大培训力度，使重要风险岗位人员熟悉并严格遵守业务涉及的各项规定，加强监督检查和违规行为追责；

（三）海外人员。将合规培训作为海外人员任职、上岗的必备条件，确保遵守我国和所在国法律法规等相关规定；

（四）其他需要重点关注的人员。

第十六条　强化海外投资经营行为的合规管理：

（一）深入研究投资所在国法律法规及相关国际规则，全面掌握禁止性规定，明确海外投资经营行为的红线、底线；

（二）健全海外合规经营的制度、体系、流程，重视开展项目的合规论证和尽职调查，依法加强对境外机构的管控，规范经营管理行为。

（三）定期排查梳理海外投资经营业务的风险状况，重点关注重大决策、重大合同、大额资金管控和境外子企业公司治理等方面存在的合规风险，妥善处理、及时报告，防止扩大蔓延。

第四章　合规管理运行

第十七条　建立健全合规管理制度，制定全员普遍遵守的合规行为规范，针对重点领域制定专项合规管理制度，并根据法律法规变化和监管动态，及时将外部有关合规要求转化为内部规章制度。

第十八条　建立合规风险识别预警机制，全面系统梳理经营管理活动中存在的合规风险，对风险发生的可能性、影响程度、潜在后果等进行系统分析，对于典型性、普遍性和可能产生较严重后果的风险及时发布预警。

第十九条　加强合规风险应对，针对发现的风险制定预案，采取有效措施，及时应对处置。对于重大合规风险事件，合规委员会统筹领导，合规管理负责人牵头，相关部门协同配合，最大限度化解风险、降低损失。

第二十条　建立健全合规审查机制，将合规审查作为规章制度制定、重大事项决策、重要合同签订、重大项目运营等经营管理行为的必经程序，及时对不合规的内容提出修改建议，未经合规审查不得实施。

第二十一条　强化违规问责，完善违规行为处罚机制，明晰违规责任范围，细化惩处标准。畅通举报渠道，针对反映的问题和线索，及时开展调查，严肃追究违规人员责任。

第二十二条　开展合规管理评估，定期对合规管理体系的有效性进行分析，对重大或反复出现的合规风险和违规问题，深入查找根源，完善相关制度，堵塞管理漏洞，强化过程管控，持续改进提升。

第五章　合规管理保障

第二十三条　加强合规考核评价，把合规经营管理情况纳入对各部门和所属企业负责人的年度综合考核，细化评价指标。对所属单位和员工合规职责履行情况进行评价，并将结果作为员工考核、干部任用、评先选优等工作的重要依据。

第二十四条　强化合规管理信息化建设，通过信息化手段优化管理流程，记录和保存相关信息。运用大数据等工具，加强对经营管理行为依法合规情况的实时在线监控和风险分析，实现信息集成与共享。

第二十五条　建立专业化、高素质的合规管理队伍，根据业务规模、合规风险水平等因素配备合规管理人员，持续加强业务培训，提升队伍能力水平。

海外经营重要地区、重点项目应当明确合规管理机构或配备专职人员，切实防范合规风险。

第二十六条　重视合规培训，结合法治宣传教育，建立制度化、常态化培训机制，确保员工理解、遵循企业合规目标和要求。

第二十七条　积极培育合规文化，通过制定发放合规手册、签订合规承诺书等方式，强化全员安全、质量、诚信和廉洁等意识，树立依法合规、守法诚信的价值观，筑牢合规经营的思想基础。

第二十八条　建立合规报告制度，发生较大合规风险事件，合规管理牵头部门和相关部门应当及时向合规管理负责人、分管领导报告。重大合规风险事件应当向国资委和有关部门报告。

合规管理牵头部门于每年年底全面总结合规管理工作情况，起草年度报告，经董事会审议通过后及时报送国资委。

第六章　附　则

第二十九条　中央企业根据本指引，结合实际制定合规管理实施细则。

地方国有资产监督管理机构可以参照本指引，积极推进所出资企业合规管理工作。

第三十条　本指引由国资委负责解释。

第三十一条　本指引自公布之日起施行。

三

企业境外经营合规管理指引

外资发〔2018〕1916 号

国家发展改革委、外交部、商务部、人民银行
国资委、外汇局、全国工商联
2018 年 11 月 26 日

企业境外经营合规管理指引

第一章　总　则

第一条　目的及依据

为更好服务企业开展境外经营业务，推动企业持续加强合规管理，根据国家有关法律法规和政策规定，参考 GB/T35770-2017《合规管理体系　指南》及有关国际合规规则，制定本指引。

第二条　适用范围本指引适用于开展对外贸易、境外投资、对外承包工程等"走出去"相关业务的中国境内企业及其境外子公司、分公司、代表机构等境外分支机构（以下简称"企业"）。法律法规对企业合规管理另有专门规定的，从其规定。行业监管部门对企业境外经营合规管理另有专门规定的，有关行业企业应当遵守其规定。

第三条　基本概念

本指引所称合规，是指企业及其员工的经营管理行为符合有关法律法规、国际条约、监管规定、行业准则、商业惯例、道德规范和企业依法制定的章程及规章制度等要求。

第四条　合规管理框架

企业应以倡导合规经营价值观为导向，明确合规管理工作内容，健全合规管理架构，制定合规管理制度，完善合规运行机制，加强合规风险识别、评估与处置，开展合规评审与改进，培育合规文化，形成重视合规经营的企业氛围。

第五条　合规管理原则

（一）独立性原则。企业合规管理应从制度设计、机构设置、岗位安排以及汇报路径等方面保证独立性。合规管理机构及人员承担的其他职责不应与合规职责产生利益冲突。

（二）适用性原则。企业合规管理应从经营范围、组织结构和业务规模等实际出发，兼顾成本与效率，强化合规管理制度的可操作性，提高合规管理的有效性。同时，企业应随着内外部环境的变化持续调整和改进合规管理体系。

（三）全面性原则。企业合规管理应覆盖所有境外业务领域、部门和员工，贯穿决策、执行、监督、反馈等各个环节，体现于决策机制、内部控制、业务流程等各个方面。

第二章　合规管理要求

第六条　对外贸易中的合规要求

企业开展对外货物和服务贸易，应确保经营活动全流程、全方位合规，全面掌握关于贸易管制、质量安全与技术标准、知识产权保护等方面的具体要求，关注业务所涉国家（地区）开展的贸易救济调查，包括反倾销、反补贴、保障措施调查等。

第七条　境外投资中的合规要求

企业开展境外投资，应确保经营活动全流程、全方位合规，全面掌握关于市场准入、贸易管制、国家安全审查、行业监管、外汇管理、反垄断、反洗钱、反恐怖融资等方面的具体要求。

第八条　对外承包工程中的合规要求

企业开展对外承包工程，应确保经营活动全流程、全方位合规，全面掌握关于投标管理、合同管理、项目履约、劳工权利保护、环境保护、连带风险管理、债务管理、捐赠与赞助、反腐败、反贿赂等方面的具体要求。

第九条　境外日常经营中的合规要求

企业开展境外日常经营，应确保经营活动全流程、全方位合规，全面掌握关于劳工权利保护、环境保护、数据和隐私保护、知识产权保护、反腐败、反贿赂、反垄断、反洗钱、反恐怖融资、贸易管制、财务税收等方面的具体要求。

第三章　合规管理架构

第十条　合规治理结构

企业可结合发展需要建立权责清晰的合规治理结构，在决策、管理、执行三个层级上划分相应的合规管理责任。

（一）企业的决策层应以保证企业合规经营为目的，通过原则性顶层设计，解决合规管理工作中的权力配置问题。

（二）企业的高级管理层应分配充足的资源建立、制定、实施、评价、维护和改进合规管理体系。

（三）企业的各执行部门及境外分支机构应及时识别归口管理领域的合规要求，改进合规管理措施，执行合规管理制度和程序，收集合规风险信息，落实相关工作要求。

第十一条　合规管理机构

企业可根据业务性质、地域范围、监管要求等设置相应的合规管理机构。合规管理机构一般由合规委员会、合规负责人和合规管理部门组成。尚不具备条件设立专门合规管理机构的企业，可由相关部门（如法律事务部门、风险防控部门等）履行合规管理职责，同时明确合规负责人。

（一）合规委员会

企业可结合实际设立合规委员会，作为企业合规管理体系的最高负责机构。合规委员会一般应履行以下合规职责：1. 确认合规管理战略，明确合规管理目标。2. 建立和完善企业合规管理体系，审批合规管理制度、程序和重大合规风险管理方案。3. 听取合规管理工作汇报，指导、监督、评价合规管理工作。

（二）合规负责人

企业可结合实际任命专职的首席合规官，也可由法律事务负责人或风险防控负责人等担任合规负责人。首席合规官或合规负责人是企业合规管理工作具体实施的负责人和日常监督者，不应分管与合规管理相冲突的部门。首席合规官或合规负责人一般应履行以下合规职责：

1. 贯彻执行企业决策层对合规管理工作的各项要求，全面负责企业的合规管理工作。

2. 协调合规管理与企业各项业务之间的关系，监督合规管理执行情况，及时解决合规管理中出现的重大问题。

3. 领导合规管理部门，加强合规管理队伍建设，做好人员选聘培养，监督合规管理部门认真有效地开展工作。

（三）合规管理部门

企业可结合实际设置专职的合规管理部门，或者由具有合规管理职能的相关部门承担合规管理职责。合规管理部门一般应履行以下合规职责：

1. 持续关注我国及业务所涉国家（地区）法律法规、监管要求和国际规则的最新发展，及时提供合规建议。

2. 制定企业的合规管理制度和年度合规管理计划，并推动其贯彻落实。

3. 审查评价企业规章制度和业务流程的合规性，组织、协调和监督各业务部门对规章制度和业务流程进行梳理和修订。

4. 组织或协助业务部门、人事部门开展合规培训，并向员工提供合规咨询。

5. 积极主动识别和评估与企业境外经营相关的合规风险，并监管与供应商、代理商、分销商、咨询顾问和承包商等第三方（以下简称"第三方"）相关的合规风险。为新产品和新业务的开发提供必要的合规性审查和测试，识别和评估新业务的拓展、新客户关系的建立以及客户关系发生重大变化等所产生的合规风险，并制定应对措施。

6. 实施充分且具有代表性的合规风险评估和测试，查找规章制度和业务流程存在的缺陷，并进行相应的调查。对已发生的合规风险或合规测试发现的合规缺陷，应提出整改意见并监督有关部门进行整改。

7. 针对合规举报信息制定调查方案并开展调查。

8. 推动将合规责任纳入岗位职责和员工绩效管理流程。建立合规绩效指标，监控和衡量合规绩效，识别改进需求。

9. 建立合规报告和记录的台账，制定合规资料管理流程。

10. 建立并保持与境内外监管机构日常的工作联系，跟踪和评估监管意见和监管要求的落实情况。

第十二条　合规管理协调

（一）合规管理部门与业务部门分工协作

合规管理需要合规管理部门和业务部门密切配合。境外经营相关业务部门应主动进行日常合规管理工作，识别业务范围内的合规要求，制定并落实业务管理制度和风险防范措施，组织或配合合规管理部门进行合规审查和风险评估，组织或监督违规调查及整改工作。

（二）合规管理部门与其他监督部门分工协作

合规管理部门与其他具有合规管理职能的监督部门（如审计部门、监察部门等）应建立明确的合作和信息交流机制，加强协调配合，形成管理合力。企业应根据风险防控需要以及各监督部门的职责分工划分合规管理职责，确保各业务系统合规运营。

（三）企业与外部监管机构沟通协调

企业应积极与境内外监管机构建立沟通渠道，了解监管机构期望的合规流程，制定符合监管机构要求的合规制度，降低在报告义务和行政处罚等方面的风险。

（四）企业与第三方沟通协调

企业与第三方合作时，应做好相关的国别风险研究和项目尽职调查，深入了解第三方合规管理情况。企业应当向重要的第三方传达自身的合规要求和对对方的合规要求，并在商务合同中明确约定。

第四章　合规管理制度

第十三条　合规行为准则

合规行为准则是最重要、最基本的合规制度，是其他合规制度的基础和依据，适用于所有境外经营相关部门和员工，以及代表企业从事境外经营活动的第三方。合规行为准则应规定境外经营活动中必须遵守的基本原则和标准，包括但不限于企业核心价值观、合规目标、合规的内涵、行为准则的适用范围和地位、企业及员工适用的合规行事标准、违规的应对方式和后果等。

第十四条　合规管理办法

企业应在合规行为准则的基础上，针对特定主题或特定风险领域制定具体的合规管理办法，包括但不限于礼品及招待、赞助及捐赠、利益冲突管理、举报管理和内部调查、人力资源管理、税务管理、商业伙伴合规管理等内容。

企业还应针对特定行业或地区的合规要求，结合企业自身的特点和发展需要，制定相应的合规风险管理办法。例如金融业及有关行业的反洗钱及反恐怖融资政策，银行、通信、医疗等行业的数据和隐私保护政策等。

第十五条　合规操作流程

企业可结合境外经营实际，就合规行为准则和管理办法制定相应的合规操作流程，进一步细化标准和要求。也可将具体的标准和要求融入到现有的业务流程当中，便于员工理解和落实，确保各项经营行为合规。

第五章　合规管理运行机制

第十六条　合规培训

企业应将合规培训纳入员工培训计划，培训内容需随企业内外部环境变化进行动态调整。境外经营相关部门和境外分支机构的所有员工，均应接受合规培训，了解并掌握企业的合规管理制度和风险防控要求。决策层和高级管理层应带头接受合规培训，高风险领域、关键岗位员工应接受有针对性的专题合规培训。合规培训应做好记录留存。

第十七条　合规汇报

合规负责人和合规管理部门应享有通畅的合规汇报渠道。合规管理部门应当定期向决策层和高级管理层汇报合规管理情况。汇报内容一般包括但不限于合规风险评估情况，合规培训的组织情况和效果评估，发现的违规行为以及处理情况，违规行为可能给组织带来的合规风险，已识别的合规漏洞或缺陷，建议采取的纠正措施，合规管理工作的整体评价和分析等。

如发生性质严重或可能给企业带来重大合规风险的违规行为，合规负责人或合规管理部门应当及时向决策层和高级管理层汇报，提出风险警示，并采取纠正措施。

第十八条　合规考核

合规考核应全面覆盖企业的各项管理工作。合规考核结果应作为企业绩效考核的重要依据，与评优评先、职务任免、职务晋升以及薪酬待遇等挂钩。境外经营相关部门和境外分支机构可以制定单独的合规绩效考核机制，也可将合规考核标准融入到总体的绩效管理体系中。考核内容包括但不限于按时参加合规培训，严格执行合规管理制度，积极支持和配合合规管理机构工作，及时汇报合规风险等。

第十九条　合规咨询与审核

境外经营相关部门和境外分支机构及其员工在履职过程中遇到合规风

险事项，应及时主动寻求合规咨询或审核支持。企业应针对高合规风险领域规定强制合规咨询范围。在涉及重点领域或重要业务环节时，业务部门应主动咨询合规管理部门意见。

合规管理部门应在合理时间内答复或启动合规审核流程。对于复杂或专业性强且存在重大合规风险的事项，合规管理部门应按照制度规定听取法律顾问、公司律师意见，或委托专业机构召开论证会后再形成审核意见。

第二十条　合规信息举报与调查

企业应根据自身特点和实际情况建立和完善合规信息举报体系。员工、客户和第三方均有权进行举报和投诉，企业应充分保护举报人。

合规管理部门或其他受理举报的监督部门应针对举报信息制定调查方案并开展调查。形成调查结论以后，企业应按照相关管理制度对违规行为进行处理。

第二十一条　合规问责

企业应建立全面有效的合规问责制度，明晰合规责任范围，细化违规惩处标准，严格认定和追究违规行为责任。

第六章　合规风险识别、评估与处置

第二十二条　合规风险

合规风险，是指企业或其员工因违规行为遭受法律制裁、监管处罚、重大财产损失或声誉损失以及其他负面影响的可能性。

第二十三条　合规风险识别

企业应当建立必要的制度和流程，识别新的和变更的合规要求。企业可围绕关键岗位或者核心业务流程，通过合规咨询、审核、考核和违规查处等内部途径识别合规风险，也可通过外部法律顾问咨询、持续跟踪监管机构有关信息、参加行业组织研讨等方式获悉外部监管要求的变化，识别合规风险。

企业境外分支机构可通过聘请法律顾问、梳理行业合规案例等方式动态了解掌握业务所涉国家（地区）政治经济和法律环境的变化，及时采取应对措施，有效识别各类合规风险。

第二十四条　合规风险评估

企业可通过分析违规或可能造成违规的原因、来源、发生的可能性、后果的严重性等进行合规风险评估。企业可根据企业的规模、目标、市场环境及风险状况确定合规风险评估的标准和合规风险管理的优先级。

企业进行合规风险评估后应形成评估报告，供决策层、高级管理层和业务部门等使用。评估报告内容包括风险评估实施概况、合规风险基本评价、原因机制、可能的损失、处置建议、应对措施等。

第二十五条　合规风险处置

企业应建立健全合规风险应对机制，对识别评估的各类合规风险采取恰当的控制和处置措施。发生重大合规风险时，企业合规管理机构和其他相关部门应协同配合，依法及时采取补救措施，最大程度降低损失。必要时，应及时报告有关监管机构。

第七章　合规评审与改进

第二十六条　合规审计

企业合规管理职能应与内部审计职能分离。企业审计部门应对企业合规管理的执行情况、合规管理体系的适当性和有效性等进行独立审计。审计部门应将合规审计结果告知合规管理部门，合规管理部门也可根据合规风险的识别和评估情况向审计部门提出开展审计工作的建议。

第二十七条　合规管理体系评价

企业应定期对合规管理体系进行系统全面的评价，发现和纠正合规管理贯彻执行中存在的问题，促进合规体系的不断完善。合规管理体系评价可由企业合规管理相关部门组织开展或委托外部专业机构开展。

企业在开展效果评价时，应考虑企业面临的合规要求变化情况，不断调整合规管理目标，更新合规风险管理措施，以满足内外部合规管理要求。

第二十八条　持续改进

企业应根据合规审计和体系评价情况，进入合规风险再识别和合规制度再制定的持续改进阶段，保障合规管理体系全环节的稳健运行。

企业应积极配合监管机构的监督检查，并根据监管要求及时改进合规管理体系，提高合规管理水平。

第八章　合规文化建设

第二十九条　合规文化培育

企业应将合规文化作为企业文化建设的重要内容。企业决策层和高级管理层应确立企业合规理念，注重身体力行。企业应践行依法合规、诚信经营的价值观，不断增强员工的合规意识和行为自觉，营造依规办事、按章操作的文化氛围。

第三十条　合规文化推广

企业应将合规作为企业经营理念和社会责任的重要内容，并将合规文化传递至利益相关方。企业应树立积极正面的合规形象，促进行业合规文化发展，营造和谐健康的境外经营环境。